ÉTUDES MUSULMANES

Fondées par
Étienne GILSON et Louis GARDET

Dirigées par
Cristina D'ANCONA COSTA, Jean JOLIVET
et Dominique URVOY

QUATRE ACTEURS
DU DIALOGUE ISLAMO-CHRÉTIEN

DANS LA MÊME COLLECTION (DERNIÈRES PUBLICATIONS)

Tome 47 - ARNALDEZ R., *Aspects de la pensée musulmane*, préface par Maurice Borrmans, 320 p., 2015.

Tome 46 - *De l'Antiquité tardive au Moyen Âge; Études de logique aristotélicienne et de philosophie grecque, syriaque, arabe et latine offertes à Henri Hugonnard-Roche*, E. Coda & C. Martini Bonadeo (éd.), 664 p., 2014.

Tome 45 - AVICENNE, *Commentaire sur le livre* Lambda *de la* Métaphysique *d'Aristote*, éd. critique, traduction et notes par Meryem Sebti, Marc Geoffroy et Jules Janssens, 120 p., 2014.

Tome 44 - DAFTARY F., *Les ismaéliens dans les sociétés musulmanes médiévales*, 184 p., 2011.

Tome 43 - IBN ZUHR DE SÉVILLE, *Le traité médical* (*Kitâb al-Taysir*), introduit, traduit et annoté par Fadila Bouamrane, 480 p., 2010.

Tome 42 - AL-ĠAZÂLÎ, *Le critère de distinction entre l'islam et l'incroyance. Interprétations et divergences en Islam*, édition, trad., présentation et notes par M. Hogga, 128 p., 2010.

Tome 41 - BONMARIAGE C., *Le réel et les réalités. Mulla Sadra Shirazi et la structure de la réalité*, 352 p., 2008.

Tome 40 - DAFTARY F., *La légende des Assassins. Mythe sur les ismaéliens*, 208 p., 2007.

Tome 39 - ARNALDEZ R., *Les sciences coraniques, Grammaire, droit, théologie et mystique*, 288 p., 2005.

Tome 38 - VALLAT Ph., *Al-Fârâbî et l'école d'Alexandrie. Des prémisses de la connaissance à la philosophie politique*, 432 p., 2004.

Tome 37 - ARNALDEZ R., *Fakhr al-Dîn al-Râzî, commentateur du Coran et philosophe*, 288 p., 2005.

Tome 36 - ALAMI A., *L'ontologie modale. Étude de la théorie des modes d'Abû Hâšim al-Ǧubbâ'î*, 240 p., 2001.

Tome 35 - JOMIER J., *L'islam vécu en Égypte*, 244 p., 1994.

Tome 34 - HOGGA M., *Subversion et réforme en Islam.* Ġazâlî *et les Seljuqides*, suivi de *Textes politiques de Gazali*, préf. de J. Jolivet, 272 p., 1993.

Tome 33 - MICHOT J.-R., *Musique et danse selon Ibn Taymiyya*, 224 p., 1991.

Tome 32 - GILLOT C., *Exégèse, langue et théologie en Islam. L'exégèse coranique de Ṭabarî* (*m. 311/923*), 320 p., 1990.

Tome 31 - AL-FÂRÂBÎ, *Traité des opinions de la Cité*, intro., trad. et notes par t. Sabri, 158 p., 1990.

Tome 30 - DEMEERSEMAN A., *Nouveau regard sur la voie spirituelle d'Abd al-Qâdir al-Jilânî*, 182 p., 1988.

Tome 29 - AL-ĠAZÂLÎ, *Le livre de l'amour, du désir ardent, de l'intimité et du parfait contentement*, intro., trad. et notes par M.-L. Siauve, 340 p., 1986.

Tome 28 - SIAUVE M.-L., *L'amour de Dieu chez Ghazâlî. Une philosophie de l'amour à Bagdad au début du* XIIe *siècle*, 336 p., 1986.

Tome 27 - AVICENNE, *La métaphysique du Shifâ', Livres VI à X*, intro., trad. et notes par G. C. Anawati, 240 p., 1985.

ÉTUDES MUSULMANES
XLVIII

QUATRE ACTEURS
DU DIALOGUE ISLAMO-CHRÉTIEN

par

Maurice BORRMANS

Avant-propos
de Henri de LA HOUGUE

PARIS
LIBRAIRIE PHILOSOPHIQUE J. VRIN
6 place de la Sorbonne, Ve

2016

Imprimé en France

ISSN 0531-1888
ISBN 978-2-7116-2706-6

www.vrin.fr

AVANT-PROPOS

Après avoir présenté quatre « prophètes » du dialogue islamo-chrétien : Massignon, Abd-el-Jalil, Gardet, Anawati [1], Maurice Borrmans nous présente quatre « acteurs » de ce dialogue : Roger Arnaldez, Robert Caspar, Jacques Jomier, Youakim Moubarac. Des liens très forts existaient entre les premiers et les seconds, qui représentent la génération suivante et qui pourtant restent des pionniers et des aventuriers de cette rencontre islamo-chrétienne dans l'optique d'un vrai dialogue vécu dans le respect mutuel.

Maurice Borrmans nous présente une excellente biographie de ces quatre aventuriers du dialogue, nous faisant entrer de manière simple dans leur pensée, parcourant avec concision le contenu de leurs ouvrages les plus importants, leurs questionnements et leur quête spirituelle.

Les personnes engagées dans le dialogue islamo-chrétien découvriront avec joie et complicité la cohérence de la pensée de ces auteurs, dont ils ont nécessairement fréquenté les écrits ; celles qui le sont moins percevront avec intérêt les questions majeures posées par le rencontre entre musulmans et chrétiens. Dans le contexte actuel, ce livre donne, de fait, des clefs intéressantes pour percevoir, au-delà des questions socio-politiques, les enjeux de la rencontre entre l'islam et le christianisme. Ceux qui souhaiteront poursuivre un peu plus loin dans la recherche tireront un grand profit des notes incroyablement précises et denses proposées par Maurice Borrmans.

Les quatre acteurs ne sont pas seulement des « spécialistes » de l'islam et du dialogue islamo-chrétien, ce sont aussi des témoins engagés dans l'aventure spirituelle de la rencontre. Savants, mystiques, hommes de prière et hommes de Dieu, leur foi chrétienne est au cœur de leur engagement à rencontrer les musulmans et à essayer de découvrir les richesses de leur vie spirituelle. En retour, ils remarquent combien le témoignage de leur propre vie suscite des interrogations dans l'esprit des musulmans rencontrés, les obligeant à apporter

1. Maurice Borrmans, *Prophètes du dialogue islamo-chrétien : Massignon, Abd-el-Jalil, Gardet, Anawati*, Paris, Cerf, 2009, 257 p.

des réponses signifiantes, afin que le dialogue soit rendu possible au-delà des préjugés et des malentendus.

L'ampleur de leurs engagements intellectuels se mesure aisément à travers leurs très nombreuses publications de livres et d'articles. Leur rigueur scientifique et leurs compétences multiples sont largement reconnues, même en dehors des cercles chrétiens, que ce soit en islamologie, en langue arabe, en philosophie musulmane, en théologie chrétienne, en histoire des relations islamo-chrétiennes. Plusieurs cumulent les doctorats et ont enseigné dans différentes universités françaises et étrangères. Polyglottes et notamment excellents arabophones, bon connaisseurs de différentes cultures, ils ont lu et étudié les ouvrages les plus importants de la théologie et de l'exégèse musulmanes et ont consacré des années à étudier des ouvrages très spécialisés, comme les douze volumes du commentaire coranique du Manār pour Jomier, ou les milliers de pages du commentaire d'al-Rāzī pour Jomier ou Arnaldez, les écrits d'Ibn Ḥazm ou d'Averroès pour Arnaldez. Leur travail intellectuel est salué par les universitaires musulmans les plus connus de leur époque, ainsi que par les universitaires de différents pays auprès desquels ils sont régulièrement intervenus. Beaucoup ont publié des livres qui sont aussi des manuels pédagogiques de la rencontre et qui aident à entrer dans la compréhension de l'autre : introductions à l'islam, guides de lecture du Coran, présentations de la pensée musulmane, etc.

Leurs œuvres sont le fruit d'une vie au contact permanent de musulmans, depuis les gens de la rue jusqu'aux plus grands intellectuels de leur époque, pas seulement pour les questions philosophiques et théologiques, mais aussi sur des sujets sociétaux ou littéraires. Jacques Jomier, par exemple, fera connaître au grand public l'œuvre de Naǧīb Maḥfūẓ, futur prix Nobel de littérature.

Leur influence est donc énorme, pas uniquement parce que leurs livres constituent encore aujourd'hui les manuels de référence pour comprendre l'islam et la rencontre islamo-chrétienne, mais aussi parce que plusieurs d'entre eux sont à l'origine ou les premiers artisans d'instituts qui vont promouvoir le dialogue islamo-chrétien pendant des années et dont la fécondité se poursuit aujourd'hui ; soit directement à travers les étudiants chrétiens et musulmans qui fréquentent depuis 50 ans ces instituts, soit indirectement à travers les engagements des anciens élèves qui collaborent dans différents coins du monde à ce dialogue. Le père Caspar sera un des premiers piliers de l'Institut d'Études Arabes de Tunis-La Manouba et de l'Institut Pontifical d'Études Arabes et Islamiques (PISAI) à Rome ; le père Jomier a participé avec le père Anawati et le père de Beaurecueil à la fondation de l'Institut Dominicain d'Études Orientales au Caire (IDEO). Roger Arnaldez y a consacré aussi beaucoup de temps et a enseigné au PISAI. Deux d'entre eux, Caspar et Moubarac, ont été conseillers des évêques pendant le concile Vatican II et ont eu une influence importante dans le regard porté au concile sur l'islam et le dialogue interreligieux.

En quoi consiste le dialogue qu'ils promeuvent ?

C'est un dialogue exigeant avec une estime réciproque et une réelle amitié en Dieu. Nos quatre « acteurs » se sont aventurés à lire, méditer, comprendre et analyser le Coran, pas seulement comme ouverture culturelle ou connaissance intellectuelle, mais en cherchant à comprendre de l'intérieur le lien mystérieux que le Coran permet aux musulmans de vivre avec Dieu.

Puis ils ont cherché, comme chrétiens, à voir les liens possibles entre la Bible et le Coran, et à repérer la manière spécifiquement coranique d'aborder les thèmes et les personnages bibliques.

Quel est le but de ce dialogue d'un point de vue chrétien ? Selon Caspar, « il s'agit d'aider le chrétien à mieux connaître l'islam pour mieux le comprendre, et à le comprendre pour grandir dans une foi plus pure et plus ouverte ». Plus on approfondit la foi de l'autre, plus on approfondit sa propre foi et plus on la purifie de certaines appropriations personnelles. La vérité dans nos propres religions est importante, mais elle ne peut pas être figée pour regarder les autres religions avec un œil critique et les juger à la mesure de nos propres conceptions de cette vérité ; le dialogue nécessite de se placer dans l'axe des croyants des autres religions et de comprendre le mouvement intérieur qui les habite et, de là, voir comment cette vérité se manifeste. S'accepter comme croyants, c'est s'accepter comme différents pour pouvoir cheminer ensemble, d'abord en se mettant d'accord sur des défis de la justice, de l'éthique et de la paix (sur lesquels il est assez facile de se retrouver), puis en entrant dans une quête plus profonde du mystère de la relation à Dieu. Jacques Jomier parle de trois vérités à vivre simultanément dans ces rencontres : la vérité de la vie, la vérité de l'expression (reconnaissance de ce que signifient les concepts de nos religions respectives) et la vérité théologique, la plus difficile à creuser ensemble, qui doit accepter les différences et se présenter comme un absolu qui nous pousse à cheminer ensemble.

Le dialogue islamo-chrétien est-il possible et enrichissant ?

Nos quatre acteurs étaient des artisans déterminés du dialogue islamo-chrétien et de la rencontre ; les trois prêtres sur le terrain plus explicitement ecclésial et Arnaldez par son engagement intellectuel chrétien et son désir de voir l'islam, le judaïsme et le christianisme pouvoir s'enrichir mutuellement. Maurice Borrmans ne cache rien des difficultés, des hésitations et des déceptions de ces quatre chercheurs de Dieu, dans leur désir d'approfondir les relations entre chrétiens et musulmans : leur méfiance vis-à-vis des dialogues institutionnels mis en place dans les années post-conciliaires, parfois trop faciles et trop superficiels avec des conclusions trop hâtives dans l'engouement des premières découvertes. Il montre aussi les déceptions de certains, après des années de rencontre, ne voyant que peu d'évolution, comme c'est le cas d'Arnaldez qui trouve à la fin de sa carrière qu'à part quelques exceptions (offertes en général par les mystiques), la pensée musulmane n'apporte pas grand-chose à la pensée universelle.

Malgré cela, leurs écrits et toute l'œuvre de Caspar semblent dire que la rencontre est possible, et que l'idée coranique d'une émulation spirituelle dans l'accomplissement des œuvres entre les communautés reste une belle perspective. Moubarac évoque l'islam comme « un défi positif pour le christianisme, qu'il ne faut pas hésiter à accepter en toute fraternité ». Arnaldez encourage, lui aussi, ce dialogue qui permettra au chrétien de comprendre plus en profondeur l'incomparable originalité du christianisme.

Y a-t-il un risque de syncrétisme dans le dialogue interreligieux, si celui-ci est spirituellement vécu comme un engagement de foi où on accepte de se laisser transformer ?

Selon Moubarac, « si révélation il y a, elle ne peut être qu'une, tout comme le dessein de Dieu sur le monde… la rencontre des religions doit donc être une convergence, chacune d'elle doit être rendue plus transparente à elle-même et le plus fort ne sera pas celui qui aura rendu les autres à quia. L'avenir du christianisme, c'est d'agir précisément comme un révélateur sur les autres religions ». Si la Révélation est achevée, dit-il, « on peut croire que son intériorisation chrétienne est à peine commencée et elle ne le sera pleinement que dans une confrontation nécessaire avec les autres religions, qui la "révèlera" à elle-même, comme elle permettra aux autres religions de s'y reconnaître. »

C'est par une fidélité plus grande à sa foi qu'on arrive à une convergence en profondeur avec la foi d'autrui. Non seulement le christianisme n'a rien à craindre pour son intégrité dans le dialogue interreligieux, mais en reconnaissant mieux les autres religions et en contribuant à les porter au-delà d'ellesmêmes, il s'achemine ainsi vers la pleine stature du Christ.

Il est certain que les ambiguïtés d'un dialogue trop conciliant n'ont pas toujours été évitées et ont pu donner lieu à des expressions communément utilisées comme « les trois religions du livre », « les religions abrahamiques », « les trois prophètes », etc. Nos auteurs dénoncent largement l'usage de ces expressions qui ne rendent pas compte de la spécificité de la foi chrétienne. Ils invitent néanmoins à entrer avec confiance dans l'aventure de la rencontre et du dialogue.

Malgré les difficultés de ce dialogue et les risques d'ambiguïté, Jomier reconnaît avec joie que les échanges positifs qui s'accumulent depuis des décennies viennent apporter une belle lumière là où des siècles d'affrontement n'ont fait qu'entretenir des polémiques stériles.

L'intérêt de ce livre est aussi d'aider le lecteur à mieux saisir les enjeux du pluralisme religieux, et notamment de l'islam, dans le plan de Dieu. Par leur expérience et leurs réflexions, ces quatre auteurs nous donnent de précieux repères pour nous éclairer sur les grandes questions posées aujourd'hui en théologie des religions.

Peut-on vraiment s'appuyer sur un héritage commun ? Quelle reconnaissance réciproque peut-il exister ?

Nos quatre acteurs se sont particulièrement intéressés aux figures de Jésus et de Marie dans la tradition musulmane. Moubarac a été déçu de ne pas trouver chez ses interlocuteurs musulmans des regards critiques (au sens de la critique occidentale) qui accepteraient une relativisation de certaines notions dans le Coran, au nom d'une meilleure connaissance critique des textes ; par exemple, sur la non-reconnaissance de la crucifixion de Jésus. Il espérait des déclarations islamo-chrétiennes qui reprendraient, après discussions, des formules d'accord sur certains contentieux qui ont opposé chrétiens et musulmans dans l'histoire.

Peut-on établir des convergences communes entre l'héritage musulman et l'héritage chrétien, comme par exemple l'apophatisme chrétien et la théologie musulmane ? Peut-on penser, comme Jomier le fait, que des centaines de millions de musulmans sont touchés par la vie et la prédication de Jésus, à travers ce qu'en dit la tradition musulmane, ou bien doit-on penser que le Jésus musulman constitue plutôt un obstacle dans le rapprochement entre chrétiens et musulmans ? Arnaldez considère, par exemple, que le Jésus, prophète de l'islam, « n'est pas le Christ des Évangiles, plus ou moins retouché ».

Tous se sont intéressés de près à la mystique musulmane, notamment à la figure de Ḥallâǧ, à la suite de Massignon, avec le désir de voir les liens possibles entre le soufisme et la mystique chrétienne. Pour Arnaldez, les réalités mystiques sont « ce sur quoi on sera le plus profondément d'accord ; cela permet d'aller très loin dans l'intercompréhension des valeurs spirituelles, tout en acceptant des différences fondamentales ». Il présente le Coran comme source de vie spirituelle en soulignant les différents niveaux d'expérience de celui qui s'engage devant Dieu : l'âme, le cœur et l'esprit (appelé aussi le « secret intime »). Néanmoins, il souligne la spécificité de chaque approche, distinguant notamment la mystique naturelle qui caractériserait l'islam et une mystique surnaturelle qui caractérise la foi chrétienne.

Caspar souligne aussi que les cas de vraie mystique comme "expérience fruitive d'un absolu" seront facilement de l'ordre de la mystique naturelle, soit dans la ligne intellectuelle (Ibn 'Arabī et les monistes), soit dans la ligne poétique (Rūmī, Ibn al-Fāriḍ), soit dans la ligne de la technique (le *ḏikr*, les confréries). Les cas de vraie mystique surnaturelle seront rares, à cause du climat doctrinal (inaccessibilité de Dieu) et des déviations faciles au plus haut degré de la mystique.

La connaissance du soufisme permet en tout cas de situer la différence essentielle entre l'islam et le christianisme. Moubarac considère, lui aussi, que c'est dans le domaine de la mystique musulmane que chrétiens et musulmans pourront avancer le plus, même s'il faut être vigilant à ce que cet engagement mystique ne se fasse pas aux dépens des principes fondamentaux de nos religions respectives ; avec, en plus, la difficulté liée à la non reconnaissance du soufisme par certains musulmans.

Peut-on envisager, comme chrétien, qu'il y ait une révélation surnaturelle dans l'islam, autre que la révélation chrétienne ? La question est discutée entre nos quatre auteurs : d'un côté, l'islam se dit lui-même religion naturelle au sens où elle correspond à la nature même que Dieu a donné à l'homme en le créant et, d'un autre côté, il y a, selon Caspar, dans l'attitude de foi des musulmans, une réponse authentique à une révélation reçue. Moubarac, reprenant les idées du cardinal Journet, parle bien d'une révélation surnaturelle du Dieu unique et transcendant, mais dont l'ouverture à la Trinité et à l'incarnation a été comme bloquée par le refus du Christ ; ce dont a hérité l'islam. Jomier dit que « l'islam se tient sur le plan naturel » par respect pour la grandeur de Dieu, là où les chrétiens « se savent appelés à un bonheur plus haut que le bonheur naturel » puisque Dieu s'est approché davantage des hommes. En même temps, il reconnaît que le Coran est bien pour les musulmans l'engagement dans l'histoire de Dieu, qui, par miséricorde, a pris l'initiative de guider l'homme dans sa faiblesse, et de lui montrer comment canaliser ses passions pour accomplir le bien et éviter le mal. Pour Arnaldez, le Dieu de l'islam n'a pas besoin de l'amour des hommes, il n'attend d'eux que l'obéissance et l'observation de la loi…

Moubarac a longtemps pensé qu'il fallait élargir à l'islam l'histoire du salut judéo-chrétienne, tout en avouant à la fin de sa vie que la question n'est peut-être pas bien posée.

Comment mieux comprendre le statut spécifique de la Parole de Dieu dans le christianisme par rapport à l'islam ? Dans le christianisme, la Parole de Dieu est une personne, éternelle en Dieu en tant que Verbe et « incarnée » dans l'homme Jésus, Parole de Dieu faite homme. Pour Caspar, c'est cette auto-communication de Dieu en Jésus-Christ qui donne sens aussi au regard que l'on porte sur les autres révélations, même si cette auto-communication n'est ni absolue (sauf en Jésus-Christ lui-même), ni exclusive.

Le problème crucial de la traduction des textes sacrés et notamment du Coran est aussi au cœur des discussions entre chrétiens et musulmans, car selon nos auteurs, la Parole de Dieu, nécessairement « exprimée en langage humain », ne saurait échapper à « l'histoire des hommes » et à « l'évolution des civilisations », ce qui peut amener à y distinguer « la lettre » et « le sens ». Beaucoup de musulmans ne se situent pas dans une telle perspective. Moubarac souligne cependant que, si le Coran est soustrait à la critique historique ou textuelle, au sens occidental, il n'est pas nécessairement soustrait à toute interprétation, dans le génie propre de l'islam.

Que penser du charisme prophétique de Muḥammad ?

Caspar attribue à Muḥammad un charisme prophétique, au moins partiel et transitoire, car « la plénitude de la révélation en Jésus n'empêche pas le chrétien de reconnaître que Dieu a pu se faire connaître aux hommes par d'autres voies, avant comme après Jésus » ce qui l'autoriserait à « reconnaître dans cette proclamation puissante du Dieu unique et transcendant un rappel du message de Jésus ». Moubarac pense que Muḥammad serait le « premier homme de l'arabité », délivrant l'arabisme clanique de ses solidarités ethniques, voire religieuses, parce que l'arabité est dépassement, « destin et progrès », se pensant « comme projet et non comme souvenir, et donc en islam rénové ».

Jomier aussi s'interroge sur le pluralisme religieux dans le plan de Dieu : y a-t-il un pluralisme de droit, c'est-à-dire une multiplicité voulue par Dieu lui-même ? Comment mener de front une ouverture bienveillante à l'autre et une foi ancrée dans sa propre tradition ?

Enfin, ce livre aborde des thèmes très actuels et très cruciaux pour notre réflexion contemporaine et le lecteur sera heureux d'y trouver quelques repères et des références précises pour y approfondir d'éventuelles recherches : la question des droits de l'homme en islam et en christianisme ; la compatibilité de l'islam avec le monde moderne ; la question des chrétiens d'Orient et du dialogue islamo-chrétien dans des lieux où le christianisme est minoritaire ; la question palestinienne pour laquelle le père Moubarac était particulièrement engagé ; la diversité des sensibilités ou branches de l'islam dans le dialogue ; la distinction entre ce qui est proprement religieux, ce qui est politique et ce qui touche à la vie de tous les jours…

Grâce à Maurice Borrmans, Arnaldez, Caspar, Jomier et Moubarac nous font emprunter des chemins nouveaux, nous invitent à des déplacements et nous convient à leur aventure humaine et spirituelle. Bonne lecture !

Henri de LA HOUGUE, PSS *

* Enseignant à l'Institut Catholique de Paris, Henri de La Hougue est co-Président chrétien du Groupe de Recherches Islamo-Chrétien.

PRÉFACE

Ce livre présente *Quatre acteurs du dialogue islamo-chrétien* : Roger Arnaldez, Robert Caspar, Jacques Jomier, Youakim Moubarac, qui ont quelque chose à nous dire dans le brouhaha actuel du conflit des cultures à la suite des « chocs » qu'ont été les tueries de Charlie Hebdo et SuperCacher de Paris, et celles plus récentes de Copenhagen et de Paris. Leurs livres sont nombreux et leurs articles sont sans nombre, où chacun entend exprimer son opinion et proposer des explications, voire des remèdes. Quelles sont les personnes informées qui sont en droit d'exprimer un jugement scientifiquement élaboré après avoir étudié le problème des relations islamo-chrétiennes à travers l'expression littéraire, philosophique et théologique que les musulmans d'hier et d'aujourd'hui ont donnée de leur Islam ? J'ai publié, en 2009, un livre intitulé *Prophètes du dialogue islamo-chrétien* où j'ai présenté la pensée de quatre témoins de ce dialogue qui ont vécu au milieu du siècle dernier : il s'agissait de Louis Massignon (1883-1962), de Jean-Mohammed Abd-el-Jalil (1904-1979), de Louis Gardet (1904-1986) et de Georges C. Anawati (1905-1994). Leur enseignement universitaire et leurs publications scientifiques constituent un premier dossier de connaissances approfondies sur l'Islam, qu'il convenait d'enrichir par l'apport de leurs émules en la matière : ils ont pour noms Roger Arnaldez, Robert Caspar, Jacques Jomier et Youakim Moubarac. Ils ont tenté, eux aussi, de comprendre l'islam de l'intérieur tout en développant, avec de nombreux musulmans, de riches collaborations intellectuelles et en partageant, avec leurs frères chrétiens, le meilleur de leur réflexion théologique. Le texte de Vatican II autorisait en effet un effort renouvelé de la pensée chrétienne en explicitant ce que chrétiens et musulmans peuvent avoir de commun dans leur approche du mystère de Dieu et dans leur expression d'un humanisme personnaliste. Roger Arnaldez (1914-2006), professeur à Paris, s'est interrogé sur la philosophie musulmane et le témoignage des mystiques en islam. Robert Caspar (1923-2007), des Pères Blancs, fort de son expérience tunisienne, a été la cheville ouvrière du Groupe de Recherches Islamo-Chrétien (GRIC), tout en enseignant au Pontificio Istituto di Studi Arabi e d'Islamistica (PISAI) de Rome. Le Père Jacques Jomier (1914-2008), fondateur, avec le Père Georges C. Anawati, de l'Institut Dominicain d'Études Orientales (IDEO) du Caire, témoigne, en ses écrits, de son expérience égyptienne de dialogue culturel et spirituel. Le Père Youakim Moubarac (1924-1995), prêtre maronite et disciple de Louis Massignon, n'a eu de cesse d'œuvrer pour le dialogue tant à Paris qu'à Beyrouth ainsi que pour la cause palestinienne et la paix à Jérusalem. Alors que beaucoup mettent en doute aujourd'hui la possibilité d'un dialogue « en vérité et en charité » et qu'islamophobie et christianophobie soulignent les formes conflictuelles de la rencontre interreligieuse, il est d'autant plus important d'écouter ces acteurs du dialogue islamo-chrétien qui ont toujours su « raison garder » et vivre la vertu d'espérance. Le témoignage de ces quatre acteurs, après celui des quatre prophètes évoqués plus haut, démontre qu'il est de première importance que chacun s'informe objectivement de l'autre, de sa langue, de sa culture, de son histoire et de sa religion, bref de sa civilisation, et non seulement de son organisation économique ou politique. Ce témoignage devrait inciter les jeunes chercheurs à avoir le courage d'investir dix années d'études linguistiques, sociologiques, philosophiques et théologiques, pour mieux connaître et comprendre les musulmans de toutes sensibilités. Les conclusions de leurs études et les conseils qui en émergent devraient également permettre aux hommes politiques de mesurer d'autant mieux l'importance de l'enjeu et les dimensions exactes de la crise. Le « fait religieux » est désormais au cœur des problèmes de la société française et il convient d'en prendre acte au nom d'une laïcité intelligente qui entend bien servir l'homme, tout homme quel qu'il soit, dans son intégralité.

Maurice BORRMANS
Février 2015

Principales abréviations

IBLA : Institut des Belles Lettres arabes (Tunis)
MIDEO : Mélanges de l'Institut Dominicain d'Etudes Orientales du Caire
RT : *Revue thomiste*

ROGER ARNALDEZ (1911-2006)
PHILOSOPHE ET ISLAMOLOGUE, AU SERVICE D'UN ŒCUMÉNISME ÉLARGI

« Si l'on suppose que le XXe siècle commence avec la première guerre et finit en 2001, la longue vie de Roger Arnaldez coïncide avec le siècle », selon ce qu'en dit, en sa Notice, Mme Chantal Delsol qui lui succéda à l'Académie des sciences morales et politiques en 2008 [1]. Né à Paris le 13 septembre 1911, « d'une famille paternelle pyrénéenne et d'une famille maternelle auvergnate, il perdit très tôt sa mère. Il voua une adoration à sa grand-mère, et disait volontiers qu'il avait été fait par deux femmes, sa grand-mère et son épouse. Avec gratitude, il rappelait que son père avait l'esprit libéral : grâce à quoi il put s'adonner à des études originales, surtout pour l'époque. De famille modeste, il s'éleva à un cursus complexe par sa propre curiosité [...]. Jeune catholique, il participe à l'encadrement des lycéens dans sa paroisse de Saint-Pierre de Montrouge. Tôt, la foi le marque et la religion l'intéresse, il veut transmettre et persuader. Il ne dissociera pas son engagement de sa vocation de chercheur. C'est sans doute l'objectivité scientifique liée à la foi religieuse, qui engendrera sa quête de l'œcuménisme. Quand il suivra les cours du célèbre René Le Senne, celui-ci ne pourra s'empêcher d'analyser son caractère : vous êtes un "sentimental", autrement dit, un émotif-inactif-secondaire. On retrouve chez lui les spécificités de ce caractère, notamment, le sens aigu de la mesure, et la capacité à écouter plutôt qu'à se mettre spontanément en avant. Il ne sera ni agressif ni polémique, et laissera peu de prise à la passion. Je placerais volontiers son parcours sous le double signe de la modération et de la ferveur intérieure » [2]. Mme Chantal Delsol ne pouvait mieux dire de sa jeune personnalité avant de décrire ensuite « son intérêt pour les langues », manifesté dès l'adolescence.

1. *Cf.* sa *Notice sur la vie et les travaux de Roger Arnaldez (1911-2006)*, lue par elle le lundi 8 décembre 2008, en séance publique, à laquelle il sera souvent renvoyé sous le sigle *Notice*. Qu'elle soit ici remerciée pour nous avoir permis de largement utiliser cette *Notice* publiée par les soins de l'Institut de France, 2008, grand format, 27 p.

2. Cf. *Notice*, p. 9.

N'a-t-il pas dit : « Mon enthousiasme ne connut plus de bornes » lorsqu'en classe de troisième un condisciple algérien lui prêta la grammaire arabe de Soualah [1] ?

Roger Arnaldez a, en effet, une vocation de linguiste et, au fil des années, c'est une vingtaine de langues qu'il réussit à maîtriser. Et Mme Chantal Delsol de les énumérer « Outre les langues anciennes classiques, latin et grec, et les langues vivantes proches comme l'anglais et l'allemand, d'autres assez courantes (l'italien, l'espagnol, le portugais), d'autres rares (le russe, le polonais, l'hébreu), voire étrange (le ghèze, langue ancienne de l'Éthiopie), ou régionale (le catalan). Curiosité intense, sens de la précision [...]. Pour lui, la reine-mère des langues est le grec, et il s'indigne qu'on le néglige. Mais sa fascination va à l'arabe. Il le comprendra si parfaitement que certains musulmans viendront lui demander des interprétations de texte en arabe classique » [2]. Mais c'est aussi la philosophie qui devint très vite le champ privilégié de ses recherches et de ses publications : « Sa vocation philosophique s'annonce en classe terminale (de ses études secondaires), dans le sillon d'un professeur enthousiasmant. Il suit donc un cursus universitaire en philosophie, et fréquente en même temps le courant qui convient à ses convictions : le courant personnaliste chrétien. Il se rend aux réunions des agrégatifs chaque lundi chez Gabriel Marcel, où l'on étudie notamment Kierkegaard, Scheler, Jaspers. Il connaît Jacques Maritain et chez lui, à Meudon, rencontre Maurice de Gandillac qui deviendra le directeur de sa thèse principale » [3].

C'est ainsi qu'après de brillantes études secondaires et supérieures, il débute sa carrière professorale de jeune agrégé de philosophie au lycée de Mont-de-Marsan, puis se retrouve bien vite au Caire pour y enseigner la philosophie au Lycée français en 1938-1939 [4]. Mobilisé comme aspirant au début de la guerre, il se retrouve prisonnier, en juin 1940, à l'aspilag de Stablack [5], y vivant d'abord

1. « Même si son père tente de lui subtiliser cette grammaire, de crainte que cet émerveillement juvénile ne lui fasse négliger le latin et le grec » (cf. *Notice*, p. 10).

2. Cf. *Notice*, p. 10. « Pourtant, précise-t-elle, ce polyglotte ne parlait que le français, et s'il devait donner une conférence en langue étrangère, lisait un texte qu'il avait préparé » (p. 10).

3. Cf. *Notice*, p. 10.

4. « Sur les conseils de René Le Senne, il décide de se spécialiser dans la philosophie arabe. Il rencontre pour la première fois le célèbre Louis Massignon, personnage extraordinaire, qu'il allait fréquenter par la suite, et dont ses fils se rappellent l'extrême maigreur et le regard perçant. Il est nommé au lycée (français) du Caire et s'absorbe dans l'apprentissage de l'arabe » (cf. *Notice*, p. 11).

5. « L'aspilag de Stablack, au départ camp de représailles, infligeait des brimades agressives et cruelles. Mais une certaine autonomie état laissée aux prisonniers. Ainsi s'instaurait une vie culturelle et amicale, qui rendait l'attente plus vivable. Le camp posséda bientôt une chorale, un orchestre, une bibliothèque, une préparation de Math Spé, des conférences, un journal parlé, et j'en passe », raconte Mme Chantal Delsol en sa *Notice*, p. 11. Pour cette période de la vie de Roger Arnaldez, nous nous référons à un témoignage personnel de Mr Maurice Girault, en date de mai 2006. Qu'il en soit ici remercié.

à la baraque 2B [1], puis à la baraque 6A [2]. Comme en témoigne son ami de captivité, Maurice Girault, « sa personnalité intellectuelle était manifeste, jointe à des qualités de simplicité et de disponibilité. Son caractère ne le disposait pas à subir passivement la captivité en attendant une éventuelle libération au bout d'une durée qu'on savait longue, et qui resta longtemps indéterminée. Ce furent finalement cinq années, durée qui pèse lourd quand on a trente ans et qu'une épouse et une toute jeune enfant vous attendent en France. Quelles furent ses activités ? La philosophie était chez lui une seconde nature qu'il n'avait pas besoin de développer. Il connaissait parfaitement tous les auteurs classiques, mais l'intérêt qu'il portait à la philosophie allait au-delà des traités : c'était une attitude d'esprit permettant d'appréhender les grandes questions auxquelles nous sommes confrontés. Il manifestait une grande curiosité intellectuelle. Elle se manifestait principalement par la linguistique, moyen indispensable pour communiquer avec les différentes cultures. À cette époque, il parlait au moins une demi-douzaine de langues et en lisait autant d'autres, à commencer par le latin, le grec et les langues sémitiques. Au camp, il eut l'occasion d'apprendre notamment le portugais (il connaissait l'italien et l'espagnol), mais il étudia surtout l'arabe ». Et cet ami de captivité, devenu celui de toujours, d'ajouter : « Ses orientations profondes, amorcées à son adolescence, se sont approfondies au cours de sa captivité [...]. Il ne paraît pas douteux que le long séjour à Stablack, aussi pénible qu'il ait été, aura marqué Roger Arnaldez et contribué à forger sa personnalité, renforcer son obstination à trouver des réponses aux questions fondamentales qu'il se posait. En captivité, sa connaissance de l'allemand et du russe a rendu des services [...]. Et son initiative d'enseignement du russe a rendu de réels services dans la période finale, sous occupation soviétique, (car) les Russes exigèrent des "listes de rapatriement" en russe » [3].

« Libéré en juin 1945, raconte encore Maurice Girault, il reprit ses activités professionnelles. En septembre 1945, de retour au Caire, il fut nommé sous-directeur du Lycée, puis, l'année suivante, "attaché culturel" à l'Ambassade de France. C'est alors que je le rejoignis. En effet, ayant passé l'agrégation de mathématiques en juillet 1946, j'appris (vous devinez comment) qu'un poste de

1. « À la popote dite des Philosophes comprenant quatre agrégés de philo : R. Gravot, V. Caillet, Ch. Lebecque et lui-même. Robert Chatillon complétait l'association ».

2. « Une grosse popote avec M. Rousselon, A. Silbert, J. Minne, J. Delassus, J. de Soussa et moi-même ».

3. « En captivité, sa connaissance de l'allemand et du russe ont rendu des services (il parlait aussi à l'occasion le polonais). Je pense à des contacts qui purent s'établir avec des prisonniers russes que nous avions pu faire entrer dans notre camp ; en particulier un jeune qui se préparait à devenir pope. Roger Arnaldez ouvrit à Stablack un cours de russe, initiative qui risquait d'être peu appréciée de nos gardiens ; aussi était-il prévu qu'en cas de visite inopinée, le cours porterait immédiatement sur la linguistique comparée des langues indo-européennes, thème qu'il était capable de développer sans préparation ».

professeur de “math-sup” venait d’être créé au Lycée français du Caire [...]. Les lourdes tâches administratives imposées à l’attaché culturel ne passionnaient pas Roger Arnaldez; aussi reprit-il rapidement ses enseignements de philosophie, cette fois au Lycée franco-égyptien d’Héliopolis. Le Caire était, à cette époque, une grande capitale internationale, et plus particulièrement la capitale du monde arabe. Elle le devait à son passé, mais aussi à la situation stratégique qu’elle prit au cours de la Seconde Guerre qui venait de s’achever. Un renouveau de l’Islam, avec réflexions sur sa place dans le monde moderne, amorcé au début du siècle, continuait de s’y manifester [1]. Pour l’arabisant qu’était Roger Arnaldez, il pouvait trouver des contacts intéressants; deux centres actifs rassemblaient les chercheurs : Al-Azhar et le Centre des Dominicains. C’est dans ce cadre qu’il put approfondir ses connaissances sur la civilisation musulmane sous tous ses aspects, avec un intérêt marqué pour le développement de la pensée philosophique de l’Islam au cours des deux grandes périodes historiques symbolisées par Bagdad et Cordoue. Reconnu, en Égypte même, comme arabisant, il fut chargé d’enseigner cette discipline à la Faculté du Caire de 1952 à 1955 ». Très lié aux Dominicains du Caire, il participe de tout cœur à leurs activités du Cercle thomiste, publie maints articles dans les Cahiers de ce Cercle et collabore étroitement aux initiatives de Dār al-Salām où il se retrouve côte à côte, pour conférences, avec Louis Massignon, Louis Gardet et Georges Anawati, se situant ainsi dans la droite ligne d’un Orientalisme catholique dont ils sont alors les meilleurs représentants.

Les titres des conférences alors données par Roger Arnaldez dans le cadre de ces Mardis de Dār al-Salām, de 1950 à 1954, tels que les rapporte Dominique Avon en sa magistrale étude sur *Les Frères prêcheurs en Orient* [2], disent assez les orientations de sa pensée : « L’existentialisme chrétien : Pascal-Bossuet-Newman », « L’œuvre de l’école d’Alexandrie », « Alexandrie et les aspirations de la pensée antique », « Moïse et Platon dans la philosophie de Philon d’Alexandrie », « Langage philosophique et foi chrétienne : aux temps d’Origène, de Saint Cyrille et de Jean Philopon », « L’École d’Alexandrie et la pensée de l’Islam », « Transcendance et révélation » ; « La conception profane et classique de l’Histoire », « La conception chrétienne de l’Histoire », « La conception musulmane de l’Histoire » et « Perspectives eschatologiques ». Ce séjour au Caire lui permit de préparer son Doctorat : c’est à la Sorbonne, à Paris, qu’en 1955, il put défendre sa thèse principale, « Ibn Ḥazm de Cordoue,

1. Comme le rappelle Mme Chantal Delsol, « Le Caire était alors une capitale intellectuelle brillante. Il y fréquente par exemple les chercheurs de l’École de Droit, et le directeur du Musée d’art arabe, Gaston Wiet. Enfin le grand écrivain arabe Ṭāhā Ḥusayn, l’auteur du *Livre des Jours*, accompagne sa jeune ambition, lui conseille d’étudier Ibn Ḥazm de Cordoue et, en tant que ministre de l’Instruction Publique, le fait entrer à l’université d’Héliopolis » (cf. *Notice*, p. 12)

2. *Les Frères prêcheurs en Orient : Les dominicains du Caire* (*années 1910-années 1960*), Paris, Cerf, 2005, 1029 p., ici plus particulièrement p. 559-568.

grand penseur musulman du XIe siècle », qui fut ensuite publiée sous le titre *Grammaire et théologie chez Ibn Ḥazm de Cordoue* et dédiée à Ṭāhā Ḥusayn, et sa thèse complémentaire consacrée à Philon d'Alexandrie, d'où les six livres ensuite édités où ses œuvres sont par lui traduites et commentées. Il accède alors à l'enseignement supérieur, d'abord à Bordeaux, puis à la Faculté des Lettres de Lyon (1956–1968) et enfin à celle de Paris-Sorbonne, de 1968 jusqu'à sa retraite en 1978. Ses enseignements, ses publications et sa participation à nombre de colloques internationaux lui assurent alors une audience des plus notoires dans le monde des dialogues interculturels et interreligieux. C'est alors qu'il enseigne aussi au Pontificio Istituto di Studi Arabi e d'Islamistica de Rome, comme professeur invité, tout en participant bien vite au comité de rédaction de sa revue *Islamochristiana*, laquelle a toujours bénéficié de ses conseils judicieux ainsi que de ses articles. Il fut aussi, pendant un certain temps, consulteur auprès du Secrétariat (romain) pour les Non Chrétiens. Membre associé de l'Académie royale de Belgique et membre correspondant de l'Académie arabe du Caire, il est élu, le 10 février 1986, à l'Académie des Sciences Morales et Politiques, dans la section de philosophie, au fauteuil de Pierre-Maxime Schuhl. Plus tard, il s'employa à coordonner les travaux du quatrième volume de l'*Encyclopédie philosophique universelle.*

ISLAM ET PHILOSOPHIE

Roger Arnaldez a su manifester, en ses deux thèses de Doctorat, sa capacité d'assumer et le passé philosophique de la Grèce repris dans l'œuvre de Philon et les élaborations de la philosophe hellénistique de l'Islam classique dont Ibn Ḥazm, Averroès et Rāzī furent les témoins diversifiés en leur temps. On lui doit l'article *falsafa* de l'*Encyclopédie de l'Islam*[1] avant qu'il ne se consacre à cette *Encyclopédie philosophique* qui lui prit le meilleur de ses dernières années. Mais c'est par l'école d'Alexandrie qu'il eut accès à Philon le juif[2] et lui consacra sa thèse secondaire : ce faisant, il devait avoir accès à la pensée de Plotin (205-270) et de ses *Ennéades*, puis, à travers son néo-platonisme, entrer de plain-pied dans l'étude des diverses étapes et des multiples écoles de la philosophie hellénistique musulmane. C'est de Philon qu'il traduisit six de ses ouvrages[3] où le philosophe d'Alexandrie tentait d'harmoniser l'orthodoxie

1. *Encyclopédie de l'Islam*, Leyde/Paris, E. J. Brill/G.-P. Maisonneuve et Larose, 2e éd., t. II, 1965, p. 788-794.

2. Philosophe grec d'origine juive (13 av. J.-C.-54 apr. J.-C.) qui obtint de Caligula que les juifs soient exempts du culte à la statue de l'empereur (40-41).

3. Publiés progressivement pendant plus de dix ans à partir de 1961 : *De opificio mundi* (1961), *De virtutibus* (1962), *De mutatione nominum* (1964), *De aeternitate mundi* (1969), *De posteritate Caini* (1972), *De vita Mosis, I-II* (1974).

hébraïque avec l'hellénisme de Platon et d'Aristote, avant d'inspirer par là le néo-platonisme de Plotin et nombre de Pères de l'Église. Linguiste et traducteur, R. Arnaldez est ainsi attentif à l'expression linguistique de la philosophie et de la théologie, ce qu'illustre parfaitement sa thèse principale, *Grammaire et théologie chez Ibn Ḥazm de Cordoue*, publiée en 1956, car il s'agit d'un *Essai sur la structure et les conditions de la pensée musulmane*, tout un programme pour les recherches subséquentes de son auteur. En effet, « la pensée d'Ibn Ḥazm de Cordoue révèle un aspect essentiel de la religion musulmane : le lien étroit entre la langue et la théologie. Le livre révélé a été écrit (soufflé) par Dieu "en arabe clair". La parole n'est donc pas à interpréter, mais exclusivement à comprendre, lors même qu'elle contient la vérité pure » [1].

Et la lecture de l'article *Ibn Ḥazm* [2] que R. Arnaldez a confié à l'*Encyclopédie de l'Islam* permet ainsi de comprendre quels furent les axes essentiels de sa recherche ultérieure en philosophie, en théologie et en mystique, car tout langage a pour mission d'exprimer la vérité, toute intelligence est sollicitée par l'être de Dieu ou son mystère, toute expérience spirituelle a une logique et une finalité, toute cohésion sociale se fonde sur des légitimités et des solidarités [3]. Rien d'étonnant alors si R. Arnaldez ait voulu décrire plus largement « l'âge d'or » que connut la pensée musulmane en son livre de 1985, *Les grands siècles de Bagdad (De la fondation de Bagdad au* IV*e*/X*e* *siècle)*, avant de se pencher plus particulièrement sur Averroès (1126-1198) et Faḫr al-dīn al-Rāzī (1149-1209) dont il ne cessa de méditer les écrits pour s'interroger sur leurs idées philosophiques, leurs expériences existentielles et leurs convictions religieuses, d'où ses deux ouvrages de 1998, *Averroès, un rationaliste en Islam*, et de 2002, *Faḫr al-Dīn al-Rāzī, commentateur du Coran et philosophe.* Mais c'est l'ensemble des articles et des livres par lui élaborés et publiés qui témoignent de cette constante volonté de soumettre la culture, la spiritualité et la mystique aux exigences d'une saine raison qui seule peut fonder la rencontre des hommes et le dialogue des religions.

1. Cf. *Notice*, p. 12. Et Mme Chantal Delsol de commenter : « Grand mystère, pour un chrétien (ce qu'est R. Arnaldez) que cette installation de la perfection dans le monde d'en bas, ce texte tombé de la main de Dieu, qui se trouve dès lors à la fois dans l'histoire et hors de l'histoire, dans le temps et hors du temps ».

2. *Encyclopédie de l'Islam*, t. III, 1971, p. 814-822.

3. Ce sont là, en effet, les dimensions particulières de l'expérience d'Ibn Ḥazm de Cordoue (994-1064) qui fut, à la fois, poète, historien, juriste, philosophe, théologien et aussi homme politique dans une Andalousie alors fragmentée en de multiples principautés aux destins diversifiés, sinon contrastés.

Islam et sunnisme classique

C'est pour répondre aux requêtes d'une approche scientifique et d'une interrogation philosophique que R. Arnaldez s'astreignit à la fréquentation des témoins les plus représentatifs de l'orthodoxie musulmane afin de mieux comprendre l'islam « comme du dedans ». En effet, comme le constate encore Mme Chantal Delsol : « Au cours de quelque soixante années de travail sur l'islam, il explore son sujet : une vingtaine de livres, sans compter les nombreux articles et contributions. Il s'intéresse à toutes les formes religieuses, occidentales ou non : on trouve dans ses ouvrages des réflexions et des comparaisons portant sur le calvinisme, l'hindouisme et le bouddhisme, ou encore les gnoses. Mais c'est naturellement vers l'islam que se porte son intérêt majuscule », attiré ou fasciné par les dimensions humanistes de l'islam de Bagdad ou de Cordoue, d'où le livre dont il a déjà été parlé. « Moment de grâce, où les docteurs des trois traditions, dans une grande liberté d'esprit, et parlant tous l'arabe, dialoguaient véritablement autour des sujets essentiels, et parvenaient à se rencontrer sur les questions de la liberté humaine et de la justice divine » [1].

C'est donc en toute honnêteté qu'il s'efforce de s'expliciter à lui-même et d'expliquer à ses lecteurs ce qu'est réellement « l'islam, religion et société ». D'où son petit livre *Mahomet ou la prédication prophétique*, en 1970, deux fois réédité, qui entend faire connaître pédagogiquement celui qui est aux origines de l'Islam (*présentation, choix de textes, bibliographies*), bientôt suivi d'un autre, en 1983, intitulé *Le Coran, guide de lecture*, qui en propose les repères historiques et les thèmes essentiels, ainsi que les commentaires classiques. L'auteur, dit une recension, « cherche à montrer comment les musulmans comprennent leur livre, comment ils expliquent ce qui à leurs yeux doit être expliqué et comment ces textes vivent en eux, dans leur méditation et leur pensée. Point de vue qui se veut profondément respectueux de l'originalité de l'autre » [2]. Toutes choses qui sont ensuite développées grâce à l'apport de ses études philosophiques et théologiques dans son ouvrage de 1987, *Aspects de la pensée musulmane*.

Soucieux d'approfondir encore les expressions classiques et modernes tant de l'exégèse coranique que de la réflexion théologique, R. Arnaldez proposa, en 1988, un ouvrage de synthèse intitulé *L'Islam*, avant d'exposer bien plus tard, sous forme plus technique, ce qu'il en est de *L'homme selon le Coran*, en 2003,

1. Cf. *Notice*, p. 18. Et d'ajouter : « Ne sont-ce pas là les prémices d'une civilisation judéo-islamo-chrétienne ? Roger Arnaldez parle de la formation d'un humanisme commun, celui qui fut brisé plus tard lors du déclin culturel de l'Islam. Un humanisme commun qu'il nous faudrait revivifier, et de la sorte, écrit-il avec espoir, "juifs, chrétiens et musulmans pourraient une fois encore se rencontrer, coopérer, et peut-être sauver l'humanité" ».

2. Recension de Michel Lagarde, *Islamochristiana*, Rome, PISAI, 9, 1983, p. 279.

pour d'autant mieux s'expliquer, en 2005, sur *Les sciences coraniques : grammaire, droit, théologie et mystique*, reprenant alors ce qu'il avait proposé en des études plus circonstanciées en chacune de ces disciplines. Ce fut son dernier livre et ces quatre disciplines avaient constitué les champs privilégiés de ses interrogations et de ses méditations.

Islam et mystique

Évoquant en 1975, dans un article intitulé « Dialogue islamo-chrétien et sensibilités religieuses », les dimensions philosophiques et théologiques de la rencontre entre chrétiens et musulmans, Roger Arnaldez reconnaissait qu'« effectivement, ce sur quoi on sera le plus profondément d'accord, ce sont des réalités mystiques », car « il est très certain que du côté de la mystique musulmane on découvre des richesses de spiritualité très réelles, si bien que le chrétien se sent plus à l'aise qu'il ne l'est en face d'un traité de théologie dogmatique musulmane ». C'est bien pourquoi, à la suite de Louis Massignon, il a voulu interroger al-Ḥallāǧ, ce mystique musulman condamné au gibet par les siens à Bagdad en 922, d'où son étude *Hallāǧ ou la religion de la croix*, publiée en 1964, où il étudie la « courbe de vie » et la doctrine spirituelle de ce ṣūfī sunnite dont le témoignage le marquera tout autant que celui qui en avait fait, bien avant lui, le thème essentiel de sa thèse de 1922 en Sorbonne[1]. « Ce livre troublant et émouvant, écrit de lui Mme Chantal Delsol, suscite pour son personnage une espèce de fascination. Ḥallāǧ, qui confère une signification essentielle à la souffrance et à la mort, et ne cherche qu'à s'arracher à soi, devient l'ami intime de Dieu, et témoigne de cette expérience unique. Accusé de panthéisme (parce qu'il semble avoir ébréché en terre d'Islam l'absolue altérité de Dieu), d'hérésie, même s'il demeure dans la pure orthodoxie musulmane, il sera l'objet de fatwā, emprisonné, puis mis à mort dans des supplices

1. Toute l'œuvre de Louis Massignon, islamologue catholique accompli, ne fait qu'expliciter sa thèse de doctorat, *La passion d'Al-Hosayn-Ibn-Mansour Al Hallaj, martyr mystique de l'Islam exécuté à Bagdad le 26 mars 922* (*Étude d'histoire religieuse*), Paris, Geuthner, 1922, t. I, p. 1-460 et t. II, p. 461-942. Réédité, augmenté et corrigé, *La Passion de Husayn Ibn Mansûr Hallâj martyr mystique de l'Islam exécuté à Bagdad le 26 mars 922* (*Étude d'histoire religieuse*), Paris, Gallimard, 1975, t. I : *La vie de Hallâj*, 708 p. ; t. II : *La survie de Hallâj*, 519 p. ; t. III : *La Doctrine de Hallâj*, 386 p. ; t. IV : *Bibliographie*, 330 p. Pour la vie et l'œuvre de L. Massignon, *cf.* principalement, *Louis Massignon, Écrits mémorables*, textes établis, présentés et annotés sous la direction de Christian Jambet, par François Angelier, François L'Yvonnet et Souâd Ayada, Paris, Laffont, 2009, vol. I : 926 p., dont *repères biographiques*, p. XXIX-LXXX ; vol. II : 1016 p., dont *bibliographie*, p. 941-997 ; Christian Destremau et Jean Moncelon, *Massignon, le « cheikh admirable »*, Paris, Plon, 1994, 449 p. ; Maurice Borrmans, *Prophètes du dialogue islamo-chrétien : Louis Massignon, Jean-Mohammed Abd-el-Jalil, Louis Gardet, Georges C. Anawati*, Paris, Cerf, 2009, 257 p., pour L. Massignon, p. 15-44 (biographie) et p. 149-175 (bibliographie).

atroces dont la mise en croix. Les évocations de Ḥallāǧ sont récurrentes au long de l'œuvre de Roger Arnaldez. Ḥallāǧ pendant toute sa vie attend sa mort comme une promesse : sa mort est la réalisation de sa vie, puisqu'elle témoignera de la présence de Dieu, présence que la vie, cette prison, n'admet que dans la médiation. Seule la mort transformera la croyance en vérité. L'auteur s'est attaché à son personnage, il est vrai si bouleversant, et doté d'un cœur pur ; il a admiré sa capacité à parcourir le tunnel jusqu'à l'extrême fond, à réaliser le don de la foi jusqu'à l'extrême limite »[1].

Et c'est dans le cadre de ses recherches en mystique musulmane que Roger Arnaldez fut amené à publier en 1973 sa traduction de l'oeuvre singulière d'un chirurgien égyptien musulman connu par lui au Caire, le docteur Kâmil Ḥusayn[2], intitulée *al-Qarya l-ẓālima* (*La cité inique*)[3] et parue au Caire en 1954[4], puisqu'il s'agit d'une étrange méditation sur le mystère de « la condamnation à mort, sur une croix, du seul innocent de l'histoire », celle de ʿĪsā, fils de Marie, dont rien n'est dit quant à sa mort réelle, car tout s'y arrête avant que sa vie ne s'achève enfin. Triptyque étrange où chacun, qu'il soit romain ou juif, disciple ou adversaire, entend se disculper d'une quelconque responsabilité en l'affaire. Méditation d'un penseur musulman sur ce jour mémorable qui fut, pour les chrétiens, celui de la passion et de la mort du Christ. Pour le docteur Kâmil Ḥusayn, c'est l'occasion de s'exprimer sur les problèmes les plus dramatiques de la condition humaine et sur les injustices quasi inhérentes à toutes les sociétés humaines allergiques au pur témoignage de « l'innocent », quel qu'il soit. L'iniquité est un thème récurrent dans le Coran lui-même sur lequel l'auteur et son traducteur ont été amenés à longuement réfléchir, car les mystiques s'y sont affrontés dans leur expérience du bien et du mal. On sait que les éditeurs parisiens renoncèrent à en publier deux chapitres qui furent cependant proposés dans une revue spécialisée[5], tandis qu'un autre livre du

1. Cf. *Notice*, p. 16. Et de préciser : « Roger Arnaldez, doté de cet équilibre qui n'est jamais plaqué, de cette modération paisible, si ennemi de l'excès, tomba captivé devant Hallâj, un fou selon les critères des hommes, qui, restant strictement fidèle à l'islam pourtant si soupçonneux devant les mystiques, accomplissait jusqu'à la déchirure ce que demande le Christ dans Luc (5, 4) "Conduis ta barque en haute mer" ».

2. Né au Caire en 1901 et mort le 6 mars 1977 en la capitale égyptienne, Kāmil Ḥusayn fut à la fois un chirurgien de renommée internationale et un penseur d'aspirations mystiques. Outre les deux livres ici évoqués, on lui doit aussi une étude sur le Coran, *al-Ḏikr al-ḥakīm*, un recueil d'articles, *Mutanawwiʿāt*, et un essai *al-Šiʿr al-ʿarabī wa-l-ḏawq al-muʿāṣir* (*La poésie arabe et le goût contemporain*).

3. Kamel Hussein, *La Cité inique*, récit philosophique, traduction de l'arabe et introduction de Roger Arnaldez, préface de Jean Grosjean, Paris, Sindbad, 1973, 155 p. Chaque chapitre y est une « scène » et les scènes se regroupent en trois sections : chez les Juifs, chez les Apôtres et chez les Romains.

4. Maṭbaʿat Miṣr, 234 p.

5. *Cf.* « Deux chapitres non traduits de "la Cité inique" », *Islamochristiana*, Rome, PISAI, 3, 1977, p. 177-195. Il s'agit d'abord du chapitre « La malade » qui s'insère dans la 2e section Du côté

même Kâmil Ḥusayn, *al-Wādī l-muqaddas* (*Le Val Saint*)[1] méditait sur la rencontre possible des grandes religions historiques. Pourrait-on penser que R. Arnaldez ait fait siennes les dernières phrases du deuxième chapitre ainsi restitué à la publication ? K. Ḥusayn le conclut ainsi : « Ainsi sont les choses ! Les signes de Dieu ne conduisent dans la voie droite que l'homme préparé en son âme à recevoir les impressions religieuses ; celui-là est déjà croyant, de par sa nature ; il lui est facile de renoncer à croire en l'erreur pour croire en la vérité. Mais quand un homme n'est pas préparé à croire, les signes ne sauraient avoir aucun effet sur lui. C'est ainsi que les signes de Dieu ne valent que pour les personnes douées d'une foi innée et pour les êtres dont l'âme est disposée à saisir les valeurs religieuses et à percevoir les réalités spirituelles ». Pessimisme résigné à un innéisme de la foi ou bien irruption de la grâce en toute conscience inquiète ? R. Arnaldez a dû affronter ce dilemme essentiel.

Il a tenté d'y répondre en ses *Réflexions chrétiennes sur les mystiques musulmans*, en 1989[2], où « il décrit tout ce que le Coran trouva dans la Bible, ce socle commun, et la ressemblance étroite entre le Dieu des chrétiens et le Dieu du Coran : Dieu unique, créateur et parole révélatrice. Pourtant, le Coran "critique ouvertement les dogmes essentiels du christianisme, la Trinité et l'Incarnation". Mais une simple critique ne serait rien que légitime »[3], s'il n'y avait pas, dans le Coran, « deux erreurs grossières quand il parle des dogmes chrétiens », à propos de la Trinité et de la Vierge Marie[4]. Ses *Réflexions*, après avoir rappelé quels sont « les piliers de l'islam » (la profession de foi, la prière, l'aumône légale, le jeûne de Ramadân et le pèlerinage), amène le lecteur à la découverte des « stations et états mystiques » en islam. Il se devait d'y présenter « le Coran comme source de vie spirituelle » et d'y décrire « les trois niveaux de l'être humain » (l'âme-*nafs*, le cœur-*qalb* et l'esprit-*rūḥ*, appelé aussi Secret intime-*sirr*), pour mieux expliquer « la structure des stations et des états » et

des Apôtres, après les scènes de *La Magdeleine* et du *Soldat chrétien* et avant celles de *La réunion des disciples* et de *Leur départ*, et ensuite du chapitre *Puis les ténèbres recouvrirent la terre*, qui s'insère dans la 3e section, Chez les Romains, après les scènes du *Jugement du traître* et de *Pilate* et avant celle du *Retour au Sermon sur la Montagne*.

1. Le Caire, Dār al-Ma'ārif, 1968, 208 p. *Cf.* à ce sujet, Jacques Jomier, « Le *Val Saint* (al-Wādī l-muqaddas) et les religions, du Docteur Kāmil Ḥusayn », *Islamochristiana*, Rome, PISAI, 3, 1977, p. 58-63.

2. Paris, O.E.I.L., 247 p.

3. Cf. *Notice*, p. 21. Dans une lettre au Père M. Borrmans, en date du 24 février 1986, il confiait ceci : « J'ai achevé "Réflexions chrétiennes sur la mystique musulmane". Je montre que le chrétien peut se sentir à l'aise dans les valeurs du *taṣawwuf* et les apprécier du fait surtout de tout ce que le Coran a gardé, sans le dire, de la Bible, et qui fait l'objet essentiel de la méditation des soufis. Par conséquent, tout en donnant un coup de chapeau à l'Islam, je lui fais comprendre que les chrétiens n'ont rien à gagner à la mystique musulmane, puisque le chrétien trouve chez lui tout ce qu'elle propose de valeurs spirituelles authentiques, et bien davantage encore ».

4. « Il est évidemment grave, écrit-il dans *Les religions face à l'œcuménisme*, qu'une telle formulation soit mise au compte de Dieu ».

leur vocabulaire spécifique : il y trouve ainsi des « ensembles à trois termes » (comme la mise en présence de Dieu, le dévoilement et la contemplation) [1], « des couples de deux termes » (comme la constriction et la dilatation du cœur) [2] et des « termes isolés » (qui impliquent ou n'impliquent pas une relation de réciprocité) [3].

En ces *Réflexions*, R. Arnaldez s'est contenté d'analyser l'expérience et le vocabulaire des meilleurs représentants du *taṣawwuf*, délaissant « la mystique à tendances ésotériques d'Ibn ʿArabī et de son école, d'ordre plus philosophique que religieux » et laissant à d'autres le soin de se prononcer sur le caractère naturel ou surnaturel de la mystique musulmane, problème qui relève de la théologie. « Nous voulions, comme il le dit en sa conclusion, rester au contact d'une expérience religieuse, d'une spiritualité vécue et de ce qu'en disent ceux qui en ont une connaissance personnelle parmi les musulmans et les chrétiens ». Rappelant que le Coran reprend à son compte maints enseignements de la Bible, il n'a « retenu que les notions qui ont semblé présentes dans tous les systèmes, qui sont par suite fondamentales et caractéristiques du mouvement spirituel », mais il a su, avec perspicacité, signaler quelle est la grande différence entre les expressions de l'expérience mystique en christianisme et en islam : « C'est, dit-il, une profonde différence de *ton*. La Bible est une histoire qui se développe horizontalement dans le temps. Dieu se révèle dans le cours immanent de cette histoire. Les Évangiles, les Actes des Apôtres, les Épîtres sont aussi des tranches d'une histoire : ils ont par suite un *ton dramatique* » et c'est pourquoi les écrits des mystiques chrétiens sont « du genre des confessions ». « Au contraire, le Coran est une révélation qui descend du ciel, verticale : il donne des leçons » sans même rappeler le contexte des histoires saintes auxquelles il fait allusion. Dieu parle de haut ». Et c'est pourquoi « le ton du Coran est *didactique*, sec, tranchant, autoritaire » et les écrits des mystiques musulmans ont, pour la plupart, le même *ton*. Ils classent, divisent, définissent « avec un goût pour les formules gnomiques, les termes assonancés, les aphorismes » pédagogiques. Il n'empêche que R. Arnaldez demande alors de savoir « retrouver sous un style trop impersonnel et didactique les valeurs réelles qui font la richesse de la mystique musulmane ». Et lui d'inviter alors son lecteur à se faire curieux et accueillant, car « Les chrétiens ne

1. *Muḥāḍara, mukāšafa* et *mušāhada* en arabe. Et R. Arnaldez d'exceller ici en des analyses similaires : *tawāǧud, waǧd* et *wuǧūd* ; *ʿilm al-yaqīn* (science de la certitude), *ʿayn al-yaqīn* (oeil de la certitude) et *ḥaqq al-yaqīn* (réalité de la certitude) ; *tawakkul, taslīm* et *tafwīḍ; ʿibāda, ʿubūdiyya* et *ʿubūda*.

2. *Qabḍ* et *basṭ*, ainsi que *ḫawf* (peur) et *raǧā'* (espérance), *hayba* (crainte révérentielle) et *uns* (intimité étroite).

3. Dans le premier cas, il y a le repentir (*tawba*), le remerciement (*šukr*), la remémoration (*ḏikr*), l'agrément (*riḍā, riḍwān*) et l'amour (*ḥubb, maḥabba*) ; dans le deuxième cas, on trouve la pauvreté (*faqr*), la crainte pieuse (*taqwā*), la patience (*ṣabr*) et l'ascétisme (*zuhd*).

peuvent que se sentir à l'aise quand ils lisent les oeuvres des soufis : ils en apprécient la valeur spirituelle. Si elles n'ajoutent rien à ce qu'ils ont déjà dans leur culture religieuse, rien n'empêche qu'ils n'en tirent profit » [1].

ISLAM ET CHRISTIANISME

Si l'Islam est apparu à Roger Arnaldez capable d'accompagner une élite de croyants vers les sommets d'une expérience mystique relevant de l'unicité de témoignage (*waḥdat al-šuhūd*) ou de l'unicité d'existence (*waḥdat al-wuǧūd*), il lui a aussi posé un défi essentiel s'agissant de la personne de Jésus et de son identité dernière, s'y révélant à la fois prochain et lointain. R. Arnaldez a donc voulu savoir ce qu'il en était à son sujet, condition première et nécessaire pour tout dialogue authentique entre chrétiens et musulmans. D'où son premier ouvrage, en 1980, *Jésus, fils de Marie, prophète de l'Islam* [2], dont il assure le profil à partir des versets coraniques [3] tels qu'ils sont commentés par al-Ṭabarī (m. 923), al-Zamaḫšarī (m. 1144), al-Rāzī (1209), al-Qurṭubī (m. 1272), les Ǧalālayn (m. 1459, m. 1515) et al-Ḥaqqī, pour conclure que le Jésus du Coran est un « prophète de l'Islam », mais qu'il « n'est pas le Christ des Évangiles plus ou moins retouché ». Cette vie de Jésus s'y développe en neuf chapitres : l'élection de la famille de ʿImrān ; les problèmes de la généalogie de Jésus ; Marie, mère de Jésus, sa naissance et son enfance ; Zacharie et Jean ; l'annonce faite à Marie et la nativité ; l'enfance de Jésus ; son message et sa vie publique ; l'élévation de Jésus au ciel ; Jésus et la fin des temps [4]. Comme le constate Abdelmajid Charfi dans sa recension positive et critique de l'ouvrage, celui-ci «se termine par une conclusion où l'auteur essaie de définir les limites du dialogue islamo-chrétien et de voir "à l'intérieur de ces limites dans quel domaine il peut se développer et s'épanouir" et par une "notice historique" rapide » [5] qui en dépasse le thème. Roger Arnaldez y entendait seulement « recueillir les témoignages des penseurs musulmans qui ont médité sur le Coran et noter comment ils réagissent en face des problèmes que leur posent les versets révélés » qui parlent de Jésus, d'autant plus que « le Coran est extrêmement

1. Le livre fournit en *Appendices* la traduction des « Invocations divines » d'Abū Ḥayyān al-Tawḥīdī (Xe siècle) et des Notices sur les principaux auteurs mystiques cités, suivies d'extraits de leurs propos (p. 205-240).

2. Paris, Desclée, coll. « Jésus et Jésus-Christ », n° 13, 256 p.

3. Surtout ceux des sourates 3, 5 et 19.

4. Le dixième et dernier chapitre, très bref, est consacré à « Jésus dans la mystique musulmane ».

5. *Cf.* sa recension in *Islamochristiana*, Rome, PISAI, 7, 1981, p. 278-281, où il exprime abruptement sa critique fondée sur une profonde « divergence méthodologique », tout en reconnaissant « la vaste érudition de l'auteur ».

bref et succinct dans son rappel de la vie de Jésus. En outre, les versets qui lui sont consacrés sont essentiellement des allusions ».

Il semble bien que Roger Arnaldez avait en projet une étude plus approfondie de la christologie islamique telle que la théologie musulmane l'a développée au cours des siècles. C'est pourquoi il publia, en 1988, *Jésus dans la pensée musulmane*[1], ouvrage qui complète le précédent en dépassant le cadre coranique de celui-ci, pour mesurer l'importance relative de Jésus dans la spiritualité musulmane au cours des siècles. Dans une *première partie*, c'est *Jésus, figure du soufisme et maître de sagesse et de spiritualité* qui est présenté à trois niveaux successifs : celui du commentaire coranique d'al-Qušayrī (m. 1074), celui des livres d'*adab*/bienséance d'al-Ǧāḥiẓ (m. 868) et d'Ibn ʿAbd Rabbihi (m. 940) et celui des œuvres de mystiques musulmans, présentés dans leurs livres par al-Makkī (m. 996) et al-Ġazālī (m. 1111). Force est bien, pour l'auteur, de conclure que « le Jésus que les mystiques musulmans évoquent est normalement conforme à l'image que l'Islam se fait de lui. Un certain nombre de propos qui lui sont prêtés n'ont aucune correspondance dans les Évangiles : ils servent simplement à illustrer des conceptions chères aux soufis [...]. Il arrive aussi qu'un témoignage de Jésus soit expliqué ou corroboré par un témoignage de Muḥammad [...]. Bien des propos, mis dans la bouche du Christ (et proches des) Évangiles, sont islamisés et insérés dans un ensemble d'idées caractéristiques de la pensée mystique musulmane ». Dans la *deuxième partie*, consacrée à *Jésus, sceau de la sainteté dans le soufisme d'Ibn ʿArabī : sa place dans la mystique ésotérique*, R. Arnaldez s'efforce cependant d'aller plus loin, « mais, si cette pensée a des aspects profondément mystiques, elle est très marquée par l'ésotérisme, par une conception de type gnostique d'une Réalité cachée qui se manifeste dans le monde d'ici-bas et dans l'histoire [...]. C'est dans l'ensemble d'une telle théorie ontologique et cosmologique que Jésus joue un rôle ». Et il en est de même dans l'Islam šīʿite d'al-Kulaynī (m. 939), des Frères de la Pureté (Xᵉ siècle), d'al-Āmolī et d'al-Simnānī (m. 1336), qui ne parle de Jésus « que pour le traiter comme une entité, une manifestation gnostique dont on ne sait quoi au juste, grâce à un traitement herméneutique ésotérique de quelques textes qui finit par volatiliser complètement le Jésus historique, fils de Marie ». Ce n'est que dans le cas d'al-Ḥallāǧ (m. 922) qu'on peut envisager une influence de Jésus sur « la passion » du mystique de Bagdad, car « si le Jésus de Ḥallāǧ n'est pas le Rédempteur au sens chrétien du mot, il est du moins sauveur par sa passion et son immolation. En effet, il n'est pas Dieu, et c'est parce qu'il n'est pas Dieu que Ḥallāǧ a pu vouloir se conformer à lui ».

1. Paris, Desclée, coll. « Jésus et Jésus-Christ », n° 32, 281 p. Dans une lettre adressée au Père M. Borrmans, à la date du 24 février 1986, il disait : « Je viens de remettre au p. Joseph Doré mon "Jésus dans la pensée musulmane". Constat des plus décevants. Je conclus que, si on peut parler avec les musulmans des valeurs mystiques générales, le dialogue ne peut tourner autour de Jésus, même considéré comme un simple maître de soufisme ou comme sceau de la sainteté ».

Ainsi donc Jésus demeure-t-il, pour l'auteur, un « mystère » que nul ne saurait ramener à un « problème » ou à une « gnose ».

C'est parce qu'il s'était engagé très tôt dans un œcuménisme tous azimuts que Roger Arnaldez s'était vu amené à faire du comparatisme entre les religions, et singulièrement entre christianisme et islam. Déjà en sa conclusion sur l'œuvre d'Ibn Ḥazm, il constatait, non sans inquiétude, « les divergences profondes entre l'islam et le christianisme » et y décrivait, selon Mme Chantal Delsol, « le fossé entre le Dieu de l'islam, "transcendance pure, qui ne se manifeste que par la transcendance du commandement", et le Dieu des chrétiens, "transcendance d'amour". Soumission muette de l'homme devant l'autorité arbitraire de Dieu : nous sommes loin du Dieu du contrat qui, dans l'attente de réciprocité, ressemble à l'éternel fiancé. Il le redit dans son texte sur Ḥallāǧ : le Dieu de l'islam n'a pas besoin de l'amour des hommes, il n'attend d'eux que l'obéissance et l'observation de la loi [...]. Ce Dieu a l'amour absent. Cette divergence engendre deux théologies qui s'opposent sur bien des points. En islam, l'homme ne fut pas créé "à l'image et à la ressemblance" d'un Dieu qui n'avait besoin de personne, écrit-il encore dans *L'homme selon le Coran*, L'homme fut créé responsable, mais si faible que tout juste a-t-il les capacités d'obéir à la loi divine. Il naît entre les mains de ce Dieu et ne saurait lui échapper, il n'y a pas de "nature" pour l'islam, tout homme est musulman pour ainsi dire par nature, ce qui explique que "la laïcité, si ouverte qu'on la veuille, ne trouve aucun fondement dans le Coran". Toute la culture musulmane s'organise autour de ces attendus »[1]. Toute sa vie durant, Roger Arnaldez s'est donc attaché » à comparer « comme du dedans » islam, judaïsme et christianisme. « Et finalement, on a l'impression que l'étude comparative aboutit à une apologie. Toujours le christianisme en sort grandi : grandi non pas au regard de la foi personnelle du chercheur, mais au regard de ce qu'il cherche à l'origine : l'œcuménisme. C'est du côté du christianisme que l'on trouve la liberté, la tolérance, la volonté de dialogue. Le livre *Révolte contre Jéhovah*, datant de 1998, est significatif à cet égard. Avec pour sous-titre, *Essai sur l'originalité de la religion chrétienne*. Non pas la "vérité", mais bien l' "originalité". Un *Génie du christianisme*. Qu'est-ce que le génie du christianisme ? L'omniprésence de l'amour. Le "jéhovisme" traduit d'après lui une fausse idée de Dieu, présente dans l'islam et aussi dans le judaïsme. Parce que le Dieu des chrétiens est amour, il exige le respect absolu de celui même qui s'égare. Spécificité qui soulève l'admiration »[2].

La lecture attentive de cet *Essai*[3] introduit le lecteur dans la synthèse personnelle que s'est faite R. Arnaldez au terme de ses recherches et de ses

1. Cf. *Notice*, p. 20.

2. Cf. *Notice*, p. 25.

3. Paris, Cerf, 1998, 148 p. Sa pensée s'y développe comme suit : Ière partie : 1. Considérations générales, 2. Qu'est-ce qui prouve l'existence de Dieu et quelle peut être cette preuve ?, 3. De la

médiations. C'est, en fait, son *credo* développé où philosophie, théologie et mystique, comme autant d'ondes concentriques, répondent à ses interrogations existentielles sur la présence du mal dans le monde, mal physique et mal moral, et sur les dimensions exactes du salut universel assuré par la mort et la résurrection de Jésus Christ. Pour lui, le péché des anges et surtout celui de Satan prennent toute leur signification, et c'est l'œuvre rédemptrice du Verbe incarné qui assure une restauration universelle. Maître en exégèse de la Bible, expert en sagesse philosophique et parfait connaisseur des expériences mystiques, musulmanes et surtout chrétiennes, il entend bien délivrer les monothéismes d'une tentation réductrice qui ferait du Dieu de la révélation un Jéhovah, semblable à celui des philosophes, d'où sa « révolte » contre celui-ci. Et c'est la *Conclusion* qu'il faudrait citer en son entier où il dénonce « la fausse idée qu'on se fait de Dieu » : « On a beau répéter que le vrai Dieu n'est pas celui des philosophes, mais le Dieu d'Abraham, d'Isaac et de Jacob, on n'en continue pas moins à se le représenter comme un monarque tout-puissant, omniscient, qui fait arbitrairement ce qu'il veut, qui n'a besoin de rien hors de lui-même, qui crée sans motif autre que son pur décret, qui exige obéissance à ses commandements dont la seule valeur consiste en ce qu'il les commande, de sorte qu'en leur obéissant, les hommes sont récompensés, et châtiés s'ils ne les respectent pas. La soumission à cette volonté transcendante constitue la véritable morale, à laquelle se réduit finalement la vie prétendue religieuse »[1]. Selon R. Arnaldez, judaïsme et islam ne proposent aucune réponse valable au problème du mal et du péché : « Le Dieu de la Révélation chrétienne est évidemment transcendant, mais la notion de transcendance ne nous apprend rien sur son être [...]. Le vrai Dieu est éternel, et l'éternité est son mode d'existence (et) d'être, tout rempli par l'amour, car Dieu est Amour. Et parce que Dieu est Amour, il est trine. Ce n'est donc pas son unicité qui le caractérise, mais c'est sa Trinité »[2]. D'où la conclusion de son *credo* : « Nous savons donc, grâce à la

Révélation en général et de la Révélation chrétienne en particulier, 4. D'une lecture chrétienne de la Bible, 5. La Révélation chrétienne et le mystère du mal ; IIe partie : 1. Le Dieu trine, Créateur et Sauveur, 2. Le Malin, 3. La nature humaine et le péché originel.

1. R. Arnaldez concède ici « que cette conception de Dieu puisse s'appuyer sur certains versets de la Bible, c'est incontestable. Leur but est d'inspirer la juste vénération du Seigneur, et certes, en la combattant, nous ne prétendons pas nous libérer de cette vénération qui s'impose. Mais dans la Bible même, elle se fonde sur une tout autre idée de Dieu, sur un Dieu d'Amour. La Révélation chrétienne ne fera que fonder ontologiquement et développer cette idée ».

2. Et de préciser : « Grâce à la méditation de la Trinité, nous avons pu comprendre la distinction de l'être nécessaire, qui est celui du Dieu éternel, et de l'être gratuit qui est celui de la création. Nous avons compris que la création n'est pas éternelle, car Dieu seul l'est, mais qu'elle n'est pas non plus temporelle, car Dieu n'agit pas successivement dans le temps. Nous l'avons appelée, faute de mieux, sempiternelle de par sa gratuité qui s'oppose à la nécessité ontologique, et qu'il ne faut pas confondre avec la contingence des choses temporelles. Nous avons vu, avec saint Paul, que le Père a donné la création à son Fils, car toutes les créatures ont été créées en lui, pour

Révélation chrétienne du Dieu trine et de l'amour divin essentiel, pourquoi nous existons et d'où nous venons, ce que nous faisons sur terre en attendant la Résurrection avec le Christ qui est la fin à laquelle nous restons destinés après le péché, comme nous sommes destinés à être unis à lui dès l'origine de la création ».

ŒCUMÉNISME ÉLARGI À TOUS LES HOMMES DE BONNE VOLONTÉ

Ainsi donc, à bien lire les livres et les articles de Roger Arnaldez, on ne peut que voir grandir en lui son désir d'une connaissance toujours plus grande, précise et scientifique, des grandes réalisations de l'*homo religiosus* dans l'histoire humaine. Comment comprendre les grandes cultures religieuses de l'humanité et leur trouver des points de convergence doctrinale et des valeurs de communion éthique? Leurs philosophies, leurs théologies et leurs mystiques sont par lui interrogées en vue de garantir un « œcuménisme élargi » en toute rigueur scientifique et générosité spirituelle. On peut alors comprendre que son livre de 1983, *Trois messagers pour un seul Dieu* [1], ait été une première tentative en vue de mieux servir leur possible rapprochement. L'essentiel en a été dit par Mme Chantal Delsol : « Une réflexion sur l'importance de la chronologie et de l'antériorité des religions les unes par rapport aux autres. Sur la spécificité des révélations et la façon dont chaque fois Dieu parle à l'homme. Sur la manière dont Dieu est décrit hors l'histoire ou au contraire entrant paradoxalement dans l'histoire des hommes, s'y installant comme l'étrange étranger s'assoit au bout de la table. Sur ce qu'est un message et un messager, sur ce qu'ils peuvent apporter dans chaque religion. Chacune de ces révélations diffère. Le message coranique est dicté par Dieu lui-même. Il s'agit de le transmettre sans en écorner un angle, avec précaution, et de le délivrer à la lettre. Le message biblique, et évangélique, est à la fois incarné dans une situation, et indirect, c'est-à-dire qu'il appelle une interprétation, reste voué à être indéfiniment interprété. Il n'y a pas comme on dit "trois religions du Livre" ; l'islam est la véritable religion du Livre, tandis que judaïsme et christianisme sont des religions du *logos* comme parole et raison. Mais il y a analogie des textes et des expériences, quand il s'agit toujours de défendre l'unicité de Dieu et sa transcendance, dans un monde polythéiste. Et la dialectique de l'absence-présence de Dieu, qui s'exprime au degré le plus pur dans le langage

lui, par lui. Le péché de Satan a été de refuser sa finalité dans le Fils et de se complaire en l'excellence de sa propre nature ».

1. Paris, Albin Michel, 267 p. Ce livre eut sa part de succès puisqu'il fut traduit en anglais : *Three Messengers for One God*, Notre Dame, University Notre Dame Press, 1995 ; en portugais : *Três mensageiros para um so Deus*, Lisboa, Instituto Plaget ; en arabe : Beyrouth, Éd. Oueidat ; en italien : Turin, S.E.I.

des mystiques, est partagée par les trois religions. Ce livre clé se termine ainsi : “Il est grand temps d’étudier l’humanisme judéo-islamo-chrétien, de le connaître, de le propager et de le défendre” » [1].

Pour Roger Arnaldez, cet humanisme s’était jadis réalisé à Bagdad comme à Cordoue au Moyen Âge et il a voulu en brosser le tableau, en décrire les manifestations et en analyser les chances dans une étude des plus documentées où il convie le lecteur, avec son livre *À la croisée des trois monothéismes* [2], à reconsidérer ce que fut *Une communauté de pensée* (c’est le sous-titre) au cœur de l’Empire ʿabbāside, d’une part, et dans la capitale de l’Espagne andalouse, d’autre part. En cette étude, « il montre comment l’héritage de la pensée grecque a fécondé la philosophie et la théologie des trois religions juive, chrétienne et musulmane jusqu’au XIVᵉ siècle et a uni ces trois foyers intellectuels et spirituels dans une démarche et une mouvance comparables à beaucoup de points de vue » [3]. À Bagdad, juifs et chrétiens ont été de véritables éducateurs des musulmans, et tout particulièrement sous le califat d’al-Ma’mūn qui mena à bien une vaste entreprise de traductions. À Cordoue, la première place revient aux juifs, la seconde aux musulmans, grâce à leur excellence dans la grammaire et la poésie, et les chrétiens tiennent le dernier rang. Et tout cela avant de rappeler la dette de la pensée occidentale latine du Moyen Âge à l’égard de l’héritage grec transmis par Averroès.

Poursuivant ses recherches en matière théologique, Roger Arnaldez a osé proposer, en l’an 2000, *Judaïsme, christianisme et islam : étude comparée* [4], avant d’élargir le débat en publiant *Les religions face à l’œcuménisme* [5], en 2003. Mais comment préciser sa pensée dans le cadre de cet « œcuménisme élargi » auquel il a consacré le meilleur de ses études et de ses réflexions ? Comme le résume Mme Chantal Delsol, « l’approche de l’œcuménisme se fera par deux voies : la voie anthropologique, la voie historique. Roger Arnaldez est convaincu que ce n’est pas sur le sol des théologies que peut se nouer le dialogue. Mais davantage, dans l’expérience des mystiques. Autrement dit, si les dogmes et les arguments plutôt séparent, le cheminement vers Dieu rapproche, comme aventure d’une révélation qui se donne au cœur. Sans

1. Cf. *Notice*, p. 19. Et l’auteur d’y insister sur les convergences de vocabulaires entre les mystiques de l’Islam, tels qu’Ibn ʿArabī, Ġazālī et Ḥallāǧ, les mystiques juifs de Philon à Juda Samuel Halévi et Bahya ibn Paqûda, et les mystiques chrétiens, comme Thérèse d’Avila et Jean de la Croix.

2. Paris, Albin Michel, 447 p. Et Michel Lagarde de signaler, en sa recension, que « cette superbe fresque sur la communauté de pensée médiévale entre les trois monothéismes pourrait nous faire comprendre que certaines impasses actuelles, causées par plusieurs sortes d’intégrismes, ne sont certainement pas irrémédiables : le passé peut parfois éclairer le présent et le futur et être ainsi source d’espérance » (*Islamochristiana*, Rome, PISAI, 20, 1994, p. 296).

3. *Cf.* cette même recension.

4. Paris, Éd. de Paris, 492 p.

5. Paris, Hachette, coll. « Pluriel ».

vouloir opposer l'intelligence qui sépare et le cœur qui unit, il faudrait plutôt dire que la contemplation mystique, dans sa nudité, peut éclairer différemment ce qu'expriment les dogmes [...]. Quant à la voie historique, elle laisse apercevoir des rencontres presque miraculeuses où, lors d'un moment ténu, les liens se sont noués. Ces religions sont nées dans les mêmes creusets. Elles se sont influencées réciproquement, se sont imitées, ont vécu des cohabitations harmonieuses, ont vibré aux mêmes symboles. La rencontre est possible puisqu'elle a existé, en des temps privilégiés peut-être, mais que l'on pourrait donc réinstaurer [...]. Pourtant, creusant son sujet inlassablement, notre ami détaille, et semble-t-il avec une inquiétude de plus en plus grande, les différences profondes entre l'islam et le christianisme, et l'espoir d'œcuménisme se voit devancé par la vision de cet écart » [1].

POUR UN DIALOGUE EN TOUTE « VÉRITÉ ET CHARITÉ »

Faudrait-il trouver dans son livre de 2001, *Chesterton : un penseur pour notre temps* [2], publié l'année du décès de son épouse et qui lui est dédié, comme un « sien » testament sous forme allégorique où il s'identifierait à son personnage ? « Il admire, nous dit Mme Chantal Delsol, une idée de l'histoire héritée de Vico plutôt que de Hegel, une conscience intense de la finitude humaine associée à une vaste espérance d'amélioration et de progrès. Il aime chez Chesterton la puissance de l'humour jointe à la profondeur de la pensée, l'humilité du cœur et une tolérance vraie, le respect pour la culture populaire que les élites occidentales ont appris à tellement mépriser, et enfin, peut-être surtout, ce panache, qui disposait Chesterton à toujours voir la vie comme une aventure, et la foi comme un défi d'honneur ». Il est certain qu'il a toujours pratiqué un dialogue islamo-chrétien des plus authentiques avec ses étudiants, surtout les turcs parmi eux, et ses partenaires musulmans rencontrés en de nombreux colloques. Très informé des valeurs et des richesses de leur islam en ses réalisations historiques et mystiques et donc très respectueux de leur sensibilité intellectuelle et spirituelle, il se sentait d'autant plus libre pour apprécier scientifiquement l'apport réel, mais très relatif, de l'Islam, « religion et société », à la civilisation universelle.

L'article par lui publié en 1975 dans la revue romaine *Islamochristiana* [3], « Dialogue islamo-chrétien et sensibilités religieuses », a voulu expliquer ce qu'il en pensait fondamentalement, car « ce n'est pas des oppositions dogmatiques qu'il faut parler, y disait-il, mais bien plutôt des sensibilités [...], des

1. Cf. *Notice*, p. 15-20.
2. Paris, Éd. de Paris, coll. « Figure libre ».
3. Rome, PISAI, 1, 1975, p. 11-23.

oppositions de mentalités, certainement liées aux dogmes, mais qui passent au-delà de ceux-ci pour atteindre des couches plus ou moins vastes de croyants, parfois très peu instruits, qui n'en réagissent pas moins en excellents musulmans à certains jugements ou à certaines paroles qui proviennent de chrétiens ». Et Roger Arnaldez de passer en revue ce que les uns et les autres pensent ou disent de Dieu, de l'homme et de l'histoire pour bien vite préciser quelles sont les limites de leur dialogue à ces sujets. « En réalité, le Dieu réduit au "Dieu de notre accord" n'est pas le Dieu qu'adorent les musulmans ni le Dieu qu'adorent les chrétiens. Que Dieu soit un, qu'Il soit éternel, qu'Il soit tout-puissant, qu'Il soit omniscient, tout cela va de soi. Il s'agit là du dieu des philosophes et il n'y a pas besoin d'être chrétien ou musulman pour confesser cela [...]. Ne serions-nous donc d'accord que sur un dieu qui n'est pas le nôtre ? Voilà le paradoxe auquel on parvient », car « lorsqu'il parle de Dieu, un chrétien, fût-il l'auteur d'un *De Deo uno*, n'oublie jamais que Dieu est amour, qu'Il est Père et qu'il est notre Père, qu'Il a une vie qui est tout autre chose que l'attribut coranique de "vivant", mais une vie fondée sur les relations de trois Personnes, qu'Il est "sauveur" ». Quant au musulman, la croyance trinitaire est, pour lui, de l'associationnisme et, « si les chrétiens croient au vrai Dieu, ils font une erreur sur Dieu », d'autant plus que, selon lui, Dieu ne saurait jamais être un « sauveur », puisqu'il est créateur et du bien et du mal. « Voilà pourquoi il ne faut pas cacher les désaccords, car c'est en montrant justement ces désaccords et à l'intérieur même de ces désaccords qu'il faut pousser le plus loin possible la recherche, non pas au niveau des dogmes, mais à celui des valeurs de vie, de vie spirituelle sans doute, mais aussi de vie sociale, économique et culturelle [...]. Effectivement, ce sur quoi on sera le plus profondément d'accord, ce sont des réalités mystiques [...]. Cela permet d'aller très loin dans l'intercompréhension des valeurs spirituelles, tout en acceptant qu'à un certain moment l'Islam se révèle très différent du Christianisme, car, dans des entreprises de ce genre, on peut parfois être tenté par le syncrétisme » [1].

En conclusion, selon Roger Arnaldez, « on peut dire qu'il y a deux voies possibles. Il y a d'abord le "dialogue religieux" que tous souhaitent : il ne faut pas désespérer de le voir s'établir un jour, en sachant que ce sera long [...]. Il faut commencer par s'intéresser à l'Islam par le cœur certainement » et aussi par l'intelligence, « étudier l'arabe, lire les commentaires du Coran, prendre au sérieux l'expérience religieuse musulmane et la découvrir en ses sources et dans ses expressions », et cela tout en ayant « une solide formation chrétienne et une préparation intellectuelle et spirituelle » adéquate. Et « il y a ensuite le "dialogue de la vie" qui traite de questions qui engagent beaucoup moins la foi

1. Et R. Arnaldez d'élargir son champ de réflexion : « Que dire encore, sinon qu'il y a sur l'homme, sur le monde, sur les rapports de l'homme au monde et sur les rapports des hommes entre eux, les mêmes points d'accord limités et les mêmes points de désaccord ».

comme telle, utilisables dans la vie courante en raison de leur caractère concret [...]. À ce niveau, il n'est pas nécessaire d'avoir fait de longues études et il suffit d'une sensibilité chrétienne normale au contact d'une sensibilité musulmane normale : entre de bons croyants, solides, sérieux et de bonne volonté, le dialogue peut être engagé pour réfléchir en commun sur les gros problèmes qui se posent à la société contemporaine [...]. Dans mille questions des plus concrètes et des plus actuelles, il peut y avoir un échange de vues entre chrétiens et musulmans avec des chances d'arriver à des conclusions communes, avec l'espoir que chacun des interlocuteurs apportera à l'autre des éléments de solution valables à ses yeux, et dans l'attente de convergences plus fondamentales. En face de notre monde moderne, il semble donc qu'il y ait toutes sortes de questions que musulmans et chrétiens puissent aborder, étudier et essayer de résoudre ensemble ».

Roger Arnaldez aura ainsi éprouvé, jusque dans ses relations et ses écrits, la difficulté croissante que ressent tout homme de dialogue : comment être fidèle aux exigences scientifiques de la méthode historico-critique vis-à-vis de l'Islam, d'une part, et vivre intensément une empathie humaniste et spirituelle avec les musulmans et la représentation qu'ils se font de leur Islam ? « Il semble bien qu'au cours de la vie de R. Arnaldez, constate Mme Chantal Delsol, l'admiration vis-à-vis de l'islam s'efface avec le temps; et elle laisse place à des critiques déçues et parfois virulentes. Il refuse de tomber dans le piège de l'autocensure et de la mauvaise conscience; il écrit dans *Les religions face à l'œcuménisme* : "Le désir de dialoguer avec les musulmans a conduit, au nom du respect et de la charité, à stigmatiser toute réaction critique à l'égard de l'islam". Le correctement-dit, ici comme ailleurs, lui paraît intolérable. Un chercheur doit payer tribut à ce qu'il reconnaît pour vérité, non à l'opinion dominante [...]. Nombreux sont à cette époque les textes où il conclut que le dialogue islamo-chrétien ne peut aboutir "au mieux qu'à une cohabitation pacifique inspirée par un respect réciproque" [...]. Certes, rien de plus imbécile que les rêves d'entente, dans l'ignorance et la réinvention de l'autre. Mais l'effort à la fois de compréhension et de charité demeure une nécessité dans un monde chrétien de plus en plus confronté au monde musulman. Et c'est pourquoi la déception dont je parle, confirmée par tous ses proches, ne s'affiche pas vraiment en public. Roger Arnaldez sait à quel point il serait facile d'attiser ainsi la haine de l'Islam. Il craint l'instrumentalisation de son point de vue, trop complexe pour être bien compris : d'une part, la conviction de la fausseté et de l'incohérence de la doctrine musulmane; et, en même temps, la volonté sincère de comprendre les musulmans dans leur foi vivante ». C'est ainsi que, sans se départir de son souci évangélique de comprendre les musulmans comme « du dedans » et de tout tenter avec eux dans les perspectives spirituelles et mystiques, R. Arnaldez entend bien se prononcer scientifiquement et théologiquement sur l'islam comme religion et sur l'Islam comme civilisation, même si cela déplaît à l'opinion commune des musulmans : il n'y a là rien de contradictoire. Et cela lui permet de se confier à un ami dans une lettre qui peut avoir valeur de testament[1] : «Au terme d'une longue vie consacrée à l'étude de l'Islam, le "recyclage" actuel dont je vous parlais[2], a eu pour résultat de me persuader qu'à part quelques exceptions (offertes en général par les mystiques), la pensée musulmane n'apporte pas grand-chose à la pensée universelle ». Et après avoir justifié rapidement cette affirmation et relativisé l'apport de « la civilisation arabe médiévale » à celle-ci, il n'en reconnaissait pas moins l'importance du dialogue, même si « les musulmans en tirent parti pour leur propagande », car il est « utile aussi aux chrétiens, d'une part parce qu'il leur permet de ne pas s'enfermer dans des idées toutes faites ou dans des ignorances de ce qu'est objectivement l'Islam (en bien ou en mal), ce qui n'est pas chrétien; mais d'autre part et surtout, parce que la connaissance de cette religion qui se dit monothéiste (mais *qui* est le Dieu unique?) et abrahamique (mais quel Abraham ?; le seul que je connaisse est celui de la *Genèse* et non la caricature du Coran) permet de comprendre en profondeur ce qu'est l'incomparable originalité du christianisme »[3]. Comme on le voit, il s'agissait bien pour lui de distinguer entre l'objectivité du jugement scientifique ou théologique à porter sur l'Islam historique, d'une part, et, d'autre part, la subjectivité des attitudes personnelles et des rencontres spirituelles : « Le propre des chrétiens, concluait-il, est d'avoir l'espérance quand ils pensent

1. Il s'agit d'une lettre (inédite) du 7 septembre 1994 adressée au Père M. Borrmans, rédacteur en chef de la revue *Islamochristiana,* qui le sollicitait pour un article de synthèse. Plus de deux ans auparavant, le 12 janvier 1992, il lui disait ceci : « Je me suis remis à la philosophie "classique" que j'avais trop négligée. Je dois vous avouer qu'elle me paraît d'une richesse incomparable, mise à côté de la pensée arabe. Quoi qu'il en soit, je médite un article sur la raison et la méthode chez les théologiens, falāsifa et juristes en Islam ».

2. Il disait, au début de cette lettre : « Ne croyez pas que je me désintéresse de votre Institut. Ce qui se passe, c'est que j'ai accepté de diriger le 4e volume de l'Encyclopédie philosophique universelle, qui est consacré aux textes. Or cela me prend tout mon temps : d'une part et surtout, je recherche moi-même des textes intéressants et moins connus que ceux des grands ténors de la philosophie, ce qui est captivant et me donne l'occasion d'un complet recyclage [...]. En ce qui concerne l'Islam, vous savez que depuis longtemps j'ai des doutes sur le sens qu'on peut donner à un dialogue islamo-chrétien. La situation est des plus simples : être musulman consiste à croire que le Coran est la parole même de Dieu, éternelle ou créée, peu importe. Or il m'est impossible, en lisant ce texte, d'imaginer qu'on puisse faire sienne une telle croyance. Sur ce point, la "psychologie" d'un fidèle sincère est pour moi un mystère impénétrable, en particulier à notre époque. Comment peut-on se convaincre que le Coran est la parole même de Dieu ? Que peut-on tirer d'un tel livre qui ait quelque valeur et qui ne se trouve pas déjà, sous une forme incomparablement plus parfaite, dans l'Ancien ou le Nouveau Testament ou dans les ouvrages anciens (antérieurs à l'Islam) de la tradition juive ou chrétienne ? ».

3. Et de préciser aussitôt : « Ce n'est pas la crise islamiste avec son fondamentalisme qui est cause de mon scepticisme et de mes réserves. Mais elle les conforte. Je m'élève contre ceux qui veulent distinguer un "bon" et un "mauvais" Islam [...]. Trop de ceux, chrétiens ou non, qui veulent "sauver" l'Islam en l'idéalisant, n'ont pas eu la patience de lire le Coran ».

bien faire. Or c'est penser bien faire que de chercher le dialogue [...]. Il faut donc persévérer ».

Un guide en humanisme et en œcuménisme

Les enseignements et les publications de Roger Arnaldez disent assez que sa réflexion philosophique s'était surtout étendue à la recherche des convergences possibles entre les trois monothéismes qu'il n'a jamais cessé d'étudier à travers les œuvres de leurs meilleurs théologiens et mystiques. Il suffit de consulter la bibliographie fournie en annexe pour s'en rendre compte. Il a donc réfléchi longuement sur l'étrange destin de ces monothéismes entre lesquels beaucoup s'efforcent de nouer un authentique dialogue. Plus que d'autres, et à cause même de sa vaste culture, il était bien conscient des obstacles insurmontables qui demeurent, si bien qu'il est resté plutôt sceptique quant aux chances de partage au plan doctrinal. Si ses écrits révèlent à souhait son désir constant d'ouvrir de nouvelles voies en faveur de la rencontre, il n'en restait pas moins profondément catholique, convaincu de la plénitude que l'Évangile apporte à toute l'histoire coranique et biblique. S'il encourageait personnellement les chrétiens à s'engager dans le dialogue interreligieux, c'était dans le secret espoir de les y voir redécouvrir, « en profondeur, ce qu'est l'incomparable originalité du christianisme ». De spiritualité profonde, nourrie aux sources les plus authentiques de la tradition catholique, il était aussi tertiaire dominicain. C'est pourquoi ses obsèques furent célébrées le vendredi saint, 14 avril, en la chapelle des Fils de Saint Dominique à Paris, en présence d'amis juifs et musulmans, avant qu'une cérémonie plus intime, le samedi saint, rassemble ses plus proches pour son inhumation dans le cimetière d'un village du Haut Doubs. Tous ceux qui ont eu la grâce de le connaître, de l'entendre et de l'aimer sauront accueillir son message de croyant chrétien et continuer son œuvre de dialogue des cultures et des religions en toute rigueur scientifique et en toute générosité spirituelle.

CHRONOLOGIE

13 septembre 1911 Roger Arnaldez naît à Paris

1937-1938 Professeur de philosophie au lycée de Mont-de-Marsan

1938-1939 Professeur de philosophie au lycée français du Caire (Égypte)

1940-1945 Prisonnier au spilag de Stablack (Allemagne)

1945-1946 Sous-directeur du lycée français du Caire

1946 Attaché culturel à l'Ambassade de France au Caire

1947 Professeur de philosophie au lycée franco-égyptien d'Héliopolis (Le Caire)

1950-1954 Donne ses Conférences à Dār al-Salām (Le Caire)

1952-1955 Professeur de philosophie à la Faculté du Caire

1955 Défend sa thèse à la Sorbonne (Paris) : « Ibn Ḥazm, grand penseur musulman du XIe siècle »

1955-1956 Professeur à l'Université de Bordeaux

1956 Publie sa thèse *Grammaire et théologie chez Ibn Ḥazm de Cordoue : Essai sur la structure et les conditions de la pensée musulmane*

1956-1968 Professeur à l'Université de Lyon

1962-1972 Publie la traduction annotée des six traités de philosophie de *Philon d'Alexandrie*

1964 Publie *Ḥallāǧ ou la religion de la croix*

1970 Publie *Mahomet ou la prédication prophétique*

1973 Publie la traduction de *La cité inique (récit philosophique) de Kâmil Ḥusayn*

1968-1978 Professeur à l'Université de Paris-Sorbonne

1978 Prend sa retraite

1980 Publie *Jésus, fils de Marie, prophète de l'Islam*

1983 Publie *Le Coran, guide de lecture*

— Publie *Trois messagers pour un seul Dieu*

1985 Publie *Les grands siècles de Bagdad : De la fondation de Bagdad au IVe/Xe siècle*

10 février 1986 Est élu à l'Académie des sciences morales et politiques, section Philosophie

1987 Publie *Aspects de la pensée musulmane*

1988 Publie *Jésus dans la pensée musulmane*

— Publie *L'Islam*

1989 Publie *Réflexions chrétiennes sur les mystiques musulmans*

1993 Publie *À la croisée des trois monothéismes : Une communauté de pensée au Moyen Âge*

1998 Publie *Révolte contre Jéhovah : Essai sur l'originalité de la révélation chrétienne*

— Publie *Averroès, un rationaliste en Islam*

2000 Publie *Judaïsme, christianisme et islam : étude comparée*

2001 Publie *Chesterton : un penseur pour notre temps*

2002 Publie *Fakhr al-Dîn al-Râzî, commentateur du Coran et philosophe*

2003 Publie *L'homme selon le Coran*

— Publie *Les religions face à l'œcuménisme*

2005 Publie *Les sciences coraniques : grammaire, droit, théologie et mystique*

7 avril 2006 Meurt à Paris et est inhumé dans un village du Haut Doubs

LIVRES ET ARTICLES DE ROGER ARNALDEZ

« Histoire et Prophétisme dans le christianisme et en islam », *Les Mardis de Dar el-Salam*, t. V, 1955, p. 21-54.

« Akhbâr et Awâmir chez Ibn Hazm de Cordoue », *Arabica* 2 (1955), p. 211-227 ; repris dans *Aspects de la pensée musulmane*, 1987, p. 93-110 ; 2ᵉ éd., 2015, p. 105-118.

Grammaire et théologie chez Ibn Hazm de Cordoue. Essai sur la structure et les conditions de la pensée musulmane, Paris, Vrin, 1956, 335 p. (rééd. : Paris, Vrin, 1981).

« La raison et l'identification de la vérité selon Ibn Hazm de Cordoue », dans *Mélanges Louis Massignon*, Damas, Institut Français de Damas, 1956, p. 111-122 ; repris dans *Aspects de la pensée musulmane*, Paris, Vrin, 1987, p. 153-164 ; 2ᵉ éd. : Paris, Vrin, 2015, p. 153-160.

« Les biens en droit musulman à travers les idées d'Ibn Hazm de Cordoue », *Les Mardis de Dar el-Salam*, t. VI, 1956-1957, p. 147-186.

« La délicatesse de conscience comme unique fondement de la vie morale », *Cahiers du Cercle thomiste*, Le Caire, oct. 1947, p. 3-13.

« Réflexions sur la doctrine thomiste de la Vertu », *Cahiers du Cercle thomiste*, déc. 1948, p. 36-46.

« Stoïcisme et christianisme », *Cahiers du Cercle thomiste*, déc. 1949, p. 19-26.

« Ecclésiologie du dogme de l'Assomption », *Cahiers du Cercle thomiste*, avril 1951, p. 28-37.

« L'œuvre de l'École d'Alexandrie », *Les Mardis de Dar el-Salam*, t. II, 1952, p. 28-121.

« Controverses théologiques chez Ibn Hazm de Cordoue et Ghazali », *Les Mardis de Dar el-Salam*, t. III, 1953, p. 209-248.

« Étude sur quelques idées philosophiques dans l'Église d'Orient », *Les Mardis de Dar el-Salam*, t. IV, 1954, p. 39-61.

« La science arabe », dans *Histoire générale des sciences*, t. 1 : *La science antique et médiévale*, Paris, P.U.F, 1957, p. 430-471.

« La pensée religieuse d'Averroès : I. La doctrine de la création dans le *Tahâfut* », *Studia Islamica*, 7, 1957, p. 99-114 ; repris dans *Aspects de la pensée musulmane*, Paris, Vrin, 1987, p. 251-266 ; 2ᵉ éd., Paris, Vrin, 2015, p. 227-238.

« La pensée religieuse d'Averroès : II. La théorie de Dieu dans le *Tahâfut* », *Studia Islamica*, 8 (1957), p. 15-28 ; repris dans *Aspects de la pensée musulmane*, Paris, Vrin, 1987, p. 267-280 ; 2ᵉ éd., Paris, Vrin, 2015, p. 239-248.

« Comment s'est ankylosée la pensée philosophique dans l'islam ? », dans R. Brunschvig et G. E. von Grunebaum (dir.), *Classicisme et déclin culturel dans l'histoire de l'islam*, Paris, Besson-Chantemerle, 1957, p. 247-261 ; rééd. : Paris, Maisonneuve et Larose, 1977, p. 247-261.

« La pensée religieuse d'Averroès : III. L'immortalité de l'âme dans le *Tahâfut* », *Studia Islamica*, 10, 1959, p. 23-42 ; repris dans *Aspects de la pensée musulmane*, Paris, Vrin, 1987, p. 281-300 ; 2ᵉ éd., Paris, Vrin, 2015, p. 249-262.

« Que peut apporter à la sociologie de l'Islam l'étude de la pensée musulmane ? », *Le problème de l'objet dans la pensée et la civilisation de l'Islam*, Entretiens interdisciplinaires, Paris, 1959, p. 27-32.

« Un témoignage sur la culture arabo-musulmane. Le livre d'Adab d'Al-Mawardi », *Économie et Sociétés* (Cahiers de l'Institut de Sciences Économiques Appliquées), Presses Universitaires de Grenoble, 103, 1960, p. 85-124 ; repris dans *Aspects de la pensée musulmane*, Paris, Vrin, 1987, p. 301-340 ; 2ᵉ éd., Paris, Vrin, 2015, p. 263-292.

« Sur une interprétation économique et sociale des théories de la *zakât* en droit musulman », *L'Islam : l'économie et la technique* (Cahiers de l'Institut de Sciences Économiques Appliquées), Presses Universitaires de Grenoble, 106, série V, n. 2, 1960, p. 65-86 ; repris dans *Aspects de la pensée musulmane*, Paris, Vrin, 1987, p. 341-362 ; 2ᵉ éd., Paris, Vrin, 2015, p. 293-308.

« Apories sur la prédestination et le libre arbitre dans le commentaire de Râzî », *MIDEO* 6, 1959-1961, p. 123-136.

Philon d'Alexandrie, 1. De opificio mundi (introduction générale à l'œuvre de Philon, trad. et notes), Paris, Cerf, 1961.

« Abrahamisme, islam et christianisme chez Louis Massignon », *Cahiers de l'Herne*, « *Louis Massignon* », 1962, p. 123-125.

Philon d'Alexandrie, 2. De virtutibus (intro., trad. et notes), Paris, Cerf, 1962.

« La guerre sainte selon Ibn Hazm de Cordoue », *Études d'Orientalisme dédiées à la mémoire de Lévi-Provençal*, t. 2, Paris, Maisonneuve et Larose, 1962, p. 445-459 ; repris dans *Aspects de* la *pensée musulmane*, Paris, Vrin, 1987, p. 137-152 ; 2ᵉ éd., Paris, Vrin, 2015, p. 139-152.

« Ontologie et mystique musulmane, *Travaux et Jours*, Beyrouth, 6, mai-août 1962, p. 2-18 ; repris dans *Aspects de la pensée musulmane*, Paris, Vrin, 1987, p. 67-82 ; 2ᵉ éd., Paris, Vrin, 2015, p. 83-94.

« Sciences et philosophie dans la civilisation dc Bagdad sous les premiers abbasides », *Arabica*, 9, 1962, p. 357-373 ; trad. arabe Fâdil Akram, « Al-'ulūm wa-l-falsafa fī ḥadārat Baġdād ayyām al-'Abbāsiyyīn al-ūlā », dans *al-Mawrid*, Bagdad, 1979, vol. 8, n° 4, p. 495 *sq*.

« La louange à Dieu dans le Coran d'après le Commentaire de Fakhr al-Dîn al-Râzî », *Annales Islamologiques* IV, 1963, p. 79-92.

« Aspects de l'exégèse coranique », dans *L'Homme devant Dieu*, Mélanges offerts au Père Henri de Lubac, Paris, Aubier, 1963, vol. 3 : *Perspectives d'aujourd'hui*, p. 51-60 ; repris dans *Aspects de* la *pensée musulmane*, Paris, Vrin, 1987, p. 83-92 ; 2e éd., Paris, Vrin, 2015, p. 95-104.
« La spiritualité de Louis Massignon », dans *in Mémorial Louis Massignon*, IFAO, Le Caire, 1963, p. 7-16.
Hallâj ou la religion de la croix, Paris, Plon, 1964, 189 p.
« La profession de foi d'Ibn Hazm », dans *Actas del primer congreso de estudios arabes e islamicos*, Madrid, 1964, p. 137-162 ; repris dans *Aspects de la pensée musulmane*, Paris, Vrin, 1987, p. 111-136 ; 2e éd., Paris, Vrin, 2015, p. 119-138.
« L'apport de l'islamologie à la pensée chrétienne », *Travaux et Jours*, Beyrouth, 13, avril-juin 1964, p. 57-84.
Philon d'Alexandrie, 3. De mutatione nominum (intro., trad. et notes), Paris, Cerf, 1964.
« L'Islam et la langue arabe », dans *Islam, civilisation et religion*, Paris, Arthème Fayard, 1965, p. 46-55.
« L'Islam devant un monde qui s'intéresse à lui », *Revue Tunisienne de Sciences Sociales*, 4, 1965, p. 101-110, repris dans *Comprendre*, Série « saumon », Paris, 80, 1966, 6 p.
« La mystique musulmane », dans A. Ravier (dir.), *La mystique et les mystiques*, Paris, Desclée de Brouwer, 1965, p. 571-646.
« L'Islam et l'Humanisme » (ex Cercle Saint-Jean-Baptiste), *Comprendre*, Série « saumon », Paris, 82, 1967, 9 p.
« Dynamique et polarité des états mystiques », dans *L'ambivalence dans la culture arabe*, Paris, Éd. Anthropos, 1967, p. 143-152.
Philon d'Alexandrie, 6. De vita Mosis, I-II (intro., trad. et notes), Paris, Cerf, 1967.
« Le Dieu de l'Islam », dans *La réalité suprême dans les religions non-chrétiennes*, Rome, Gregoriana, 1968, p. 81-89, repris dans *Comprendre*, Série « saumon », Paris, 92, 1969, 8 p., et dans *Aspects de la pensée musulmane*, Paris, Vrin, 1987, p. 7-16 ; 2e éd., Paris, Vrin, 2015, p. 29-36.
« Trouvailles philosophiques dans le commentaire coranique de Fakhr al-Dîn al-Râzî », *Études philosophiques et littéraires*, 3, 1968, p. 11-24.
« Dieu, la création et la révélation en Islam », *Revue de Théologie et de Philosophie*, 19/4, 1969, p. 353-361 ; repris dans *Aspects de la pensée musulmane*, Paris, Vrin, 1987, p. 17-26 ; 2e éd., Paris, Vrin, 2015, p. 37-46.
Philon d'Alexandrie, 4. De aeternitate mundi (intro., trad. et notes), Paris, Cerf, 1969.
« Réflexions sur la spiritualité de l'Islam », *Comprendre*, Série « saumon », Paris, 94, 1970, 15 p.
Mahomet ou la prédication prophétique (présentation, choix de textes, bibliographie), Paris, Seghers, 1970, 187 p. (rééditions en 1975 et 1979).
« La place du Coran dans les *Usûl al-Fiqh* d'après le *Muhallâ* d'Ibn Hazm », *Studia Islamica*, 32, 1970, p. 21-30 ; repris dans *Aspects de la pensée musulmane*, Paris, Vrin, 1987, p. 165-174 ; 2e éd., Paris, Vrin, 2015, p. 161-168.
« Les valeurs de l'Islam », *Bulletin* du Secrétariat (romain) pour les Non Chrétiens, 19, 1971, p. 21-29, repris dans *Encounter*, Rome, PISAI, « Islamic Values », n° 44, April 1978, 12 p.
« Le Moi divin et le Moi humain d'après le commentaire coranique de Fakhr al-Dîn Râzî », *Studia Islamica*, 36, 1972, p. 71-98 ; repris dans *Aspects de la pensée musulmane*, Paris, Vrin, 1987, p. 183-210 ; 2e éd., Paris, Vrin, 2015, p. 179-198.

Philon d'Alexandrie, 5. De posteritate Caini (intro., trad. et notes), Paris, Cerf, 1972.

La cité inique : récit philosophique (traduction de *Qarya ẓālima* de Kāmil Ḥusayn), Paris, Sindbad, 1973, 155 p.

« Éléments d'éthique coranique », *Études Arabes*, 35, Rome, PISAI, 1973, p. 33-59.

« Valeurs de l'Islam », dans *Congrès de Bangalore : études techniques*, polycopié, 1973, rapport n°. 17, 6 p.

« Controverse d'Ibn Paris, Vrin, 1987, p. 175-182 ; 2 ᵉ éd., Paris, Vrin, 2015, p. 169-178.

« Les Chrétiens selon le commentaire coranique de Râzî », dans *Mélanges d'islamologie, dédiés à la mémoire d'Armand Bel*, Leiden, J. Brill, 1974, p. 45-57.

« Dialogue islamo-chrétien et sensibilités religieuses », *Islamochristiana*, 1, 1975, Rome, PISAI, p. 11-24 ; repris dans *Comprendre*, Série « bleu », Paris, n° 77, 1975, 9 p.

« Prophétie et sainteté en Islam », dans A .T. Khoury et M. Wiegels (Hrsg.), *Mélanges Anton Antweiler, Weg in die Zukunft*, Leiden, Brill, 1975, p. 229-257 ; repris dans *Aspects de la pensée musulmane*, Paris, Vrin, 1987, p. 37-66 ; 2ᵉ éd., Paris, Vrin, 2015, p. 59-82.

« Le christianisme face à l'histoire et au progrès », dans *Conscience musulmane et conscience chrétienne aux prises avec les défis du développement*, Tunis, Impr. off., CERES, n° 5, 1976, p. 55-62.

« L'âme et le monde dans le système philosophique de Fârâbî », *Studia Islamistica*, 43, 1976, p. 53-64 ; repris dans *Aspects de la pensée musulmane*, Paris, Vrin, 1987, p. 241-250 ; 2ᵉ éd., Paris, Vrin, 2015, p. 211-218.

« Deux chapitres non traduits de "La cité inique" de Muhammad Kâmil Husayn », *Islamochrisdtiana*, 3, 1977, Rome, PISAI, p. 177-195.

« Le moi divin dans la pensée d'Ibn 'Arabî », dans *Mélanges offerts à Henri Corbin*, Mu'assasat muṭāla'āt islāmī, Téhéran, 1977, p. 219-236 ; repris dans *Aspects de la pensée musulmane*, Paris, Vrin, 1987, p. 211-228 ; 2ᵉ éd., Paris, Vrin, 2015, p. 199-210.

« Pensée et langage dans la philosophie de Fârâbî (à propos du *Kitâb al-hurûf*) », *Studia Islamica*, 45, 1977, p. 57-65 ; repris dans *Aspects de la pensée musulmane*, Paris, Vrin, 1987, p. 241-250 ; 2ᵉ éd., Paris, Vrin, 2015, p. 219-226.

« Averroès (1126-1198) ou la pensée arabe à son apogée », dans Charles-André Julien *et alii* (dir.), *Les Africains*, Paris, Jeune Afrique, 1977, p. 41-69.

Jésus, fils de Marie, prophète de l'Islam, Paris, Desclée, 1980, 256 p.

« Dieu comme Essence et comme Personne dans la théologie et la mystique chrétiennes et musulmanes », dans *The Concept of Monotheism in Islam and Christianity*, Vienne, International Progress Organization, 1982, p. 97-106 ; repris dans *Aspects de la pensée musulmane*, Paris, Vrin, 1987, p. 27-36 ; 2ᵉ éd., Paris, Vrin, 2015, p. 47-58.

Le Coran, guide de lecture, Paris, Desclée de Brouwer, 1983, 155 p.

Trois messagers pour un seul Dieu, Paris, Albin Michel, 1983, 267 p. ; réédité en 1991 (*Three Messengers for One God*, trad. angl. Gerald W. Schlabach, Mary Louise Gude et David B. Burrelle, University Notre-Dame Press, 1995 ; *Três mensageiros para um so Deus*, Lisboa, Instituto Plaget ; trad. arabe publiée à Bayrūt (Éd. Oueidat), trad. ital. publiée à Turin, S.E.I.).

Les grands siècles de Bagdad, vol. 1 : *De la fondation de Bagdad au IV ᵉ/X ᵉ siècle*, Alger, Société Nationale d'Édition et de Diffusion, 1985, 286 p.

« Les éléments bibliques du Coran comme sources de la théologie et de la mystique musulmane », dans *Aspects de la foi de l'Islam*, Bruxelles, Faculté Universitaire St Louis, 1985, p. 29-55.

« L'image du prophète Muhammad dans la culture française », dans *Dokuz Eylul Universitesi Yayinlari*, Izmir, 1985, p. 45-62.

« Livre et Parole de Dieu dans chacune des religions monothéistes », dans *Colloque sur le Dieu unique (1985)*, Paris, Buchet/Chastel, 1986, p. 19-85.

« La foi vécue », dans *Colloque sur le Dieu unique (1985)*, Paris, Buchet/Chastel, 1986, p. 85-134.

« Le monothéisme à la recherche d'un nouvel humanisme », dans *Colloque sur le Dieu unique (1985)*, Paris, Buchet/Chastel, 1986, p. 137-193.

« La doctrine de l'âme dans la philosophie d'Abû l-Barakât al-Baghdâdî », *Studia Islamica*, 66, 1987, p. 105-112.

« Louis Massignon, l'Inde et la culture indienne », dans *Présence de Louis Massignon : hommages et témoignages*, Paris, Maisonneuve et Larose, 1987, p. 129-139.

Aspects de la pensée de l'islam, Paris, Vrin, 1987, 365 p.

« Les grands traits de la pensée et de l'œuvre de Ghazâlî », dans *Islam d'hier et d'aujourd'hui : Ghazali, la raison et le miracle*, Paris, Maisonneuve et Larose, 1987, p. 3-11.

« Hallâj et Jésus dans la pensée de Louis Massignon », dans *Actes du Colloque de Toulouse 1988*, publiés dans *Horizons Maghrébins*, 14/15, 1989, p. 171-179.

Jésus dans la pensée musulmane, Paris, Desclée, 1988, 281 p. (trad. ital. : *Gesù nel pensiero musulmano*, Milano, Éd. Paoline, 1990).

« Mystique et humanisme dans les trois monothéismes », *La vie spirituelle (Mystiques du Dieu unique)*, Paris, 1988, p. 317-334.

L'Islam, Paris/Ottawa, Desclée/Novalis, 1988, 206 p.

« Bulletin d'islamologie », *Recherches de Science religieuse*, 77/3, 1989, p. 431-452.

Réflexions chrétiennes sur les mystiques musulmans, Paris, O.E.I.L., 1989, 247 p.

« La théorie classique de la guerre sainte » dans *Les religions et la guerre : Judaïsme, Christianisme, Islam*, Paris, Cerf, 1991, p. 373-386.

« La théologie (*kalâm*) et la philosophie (*falsafa*) en Islam », *Communio*, 16/5-6, 1991, p. 99-118.

À la croisée des trois monothéismes : une communauté de pensée au Moyen Âge, Paris, Albin Michel, 1993, 446 p. (trad. ital. : *Il credente nelle religioni ebraica, musulmana e cristiana*, Milano, Jaca Book, 1993)

« Le Coran dans la pensée de Louis Massignon », dans *Louis Massignon et le dialogue des cultures*, Paris, Cerf, 1996, p. 71-91.

« Réflexion sur le Dieu du Coran, du point de vue de la logique formelle », dans *Vivre avec l'Islam ?*, Versailles, St Paul, 1996, p. 130-137.

« Le Père Georges Anawati : le souvenir personnel qu'il m'a laissé », dans *Le Père G.C. Anawati, dominicain (1905-1994)*, Le Caire, IDEO, 1996, p. 165-168.

Révolte contre Jéhovah. Essai sur l'originalité de la révélation chrétienne, Paris, Cerf, 1998, 152 p.

Averroès, un rationaliste en Islam, Paris, Éd. Balland, 1998, 237 p. (*Averroes : A Rationalist in Islam*, trad. angl. David Streight, Notre Dame, University Notre-Dame Press, 2000).

« La pensée et l'œuvre de Louis Massignon comme clés pour l'étude de la civilisation musulmane », dans *Louis Massignon au cœur de notre temps*, Paris, Karthala, 1999, p. 305-320.

« Préface » à A. Moussali, *Judaïsme, christianisme et islam : étude comparée*, Paris, Éd. de Paris, 2000, p. 21-28.

Chesterton : un penseur pour notre temps, Paris, Éd. de Paris, 2001, 236 p.

Fakhr al-Dîn al-Râzî, commentateur du Coran et philosophe, Paris, Vrin, 2002, 258 p.

L'homme selon le Coran, Paris, Hachette, 2003, 218 p.

Les religions face à l'œcuménisme, Paris, Éd. de Paris, 2003, 188 p.

Les sciences coraniques : grammaire, droit, théologie et mystique, Paris, Vrin, 2005, 288 p.

ROBERT CASPAR (1923-2007) THÉOLOGIEN, PROFESSEUR ET PASTEUR

Le Père Robert Caspar est retourné « à la maison du Père », comme disent les chrétiens, le 10 janvier 2007, à Tassy, dans le Var, non sans laisser un témoignage personnel des plus originaux et un message spirituel des plus actuels. Prêtre et théologien, pasteur et professeur, islamologue et ami des musulmans, il lègue à tous ceux qui l'ont connu un patrimoine des plus précieux en vue d'un dialogue en vérité et en charité entre disciples de Jésus-Christ et fidèles du Noble Coran. Qui était-il, lui pour qui la Tunisie était devenue une deuxième patrie ? Une brève biographie en relate d'abord l'itinéraire humain et chrétien, ce qui permet de mieux comprendre ce que furent ses recherches religieuses et ses publications universitaires, ainsi que ses engagements concrets au service du dialogue islamo-chrétien, en Tunisie, en Italie et en France, toutes choses qui s'inscrivent dans le cadre d'une aventure spirituelle des plus singulières dont il convient de méditer les secrets et de poursuivre les générosités.

SA « COURBE DE VIE »

Robert Caspar est né à Bourg-la-Reine, près de Paris, le 9 mai 1923. Après ses études secondaires au Petit Séminaire de Paris et l'obtention de la première partie du Baccalauréat A (mention « bien »), il rejoint, en octobre 1941, le Scolasticat des Missionnaires d'Afrique (Pères Blancs) de Thibar, en Tunisie, pour y faire sa philosophie, car il a décidé de rejoindre leur congrégation en vue d'y réaliser sa vocation humaine et chrétienne. Mobilisé en janvier 1943 et se trouvant en Algérie, il passe son baccalauréat de philosophie à Alger (session spéciale). Rendu à la vie civile en 1945, il rejoint Thibar pour y finir sa philosophie. L'année de formation spirituelle le voit à Carthage (1946-1947) et ses études de théologie, à Thibar et Carthage, s'achèvent en juin 1951 : il fait son serment de missionnaire, le 27 juin 1950, puis est ordonné prêtre à Carthage, le 24 mars 1951. Ses qualités intellectuelles, son tempérament obstiné et sa profonde spiritualité avaient retenu l'attention de ceux à qui il avait confié son désir de témoigner de l'Évangile en vivant en solidarité avec les Musulmans. C'est ainsi qu'il fut alors invité à réaliser cet idéal en Afrique du Nord, comme futur professeur à l'Institut d'Études Arabes qui, en septembre 1949, avait été fondé à La Manouba en Tunisie, comme succursale de l'Institut des Belles Lettres Arabes (IBLA) de Tunis.

Convaincu de la nécessité d'une « formation longue et variée », le Père R. Caspar s'est alors soumis à une discipline intellectuelle des plus exigeantes. L'année 1951-1952 le voit aux études à l'IBLA et l'année 1952-1953 à La Manouba : c'est l'apprentissage de la langue arabe. Puis en deux ans (1953-1955), à Rome, il obtient une licence en théologie à l'Université de la Gregoriana. Enfin, en trois ans (1955-1958), il poursuit des études de théologie musulmane à l'Institut Dominicain d'Études Orientales (IDEO) du Caire, sous la direction des Pères Georges Anawati et Jacques Jomier[1]. C'est donc en octobre 1958 qu'il rejoint l'équipe des professeurs de l'Institut de La Manouba, avant de gagner Rome avec celui-ci à la fin de l'été 1964[2]. Mais, entre-temps, il s'est inscrit à l'Institut des Hautes Études de Tunis, où il a obtenu un certificat de philologie arabe et un autre d'études pratiques d'arabe, et où il s'est fait également de nombreux amis tunisiens, puis il a passé un an à Paris (1959-1960) pour y obtenir l'habilitation au Doctorat en théologie, à l'Institut Catholique, deux certificats de licence à la Sorbonne (études grecques et psychologie générale) et aussi de quoi y finir une licence de langue et littérature arabe. Il a été à Rome pendant l'été 1958 pour un temps de « réflexion spirituelle » et, plus tard, il s'y retrouve comme conseiller de certains évêques d'Afrique du Nord, lors des premières sessions du Concile (1962-1965).

C'est donc à Rome, où l'Institut qui sera bien vite appelé Pontificio Istituto di Studi Arabi e d'Islamistica (PISAI) prend sa place, que le Père R. Caspar donnera toute sa mesure, de 1964 à 1969, comme professeur à temps plein et, de 1969 à 1988, comme « professeur invité » dans sa double spécialité de théologie et de mystique musulmanes, car il a alors rejoint la Tunisie pour y poursuivre recherches, collaborations et amitiés, tout en y exerçant de multiples activités pastorales. En effet, il obtient son Doctorat en théologie (*cum laude*) à l'Université romaine de la Gregoriana, le 24 février 1965, avec une thèse sur « La foi musulmane selon le Coran. Étude de thèmes et perspectives théologiques ». En 1966, il commente le § 3, relatif aux Musulmans, de la

1. Pour une vue d'ensemble sur l'histoire de cet Institut, *cf.* Dominique Avon, *Les Frères prêcheurs en Orient, Les dominicains du Caire (années 1910-années 1960)*, Paris, Cerf, 2005, 1029 p., et pour en savoir davantage sur ses fondateurs, *cf.* Jean-Jacques Pérennès, *Georges Anawati (1905-1994), Un chrétien égyptien devant le mystère de l'islam*, Paris, Cerf, 2008, 366 p., et *Le père Antonin Jaussen, o.p. (1871-1962), Une passion pour l'Orient musulman*, Paris, Cerf, 2012, 132 p.

2. Pour une histoire de l'Institut et une description de ses diverses activités, cf. *Le PISAI : cinquante ans au service du dialogue*, publié dans la collection « Studi arabo-islamici del PISAI », 14, Rome, 2000, 160 p.

Déclaration conciliaire *Nostra Aetate*, dans le livre intitulé *Les Relations de l'Église avec les Religions Non Chrétiennes*[1] et participe, comme consulteur et collaborateur, aux travaux du Secrétariat (romain) pour les Non Chrétiens[2]. Parfait pédagogue, il a tôt fait de fournir à ses étudiants des manuels polycopiés : c'est d'abord son *Cours de Théologie musulmane*, en deux volumes, en 1967, et son *Cours de Mystique musulmane*, en 1968, auxquels s'ajoutent des morceaux choisis (arabe et français) publiés par lui dans le bulletin *Études Arabes* du PISAI.

À l'automne 1969, on le retrouve en Tunisie, au service de l'Église et de ses communautés chrétiennes : on le verra un an et demi à la communauté de la rue d'Alger, ensuite un an à l'IBLA même, puis à la paroisse de Sousse (1970-1971)[3], et bien vite à Monastir, aumônier des Sœurs de Saint-Joseph, et curé de Monastir et Mahdia. « Après un séjour à plein temps à Rome pendant cinq ans, dira-t-il en 1990[4], j'ai senti le besoin de revenir vivre en pays musulman, afin d'avoir le cerveau irrigué de la sève montant de racines implantées en terre musulmane. Je vis donc en Tunisie depuis vingt ans, curé de trois petites communautés chrétiennes, mais suffisamment libre pour continuer des travaux de recherche, consacrer quelques semaines à mon enseignement à Rome, répondre à des demandes de sessions ou de groupes d'étude, et surtout nouer des relations d'amitié – et plus que d'amitié – avec des familles musulmanes depuis les plus modestes jusqu'aux plus cultivées, en passant par les classes moyennes. J'estime qu'une des plus grandes grâces reçues dans ma vie, après celle de mon baptême et de mon ordination sacerdotale, est d'avoir pu être accueilli dans ces familles et d'en être en quelque sorte membre. Cette vie en milieu musulman (tunisien) m'a permis de percevoir bien des valeurs de vie humaine et religieuse qui restent cachées à l'observateur extérieur : dévouement à la famille, souci des plus pauvres, des handicapés, chaleur des rapports

1. Sous la direction de A.-M. Henry, Paris, Cerf, 1966, 325 p., pour le chapitre du Père R. Caspar, p. 201-236.

2. Fondé par Paul VI à la Pentecôte 1964, ce Secrétariat deviendra le Pontificio Consiglio per il Dialogo Interreligioso (PCDI) en 1988. *Cf.* à son sujet, M. Borrmans, « Aux origines du Conseil Pontifical pour le Dialogue Interreligieux », p. 129-145, in *id.*, *Mission in Dialogue, Essays in Honour of Michael L. Fitzgerald*, Louvain/Paris, Peeters, 2012, 237 p., et « Brève histoire du Conseil Pontifical pour le Dialogue Interreligieux », p. 157-182, in *Dialoguer avec les Musulmans? Une cause perdue ou une cause à gagner?*, Paris, Téqui, 2011, 325 p.

3. « Je suis ici depuis 10 jours, écrit-il en octobre 1970. Le p. Magnin reste encore quelques jours pour faire ses adieux et notre mutuel déménagement. Je m'initie à la vie paroissiale tout doucement : réunions, permanences, liturgies. Milieu coopérant de grande valeur (les pratiquants) et exigeant : exégèse, nouvelle théologie, foi inquiète. Je devrai me "recycler" sérieusement, et c'est excellent. J'aurai du temps. Je garde pas mal d'engagements à Tunis : conférences, contacts, peut-être cours à l'Université » (*cf.* sa correspondance avec le Père M. Borrmans, ainsi citée *Lettre de RC à MB*, 02.10.70).

4. Dans son Introduction à son livre *Pour un regard chrétien sur l'islam*, Paris, Cerf, 2006, p. 12-13.

sociaux et de l'entraide lors des fêtes, des deuils, des soirées de ramadan, honnêteté méritoire dans la vie professionnelle, vie de foi souvent profonde, même si elle ne se traduit pas toujours par une fidélité sans faille aux préceptes concernant le culte ».

Et c'est ainsi que, de 1973 à 1977, il vécut de nombreuses années dans une maison qu'il louait dans un quartier arabe de Mahdia où il fut bien vite adopté par les familles voisines : années d'heureuses amitiés avec des gens simples qui l'adoptèrent comme l'un des leurs et que viendront découvrir sa mère et sa sœur Marie-Hélène lors d'un bref séjour, en juin 1974[1]. Il faut ici rappeler que le Père R. Caspar avait également deux frères prêtres, le premier, Etienne, curé de Saint-Germain de Charonne, à Paris, puis aumônier d'hôpital, devait mourir la 25 mars 2005, et l'autre, Paul, franciscain, en religion frère Paulin, a exercé un long ministère apostolique au Maroc, et plus particulièrement à Fès. S'il a donc choisi d'être seul à Monastir, puis à Mahdia, et de nouveau à Monastir, il rejoint souvent ses confrères Pères Blancs de Sousse et de Tunis pour des rencontres mensuelles, tout comme il se retrouve souvent à Tunis chez ses amis universitaires tunisiens, surtout ceux du Groupe de Recherches Islamo-chrétien (GRIC) qu'il a mis sur pied à la fin de 1977.

De 1969 à 1995, le Père R. Caspar déploie alors une activité intellectuelle extraordinaire : publications, collaborations, voyages et conférences, visites et sessions, soutenu qu'il est par la compréhension fraternelle et par l'aide financière de Mgr Michel Callens, en charge du diocèse de Tunis-Carthage[2]. Rien

1. « Oui, écrit-il alors, je suis très heureux dans mon petit monde si humain. Même s'il me prend beaucoup de temps. Depuis un mois, soins quotidiens de Habiba à l'hôpital, 2 voyages, deux heures au moins. De plus, j'ai avec moi ma mère et ma sœur pour 3 semaines, d'où visites, plage... J'arrive à sauver une ou 2 heures de travail. Mais je n'ai pas le droit de me plaindre. C'est la logique de la situation. Si je voulais être totalement libre pour le travail intellectuel, j'aurais dû rester à Rome ou aller sur la lune. Bref, j'apprends de mes voisins à accepter l'inévitable (*ṣabr* et *tawakkul*, et non *tawākul*) et y trouver ma joie profonde et l'aliment de ma vie profonde. Et en plus, en ce moment, savoir prendre des vacances. Et la joie de voir ma mère et ma sœur adoptées d'emblée comme leur mère et leur sœur » (*Lettre de RC à MB*, 20.06.74).

2. Prêtre des Missionnaires d'Afrique (Pères Blancs), Mgr M. Callens, né à Tourcoing (France) en 1918, était devenu, après de nombreuses activités pastorales en Afrique du Nord (1943-1965), Prélat Nullius de Tunis et archevêque titulaire de Mossori (*pro hac vice* élevé au rang d'archidiocèse), le 9 janvier 1965, à la suite du *Modus Vivendi* de juillet 1964 entre le Saint-Siège et la Tunisie; il devait sagement animer les communautés chrétiennes de Tunisie jusqu'à sa mort, le 22 août 1990 (*cf.* « Mgr Michel Callens, 1918-1990 », in *Petit Echo* des Pères Blancs, Rome, n. 820, 1991/4, p. 221-225). Le Père R. Caspar dira de lui après sa mort : « Nous pleurons encore "notre évêque Michel", emporté en 3 jours par une forme aiguë de paludisme, contractée à la réunion de Lomé début août, je crois. Il ne prenait pas de préventif novaquine, dit-on. Décès en 3 jours. Donc 19 août au soir, funérailles mercredi 22 après-midi : cathédrale puis Damous-el-Karita. Dans le creux de l'été et la discrétion. Surtout prêtres (et pas tous) et religieuses, et quelques amis musulmans. Le vide ressenti fait émerger la place qu'il prenait, avec sa modestie et un certain manque de suivi. Je regrette surtout son authentique ouverture à notre monde » (*Lettre de RC à MB*, 11.09.90).

n'arrête ce travailleur infatigable, même s'il y met très vite sa santé en péril au rythme d'une vie vécue trop solitairement. En effet, s'il entend privilégier les bulletins de formation, comme *Se Comprendre*, et les documents de travail que sont les *Études Arabes*, il collabore de très près, dès 1975, à la revue trilingue *Islamochristiana* du PISAI, y publiant, avec l'aide de nombreux collaborateurs, toute une bibliographie du dialogue islamo-chrétien au cours des siècles et nombre d'articles de réflexion théologique. Le 1er tome de son *Cours de théologie musulmane* fut repris et enrichi pour être enfin publié, non sans grande fatigue de sa part, à Rome, en 1987, sous la forme d'un *Traité de théologie musulmane*, qui connaîtra une traduction anglaise. Avec un groupe de Chrétiens vivant en Tunisie, il élabore peu à peu et publie enfin, toujours au PISAI, des *Pistes de réponses aux questions qu'on nous pose*, en 1987. Il s'investit dans les publications du GRIC, surtout la première, intitulée *Ces Écritures qui nous questionnent : la Bible et le Coran*, qui parut à Paris (Centurion), également en 1987. Plus tard, il fera connaître la substance de ses enseignements à Paris (Orsay), Kinshasa, Nouakchott et autres lieux, dans son *Pour un regard chrétien sur l'Islam* (Centurion), en 1990. C'est dire que l'homme n'a eu de cesse d'interroger les penseurs musulmans contemporains et d'informer ses frères en Jésus-Christ pour aider les uns et les autres à un dialogue exigeant, à une estime réciproque et à une réelle « amitié en Dieu », dans la certitude de sa foi chrétienne que Jésus est toujours au terme de toute quête authentique du mystère du Dieu vivant. D'où sa participation active à des sessions d'étude et de réflexion ainsi que de prière et de partage avec des chrétiens engagés dans le « vivre ensemble » avec des musulmans, que ce soit en Tunisie, en Algérie et au Maroc, ou en France, en Mauritanie et au Congo.

De douloureuses épreuves de santé marquèrent sa vieillesse précoce. Une grave crise de santé l'avait affecté, l'été 1987, mais il s'en était remis pour un temps [1]. Quelques années plus tard, c'est à l'ambassade de France, à Tunis, qu'il fut décoré, à sa grande surprise, chevalier de la Légion d'Honneur, le 13 décembre 1993, y confessant, dans son allocution de récipiendaire, ce

1. « Plusieurs d'entre vous, écrivit-il alors à quelques parents, confrères et amis, ont su l'accident qui m'est arrivé. Le 2 juillet, au beau milieu de la session du SRI à Orsay, pour laquelle j'étais venu, et à la fin de la dernière de mes conférences, je me suis écroulé, frappé par une pneumonie aussi brutale que profonde. Premier soin par les 3 médecins sessionnistes, et le lendemain, la fièvre ne baissant pas, transfert en urgence en pneumologie à l'hôpital St Joseph (Paris, 14e). Trois jours de "coma 1er stade" à 40° de fièvre, délire… Le poumon, complètement bloqué, n'assurait plus la transformation de l'air respiré en oxygène dans le sang. Les soins énergiques ont réussi à faire baisser la température et à remettre le poumon en marche. Encore 15 jours de soins intensifs et tout est redevenu normal, sauf soins complémentaires […]. J'étais sortant de l'hôpital depuis 2 jours, à destination d'un centre de convalescence […]. Dans un mois, retour à St Joseph pour contrôle et… feu vert pour la Tunisie, début septembre […]. La cause profonde semble bien être la grosse fatigue contractée à Rome en février-mars pour achever le tome I de mon *Traité de Théologie musulmane* » (*Lettre de RC à MB*, 30.07.87).

qu'avait été son engagement de médiateur entre les cultures : « Lorsque je suis entré chez les Pères Blancs, un ordre de missionnaires international, dit-il alors, j'avais le sentiment d'avoir dépassé cette notion de la patrie qui me semblait un peu étroite. La vocation de Père Blanc me vouait non seulement à quitter mon pays, ma patrie et ma famille pour me consacrer, au nom de l'Évangile, à connaître d'abord dans sa langue et dans sa culture, notamment sa religion, et à comprendre comme de l'intérieur, une autre civilisation, une autre culture, une autre religion : celles de l'Islam » [1].

C'est en 1997 qu'il dut se résoudre à quitter la Tunisie et à y laisser ses amis pour regagner la France et y être désormais soigné, très « handicapé », dans une maison médicalisée, à Tassy dans le Var : diabétique, il souffrait d'une « hémiparkinson » qui, comme il l'a dit, avait « entraîné une paralysie partielle du côté droit de son corps, ce qui l'empêchait de se servir de sa main droite et de marcher » [2]. Les dix dernières années de sa vie, qui ne lui furent pas faciles, auront ainsi été marquées du signe de la souffrance, du renoncement et de la solitude, ce qui l'a conformé, à sa manière, au modèle christique qui avait été celui de sa vie tout entière. Et c'est le 10 janvier 2007 qu'il devait y mourir « en bon serviteur de l'Évangile ».

Ses principales publications

En charge de l'enseignement de la théologie et de la mystique musulmanes à l'Institut dont il a été l'une des pierres d'angle, le Père R. Caspar se devait d'y élaborer peu à peu des manuels qui répondent à l'attente de ses étudiants et de ses disciples. C'est ainsi qu'il rédigea, en 1967, son *Cours de théologie musulmane*, d'abord polycopié, en 2 tomes [3], avant que plusieurs éditions successives ne deviennent enfin deux volumes imprimés, sous le titre d'ensemble *Traité de*

1. Et de préciser aussitôt : « Appelé plus spécialement à me consacrer à l'étude de la théologie musulmane et aux autres sciences de l'Islam, dans le but de les enseigner aux futurs témoins de l'Évangile en pays musulmans, dans le cadre du PISAI, je n'ai jamais conçu mon travail comme une pure érudition d'Orientaliste, mais comme une contribution à cette compréhension en profondeur de ce monde de l'Islam, à la fois si proche et si différent du monde chrétien ».

2. Il s'en expliquait dans une lettre enfin rédigée en avril 2001, grâce à la main d'un ami : « Depuis plusieurs années, je ne réponds plus ni aux lettres, ni aux vœux ou même pour remercier ceux qui m'envoient des cadeaux, car je ne peux plus écrire. Mes sérieux ennuis de santé qui m'ont amené à l'impossibilité d'écrire remontent à juillet 1987. Après six jours de coma, six semaines d'hospitalisation à l'hôpital Saint-Joseph à Paris et six autres semaines en convalescence à Mours (Oise), j'avais cru pouvoir reprendre mes activités. Je les ai donc reprises à Monastir et à Mahdia auprès de chrétiens et d'universitaires tunisiens. Ma santé ne s'améliorant pas, j'ai été nommé à la Province de France pour me retrouver dans un établissement médicalisé, à Tassy, dans le Var ».

3. Respectivement 109 p. et 103 p., édition polycopiée, Rome, PISAI, cours réédité tel quel en 1974.

théologie musulmane. Le premier, sous-titré *tome I : Histoire de la pensée religieuse musulmane*, a été publié en 1987 [1], et le deuxième, *tome II : Le Credo*, en 1999 [2]. Dédié à Louis Gardet et Georges Anawati, le *premier tome* a maintenu, en ses premiers chapitres, plus ou moins, la présentation de 1967, avec une *première section* : *Muhammad et le Coran* (chap. premier, « Le cadre des origines » ; chap. II, « Avant la révélation et la 1ère période mekkoise » ; chap. III, « La 2e période mekkoise » ; chap. IV, « La 3e période mekkoise » ; chap. V, « La période médinoise » ; chap. VI, « Le prophétisme de Muhammad : problème de théologie chrétienne ») et une *deuxième section : De Muhammad à nos jours* (chap. VII, « De Muhammad au muʿtazilisme » ; chap. VIII, « Le muʿtazilisme » ; chap. IX, « Ašʿarisme, Māturīdisme et Ḥanbalisme »). C'est le chap. X, intitulé *La renaissance et l'islam contemporain* qui a fini par occuper presque la moitié du livre [3] avec les sous-titres suivants : La Nahḍa, l'islam et l'Occident ; La Nahḍa et ses trois grands (Afġānī, ʿAbduh et Riḍā), En Inde, L'islam contemporain et ses problèmes. Ce *Traité*, surnommé TTM par ses étudiants, a donc connu son succès et ses traductions [4], puisqu'il a été constamment remanié en tenant compte des développements de la vie même de son auteur : multiplicité des informations et approfondissement de la réflexion. Le Père R. Caspar confesse, dans l'une de ses lettres, que ce livre est « l'œuvre de ma vie » : « La matière traitée est substantiellement la même que dans la 1ère édition, mais l'esprit qui l'anime a bien changé, et c'est le fruit de ma vie en symbiose avec celle des musulmans, depuis le petit peuple qui m'entoure jusqu'au plus lucide des intellectuels ». Quant au *2e tome*, il présente les chapitres classiques du *ʿilm al-kalām*, après une étude d'ensemble sur « La foi, la raison et la théologie » (chap. premier) : chap. II, « Dieu, Son existence et Ses attributs » ; chap. III, « Les anges, les démons et les jinns » ; chap. IV, « Les prophètes et les Écritures » ; chap. V, « L'acte humain » ; chap. VI, « Le dernier jour et l'eschatologie ».

Dans la recension qu'il a faite du *1er tome*, le Père Jacques Jomier constate que « le présent traité se rattache aux cours précédents, mais il est considérablement amplifié, approfondi, réécrit ; il s'agit vraiment d'une œuvre nouvelle. Mais surtout les horizons se sont élargis, les notes sont beaucoup plus étoffées ; tout un ensemble sur la renaissance de la pensée musulmane en Inde est nouveau [...]. Le chap. X a droit à une particulière attention. L'auteur a surtout cherché à embrasser dans son ensemble une vaste question sur laquelle il n'existait jusqu'alors que des vues sporadiques et des études particulières [...].

1. Publié dans la collection « Studi arabo-islamici del PISAI », n° 1, Rome, 1987, 485 p.
2. Publié dans la collection « Studi arabo-islamici del PISAI», n° 13, Rome, 1999, 190 p.
3. À lui seul, il comporte près de 200 pages (p. 259-446).
4. Les premiers chapitres en ont été traduits en anglais par Penelope Johnstone et publiés sous le titre *A Historical Introduction to Islamic Theology : « Muhammad and the Classical Period »*, dans la collection « Studi arabo-islamici del PISAI », n° 11, Rome, 1998, 270 p.

Enfin le TTM signale la variété des courants de pensée actuels dans le monde musulman et donne un excellent panorama de la situation. Il est important de le rappeler : les islamistes ne sont pas les seuls, même si leur existence est la plus visible et si leurs écrits inondent le marché»[1]. L'intérêt du chap. VI, comme il le signale, est de fournir au lecteur une « brève histoire de la pensée "chrétienne" sur l'islam », en détaillant spécialement ce qu'il en fut au XXe siècle, et une présentation impartiale des « opinions sur la naissance de l'islam et le prophétisme de Muhammad » selon les positions minimaliste, médiane ou maximaliste des penseurs ou des théologiens. Il n'en reste pas moins vrai que la conclusion du chap. X témoigne, de la part du Père R. Caspar, de l'ampleur de ses investigations et de la justesse de ses appréciations, même si tout cela dépend étroitement du contexte de l'époque (les années 80). À côté des « islamistes » ou « Frères musulmans », majoritaires, et des « nouveaux penseurs » de l'islam, minoritaires, « signalons, y disait-il, deux lignes de recherches à peu près opposées : celle d'un des meilleurs disciples de Md 'Abduh, le cheikh (et recteur d'al-Azhar) Muṣṭafā 'Abd al-Rāziq (1882-1947), pour tenter d'identifier une philosophie qui serait proprement islamique : ce serait celle qui sous-tend la théologie musulmane, et celle de plusieurs philosophes musulmans contemporains, qui cherchent leur inspiration dans les écoles philosophiques qui naissent et se renouvellent rapidement en Occident, en leur trouvant, non sans bonnes raisons, leur équivalent dans la tradition musulmane ».

Le *Cours de mystique musulmane* en est resté à sa présentation polycopiée de 1968[2], tout au cours de ses éditions successives, mais il entend bien couvrir les périodes essentielles du *taṣawwuf* islamique, puisqu'on y trouve les chapitres suivants : I. Coran et Soufisme ; II. Hadith et Soufisme ; III. Ḥasan al-Baṣrī ; IV. Rābi'a al-'Adawiyya ; V. Les écoles (IIIe siècle) ; VI. Bisṭāmī (le *tawḥīd* absolu) ; VII. Ḥallāǧ (l'union d'amour) ; VIII. Ibn 'Aṭā' et Šiblī ; IX. Les théoriciens du Soufisme (Ġazālī) ; X. Ibn 'Arabī (Soufisme philosophique) ; XI. Ǧalāl al-dīn al-Rūmī (Soufisme poétique) ; XII. Les confréries religieuses (*ṭuruq*) ; XIII. Le *ḏikr* et ses diverses formes. En conclusion, le chap. XIV tente un discernement entre « mystique naturelle et mystique surnaturelle » et une évaluation des rapports entre « le Soufisme, l'Islam et le Christianisme », où le Père Caspar

1. Cf. *Islamochristiana*, Rome, PISAI, 13, 1987, p. 229-234. « C'est un livre excellent, avait-il écrit auparavant : érudition, mise à jour de la documentation, insistance sur le progrès des études, sympathie à l'endroit des auteurs musulmans, souci de promouvoir le dialogue, autant d'aspects de l'ouvrage qu'un recenseur est heureux de rencontrer ».

2. Édition polycopiée, Rome, PISAI, 1968, 148 p., avec, en sa réédition de 1993 (231 p.), l'intégration des « textes arabes choisis » des meilleurs mystiques, tels qu'ils avaient été présentés et traduits par le Père R. Caspar dans le bulletin *Études Arabes*, autre publication du PISAI.

s'inspire particulièrement des travaux de Louis Massignon [1] et de Louis Gardet [2].

Théologien et pasteur, il se devait d'affronter, à leur suite, le difficile problème d'une distinction essentielle entre mystique naturelle et mystique surnaturelle. La première, « expérience fruitive d'un absolu », est « intellectuelle et d'ordre naturel, peut être obtenue par la mise en œuvre d'une technique très élaborée », se fonde sur « l'ascèse du vide » (« retour sur soi », par « enstase » et non par « extase ») et peut s'accompagner d'une expérience de Dieu comme « source de l'être ». La mystique surnaturelle, par contre, procède d'une vie de grâce (participation à la vie même de Dieu), participe des dons du Saint-Esprit, expérimente l'amour de charité dans la distinction des personnes, passe par une phase active (« ascétique ») de dépouillement pour déboucher sur une phase « passive », seuil de l'union mystique avec Dieu (en attendant le passage de la foi à la vision). Et c'est ainsi qu'après avoir exposé les diverses hypothèses sur l'émergence et les développements du *taṣawwuf* en Islam, le Père R. Caspar partage, avec ses étudiants, les conclusions suivantes : « La vie spirituelle de grâce, dans ses stades communs, en deçà de l'union proprement mystique, est assez répandue en Islam, soit chez les simples musulmans, soit, à des degrés plus élevés, chez les soufis non monistes tels Muḥāsibī, Rābi'a, Ġazālī, Ibn 'Abbād de Ronda et d'autres. Mais le contexte doctrinal empêche habituellement les âmes simples et généreuses d'atteindre, sinon la réalité, du moins la notion d'union d'amour avec Dieu. Les cas de vraie

1. Il suffit de rappeler ici les titres de la thèse principale de doctorat de Louis Massignon (1883-1962) : *La Passion d'al-Husayn-ibn-Mansûr al-Hallâj, martyr mystique de l'Islam, exécuté à Bagdad le 26 mars 922*, 2 vol., Paris, Geuthner, 1922, 1088 p. et 28 pl., rééditée sous le titre *La passion de Hallâj, martyr mystique de l'Islam*, Paris, Gallimard, 1975, en 4 vol. : *I. La Vie de Hallâj*, 708 p. ; *II. La Survie de Hallâj*, 519 p. ; *III. La Doctrine de Hallâj*, 386 p. ; *IV. Bibliographie, Index*, 330 p., et de la thèse secondaire, *Essai sur les origines du lexique technique de la mystique musulmane*, Paris, Geuthner, 1922, 302 et 104 p. et 1 fig. ; 2e éd., Paris, Vrin, 1954, 453 p. et 7 fig. ; 3e éd., Paris, Cerf, 1999, ainsi que ses très nombreux articles en matière de *taṣawwuf*. *Cf.* ses *Opera Minora* (recueil de 207 articles, édité par Youakim Moubarac, Beyrouth, Dar al-Maaref, 1963, 3 vol., 2193 p. et 115 pl., réédités par les Presses Universitaires de France en 1969), qui ont été réédités, entièrement remaniés et redistribués, par Christian Jambet et ses collaborateurs, sous le nom d' *Écrits mémorables* aux éditions Laffont, coll. « Bouquins », en 2 vol., en 2009.

2. On doit à Louis Gardet (1904-1986) de solides études en matière de mystique musulmane : *La pensée religieuse d'Avicenne* (Paris, Vrin, 1951, 235 p.), *La connaissance mystique chez Ibn Sînâ et ses présupposés philosophiques* (Le Caire, publ. de l'IFAO, Mémorial Avicenne, II, 1952, 68 p.), *Expériences mystiques en terres non chrétiennes* (Paris, Éd. Alsatia, 1953, 181 p.), *Thèmes et textes mystiques : recherche de critères en mystique comparée* (Paris, Éd. Alsatia, 1958, 219 p.), *Mystique musulmane : aspects et tendances, expériences et techniques* (Paris, Vrin, 1967, 312 p.), *La mystique* (Paris, P.U.F., 1970, 126 p.), *Études de philosophie et de mystique comparées* (Paris, Vrin, 1972, 285 p.) et, en collaboration avec Olivier Lacombe, *L'expérience du Soi : étude de mystique comparée* (Paris, Desclée de Brouwer, 1981, 392 p.). Pour mieux connaître l'homme et son œuvre, *cf.* Maurice Borrmans, *Louis Gardet (1904-1986), Philosophe chrétien des cultures et témoin du dialogue islamo-chrétien*, Paris, Cerf, 2010, 370 p.

mystique comme "expérience fruitive d'un absolu", seront facilement de l'ordre de la mystique naturelle, soit dans la ligne intellectuelle (Ibn 'Arabī et les monistes), soit dans la ligne poétique (Rūmī, Ibn al-Fāriḍ), soit dans la ligne de la technique (le *ḏikr*, les confréries). Les cas de vraie mystique surnaturelle seront rares, à cause du climat doctrinal (inaccessibilité de Dieu) et des déviations faciles aux plus hauts degrés de la mystique. Ḥallāǧ n'est peut-être pas un cas unique. C'est le seul à peu près certain ». C'est pourquoi le *Cours de mystique musulmane* mettait en garde l'étudiant contre toute confusion des genres (l'islam orthodoxe n'est pas le *taṣawwuf*) et donc contre les tentations de syncrétisme, d'une part, mais, en même temps, l'encourageait à déceler les signes de la grâce en toute spiritualité pratiquée loyalement et généreusement, car « toute vie spirituelle vécue jusqu'au bout conduit à dépasser les limites de l'islam (orthodoxe) ». Ce faisant, concluait-il, « la connaissance du soufisme permet de situer exactement la différence essentielle entre l'Islam et le Christianisme » [1].

Il convenait d'insister sur ces deux *Cours de théologie* et *de mystique* en Islam, car ce sont là des textes longuement élaborés qui nourrissaient la pensée du Père R. Caspar en toutes ses conférences et se présentent comme le développement de ses réflexions spirituelles dans la perspective même de sa thèse de la Gregoriana de Rome sur « La foi musulmane selon le Coran. Étude de thèmes et perspectives théologiques ». Comme on peut le deviner, cette double présentation de la théologie et de la mystique musulmanes, accompagnée de nombreux textes choisis et dûment commentés, ont permis à l'auteur de ces cours d'acquérir peu à peu une large culture en matière de spiritualités comparées, lui facilitant d'autant mieux une compréhension accrue de la pensée religieuse de ses amis musulmans, où il se révèle d'ailleurs être un fidèle disciple et de Louis Massignon et de Louis Gardet [2].

1. Et donc de bien préciser s'agissant des « lignes maîtresses de la foi et de la théologie, qui informent tous les autres éléments : en Islam, c'est la Transcendance de Dieu, séparé et inaccessible; en Christianisme, c'est la Transcendance qui s'incarne pour s'unir à l'homme et lui donner de s'unir à Dieu et de participer à sa vie divine » (p. 5).

2. Pour leur biographie et bibliographie, *cf.* Maurice Borrmans, *Prophètes du dialogue islamo-chrétien : Louis Massignon, Jean-Mohammed Abd-el-Jalil, Louis Gardet, Georges C. Anawati*, Paris, Cerf, 2009, 257 p. À propos de la publication du manuscrit de L. Massignon, *Examen du "Présent de l'homme lettré" par Abdallah Ibn al-Torjoman*, Rome, PISAI, 1992, 134 p., il écrivait : « Pour le Massignon/*Tuhfa*, j'aurais aimé qu'*Islamochristiana* puisse le prendre, mais il est trop long, même en plusieurs articles; un booklet dans la collection des textes du PISAI serait bien, avec présentation dans la revue. C'est un texte historique, dans le double sens de l'histoire du dialogue islamo-chrétien et aussi comme type de dialogue dépassé. Mais rien de ce qui est de L. Massignon n'est négligeable. Et ce serait un bon inédit. En tout cas, cela en vaut vraiment la peine » (*Lettre de RC à MB*, 29.08.89).

LE GROUPE DE RECHERCHES ISLAMO-CHRÉTIEN (GRIC)

Ayant participé de près à l'élaboration du § 3 de la Déclaration conciliaire sur les Relations de l'Église catholique avec les Religions Non Chrétiennes (*Nostra Aetate*) et collaboré, par la suite, aux travaux du Secrétariat romain pour les Non Chrétiens, le Père R. Caspar se rendit bien vite compte de la nécessité d'échanges spirituels au niveau universitaire entre chrétiens et musulmans. Les Séminaires ou Colloques officiels, qui se multiplièrent bien vite après le Concile, lui paraissaient n'être que des monologues parallèles, laissant insatisfaits les meilleurs de leurs participants[1]. C'est pourquoi, en collaboration étroite avec son ami le Professeur Abdelmajid Charfi[2], il entreprit de constituer un groupe de travail, à la suite de certaines rencontres de dialogue interreligieux tenues au Centre culturel de l'abbaye de Sénanque en France, de 1974 à 1977, auxquelles il avait participé[3]. C'est ainsi que naquit le GRIC au printemps 1977, dont la Charte intitulée « Orientation générale pour un dialogue en vérité », constatait que « Musulmans et Chrétiens, nous acceptons la représentation que se font - et nous font - de leur foi nos partenaires de l'autre religion. Cependant à notre époque de rencontres des cultures et des hommes, chacun de nous est amené à une nouvelle analyse des bases de sa foi et à l'examen critique de l'évolution de sa tradition religieuse. Cette analyse et cet examen critique ne peuvent plus se faire en vase clos. Accepter le regard critique que nous portons les uns sur les autres est une des exigences de

1. Le Père R. Caspar s'en expliquait, dans sa présentation de la Charte du GRIC, « Le Groupe de Recherches Islamo-Chrétien », dans *Islamochristiana*, Rome, PISAI, 4, 1978, p. 175-182 : « À la suite des colloques publics de Cordoue (1974 et 1977), de Tunis (1974) et de Tripoli (février 1976), un petit groupe d'amis chrétiens et musulmans pensèrent qu'un autre genre de rencontre entre Chrétiens et Musulmans était possible et nécessaire pour explorer de nouveaux chemins ». Dans une lettre au Père M. Borrmans qui avait pris la parole à Tripoli, il disait : « Je suppose que le "choc" de Tripoli est amorti ; on oubliera vite les incidents pour ne garder que le positif, qui est considérable, je pense. Il reste qu'on semble entraîné à la vitesse grand V pour les colloques officiels. Cordoue II est pour cet été, je crois, et M. Lelong, de passage au Maroc, s'est vu invité par le Ministre des Cultes à organiser un Colloque au Maroc. C'est tout ce que j'en sais, n'ayant encore fait que saluer Michel. On peut se demander si on ne va pas trop vite. En tout cas, l'expérience de Tripoli sera utile » (*Lettre de RC à MB*, 11.04.76).

2. Pour bien connaître la « courbe de vie » et l'oeuvre scientifique de celui-ci, cf. *Mélanges offerts au Professeur Abdelmajid Charfi*, textes réunis par Raoudha Guemara, Tunis, Faculté des sciences humaines et sociales, Unité de recherche "Histoire économique et sociale", 2010, 298 p. (français) et 323 p. (arabe).

3. En 1974 (25 juilet-3 août), elles avaient pour thème « Les mystiques du désert », en 1975 (25 juillet-1er août) « L'évolution de la pensée religieuse dans les trois religions monothéistes », en 1976 (11-14 novembre) « Les Noms de Dieu pour un homme d'aujourd'hui » et en 1977 « La Parole de Dieu ». *Cf.* R. Caspar, « Les rencontres de Sénanque entre Juifs, Chrétiens et Musulmans », *Islamochristiana*, Rome, PISAI, 4, 1978, p. 225-230.

notre temps. On ne se connaît vraiment soi-même qu'en tenant compte du regard de l'autre sur soi »[1].

Regroupant des universitaires chrétiens et musulmans, bien au fait de la tradition religieuse de leurs partenaires, des sections locales du GRIC naquirent ainsi à Tunis, à Rabat, à Paris, à Bruxelles et à Beyrouth, même si toutes ne réussirent pas à surmonter l'épreuve du temps. Chaque année, une assemblée générale leur permettait de coordonner leurs recherches, élaborées lors de réunions mensuelles en chacun de leurs pays en fonction d'un questionnaire commun, et de préparer la publication des résultats de celles-ci, non sans maintes séances de rédactions soumises à l'avis de tous. C'est en effet le mérite du GRIC d'avoir successivement fourni aux hommes et aux femmes de dialogue les ouvrages suivants : *Ces Écritures qui nous questionnent : la Bible et le Coran*[2], *Foi et justice (un défi pour le christianisme et pour l'islam)*[3], *Pluralisme et laïcité (chrétiens et musulmans proposent)*[4], *Péché et responsabilité éthique dans le monde contemporain*[5] et *Chrétiens et Musulmans en dialogue : les identités en devenir*[6]. L'esprit et la méthode de ces sections du GRIC sont parfaitement définis par l'« Orientation générale » de 1977 : « Si parfaite que soit la Parole fondatrice de notre foi, nous ne pensons pas que la connaissance que nous en recevons épuise les richesses de cette Parole et du mystère de Dieu. C'est pourquoi nous pensons que, d'une part, notre certitude de foi implique nécessairement une recherche sans fin de la vérité, à l'aide et à la lumière de Dieu, et que, d'autre part, d'autres approches de la vérité que la nôtre, à partir d'une autre Parole que celle qui fonde notre foi, sont légitimes et peuvent être fécondes pour nous. Autrement dit, le Musulman reconnaît la validité et la fécondité de la foi et de la recherche chrétiennes, et le Chrétien reconnaît la validité et la fécondité de la foi et de la recherche musulmanes ». Le 30e anniversaire de la fondation du GRIC a été célébré à Rabat et Casablanca, les 25 et 26 avril 2008, ce qui est la preuve évidente que ses activités et ses recherches sont toujours d'actualité et que l'intuition initiale était juste et porteuse d'espérance[7]. C'est le mérite du Père R. Caspar d'en avoir été l'un des fondateurs et

1. Le texte intégral de ce document « Orientation générale pour un dialogue en vérité » a été publié en français in *Islamochristiana*, PISAI, n° 4, 1978, p. 183-186, en anglais, *ibid.*, n° 6, 1980, p. 230-233 et en arabe, *ibid.*, n° 10, 1984, p. 14-20. Il s'articule comme suit : « I. Fidélité à notre foi et ouverture à l'autre, II. Notre « représentativité », III. Accepter le regard critique des autres, IV. Nous ne sommes pas les propriétaires des bases de notre foi, V. Notre fraternité dans la foi, VI. L'absence de la voix du Judaïsme et des autres religions et idéologies ».

2. Paris, Centurion, 1987, 159 p.

3. Paris, Centurion, 1993, 325 p.

4. Paris, Bayard/Centurion, 1996, 265 p.

5. Paris, Bayard, 2000, 261 p.

6. Paris, L'Harmattan, 2003, 390 p.

7. Pour en savoir davantage sur le GRIC, *cf.* Robert Caspar, « Le Groupe de Recherches Islamo-Chrétien », *Islamochristiana*, 4, 1978, p. 175-182, et Jean-Paul Gabus, « L'expérience de

d'en avoir suivi, non sans fatigue ni contretemps [1], les travaux et les publications pendant plus de dix ans [2].

« PISTES DE RÉPONSES AUX QUESTIONS QU'ON NOUS POSE »

Pasteur attentif aux interrogations que se posaient ses frères chrétiens interpellés par leurs amis musulmans et théologien soucieux de leur assurer une éducation authentique dans la foi, le Père R. Caspar s'est très vite senti invité à réfléchir avec eux sur la « bonne manière » de s'expliquer dans l'esprit même que recommandait jadis l'Apôtre Pierre aux destinataires de sa 1ère Lettre : « Soyez toujours prêts à rendre compte de l'espérance qui est en vous ». Réfléchissant à ce sujet avec « un groupe de chrétiens vivant en Tunisie », à partir de 1974, il a donc peu à peu élaboré, avec eux, le contenu de ce qui est devenu *Pistes de réponses aux questions qu'on nous pose* [3], fruit également de ses échanges spirituels avec ses amis universitaires tunisiens. Les treize chapitres de ce livret des plus utiles pour les croyants de culture moyenne constituent, en effet, autant d'études respectueuses en matière de

dialogue islamo-chrétien dans le cadre du GRIC », *Islamochristiana*, PISAI, 19, 1993, p. 117-124. Le GRIC a d'ailleurs publié dans cette même revue «État et religion », 12, 1986, p. 49-72, et « Croire au lendemain d'un changement de siècle », 28, 2002, p. 13-33. Quant à ses différentes réunions annuelles, on en peut trouver le rapport, longtemps signé R. Caspar, dans *Islamochristiana*, Rome, PISAI : la 2e in 5 (1979), p. 289-290 ; la 3e in 6 (1980), p. 228-230 ; la 4e in 7 (1981), p. 246-247 ; la 5e in 8 (1982), p. 238-239 ; la 6e in 9 (1983), p. 265-266 ; la 7e in 10 (1984), p. 213-215 ; la 8e in 11 (1985), p. 220-221 ; la 9e in 12 (1986), p. 204-206 ; la 10e in 13 (1987), p. 198-200 ; la 11e in 14 (1988), p. 283-285 ; la 12e in 15 (1989), p. 208-210 ; la 13e in 16 (1990), p. 233-235 ; la 14e in 17 (1991), p. 214-215 ; la 15e in 18 (1992), p. 258-259 ; la 16e in 19 (1993), p. 244-245 ; la 17e in 20 (1994), p. 226-227 ; la 18e in 21 (1995), p. 167-168 ; la 19e in 22 (1996), p. 225-226 ; la 20e in 23 (1997), p. 187 ; la 21e in 24 (1998), p. 150-151 ; la 22e in 25 (1999), p. 192-193 ; la 23e in 28 (2002), p. 185 ; la 24e in 28 (2002), p. 185-186 ; la 25e in 29 (2003), p. 219-220 ; la 26e in 30 (2004), p. 197-198 ; les 27e et 28e in 32 (2006), p. 247-248 ; la 29e in 33 (2007), p. 208-209 ; la 30e in 34 (2008), p. 221-223 ; puis « communiqué » in 37 (2011), p. 191-192.

1. Comme ce fut le cas à la réunion du GRIC, en 1980. « Le compte rendu de la réunion du GRIC à Sénanque, écrivait-il au rédacteur d'*Islamochristiana*, volontairement édulcoré, sur les exigences de Charfi, Lelong et secondairement Teissier. En réalité, la réunion a été dramatique et on a bien cru un moment que c'était fini. Tout est venu d'un participant algérien, qui a été proprement odieux, s'imposant à tous, critiquant tout, refusant tout et surtout s'en prenant avec violence à certains. Il a osé parler en public de prosélytisme camouflé. J'ai dû reconduire à Marignane M. Arkoun, le troisième jour, complètement épuisé nerveusement et découragé. Heureusement la volonté farouche de tous les autres de continuer a prévalu » (*Lettre de RC à MB*, 05.10.80).

2. Il semble bien qu'il s'en soit détaché de plus en plus, vu l'âge et la fatigue, et les distances à parcourir : « Une fois par mois à Tunis pour le GRIC, bien que je m'en dégage de plus en plus, mais ils sont fidèles, acharnés (H. Ennaifar, S. Ghrab, A. M. Blondel, etc.). Tu as le CR de Bruxelles de Piet Orsten. Nos traductions vont à train de marchandises » (*Lettre de RC à MB*, 12.11.92).

3. Publié dans la collection « Studi arabo-islamici del PISAI », n° 2, Rome, 1987, 113 p. et en traduction anglaise, *Trying to Answer Questions*, publié dans la même collection, n° 3, 1990, 121 p.

théologie comparée, qui portent, tour à tour, sur : I. Le Prophétisme de Muhammad; II. Le célibat consacré; III. Les Motifs de notre présence; IV. Unicité de Dieu et Trinité; V. La Messe et l'Eucharistie; VI. La Divinité de Jésus et l'Incarnation; VII. Le Péché Originel, la Croix, la Rédemption; VIII. Les Écritures et la Parole de Dieu; IX. Spirituel et temporel (religion et État); X. L'Église; XI. La Prière; XII. Pluralité de religions et liberté religieuse; XIII. Qu'est-ce que le Christianisme?

Comme il s'en expliquait dans sa *Présentation* de l'ensemble, « le but de ces pages n'est pas de fournir des réponses toutes faites, mais d'aider à comprendre d'abord le sens des questions en fonction de la mentalité et de la doctrine musulmanes, puis de revoir la doctrine chrétienne, spécialement selon l'enseignement de la théologie actuelle, qui permet, croyons-nous, de meilleures réponses aux questions des musulmans, sans négliger les élaborations de la tradition et spécialement celles des théologiens arabes chrétiens d'autrefois [...]. C'est dire aussi que ces pages ne veulent pas être une nouvelle méthode d'apologétique visant à convaincre qui que ce soit et encore moins une annonce de l'Évangile, du moins pas directement. L'annonce de l'Évangile se fait d'abord par le témoignage de la vie chrétienne selon l'Évangile. Mais notre vie suscite bien des interrogations dans l'esprit du musulman, interrogations muettes le plus souvent, mais il arrive qu'il nous les exprime » [1], d'où la nécessité de lui assurer une « réponse signifiante » afin que le dialogue soit rendu possible au-delà des préjugés et des malentendus.

Ce manuel du dialogue de la vie quotidienne se présente comme une « théologie comparée et appliquée » des deux religions envisagées. Le Père R. Caspar y partage avec son lecteur le meilleur de ce qu'il a pu élaborer sur les questions envisagées. D'où l'intérêt d'une rapide consultation de ce manuel pour mieux rejoindre sa pensée. Il attribue à Muhammad un charisme prophétique, au moins partiel et transitoire, car « la plénitude de la révélation en Jésus n'empêche pas le chrétien de reconnaître que Dieu a pu se faire connaître aux hommes par d'autres voies, avant comme après Jésus » ce qui l'autoriserait à « reconnaître dans cette proclamation puissante du Dieu unique et transcendant un rappel du message de Jésus ». Si le célibat consacré peut être compris comme service du développement ou connaissance des cultures et des religions, le chrétien se voit conseillé de le justifier comme service du Royaume de Dieu et témoignage d'une vie semblable à celle de Jésus. Le mystère du Dieu un-trine ne saurait jamais être l'objet de démonstration rationnelle de la part

1. *Cf.* p. 1, d'où la méthode suivie par l'auteur : « 1. L'énoncé de la question ou des questions que les musulmans nous posent; 2. La mentalité musulmane sous-jacente à ces questions et qui permet souvent de comprendre leur formulation parfois déroutante; 3. La doctrine musulmane, et surtout la doctrine coranique, sur ce sujet; 4. La doctrine chrétienne dans l'état actuel de la réflexion théologique sur le même sujet; 5. Des "pistes de réponses", qui doivent vous laisser toute liberté de trouver vous-mêmes la réponse adéquate ».

du chrétien, mais bien plutôt comme l'explicitation du rapport de Jésus à son Père et l'accès gratuit à une révélation du mystère même du Dieu vivant[1]. L'Eucharistie, rapidement évoquée dans la sourate coranique de « La Table » (*al-Mā'ida*), est à présenter comme l'actualisation du dernier repas de Jésus, qui garantit « comme un "condensé" de sa présence spirituelle au monde ». Si la Croix et la Rédemption sont difficiles à comprendre, il convient de méditer, dans le dialogue, sur la réalité du mal et du péché pour lesquels la « demande de pardon » (*istiġfār*) est bien connue des musulmans. Si les Écritures chrétiennes échappent à la falsification du texte (*taḥrīf al-naṣṣ*) tout en supportant peut-être une « falsification du sens » (*taḥrīf al-ma'nā*), les chrétiens ont à préciser qu'ils ne sont pas « Gens du Livre » mais « Gens de Jésus-Christ », car pour eux le Verbe s'est fait homme en lui, et non pas livre/Évangile[2].

Si « spirituel et temporel » sont envisagés différemment en Islam et en Christianisme, il est possible de s'expliquer sur les relations entre « religion et État » : « respecter les "droits de Dieu", c'est d'abord respecter les "droits de l'homme" ». Qui plus est, si Église et *Umma* n'ont rien d'identique, on y trouve cependant bien des valeurs analogues, ne serait-ce que le recours à une certaine infaillibilité (*'iṣma*), à ne pas confondre avec l'impeccabilité, d'où un égal respect des « traditions » respectives et des « solidarités » spirituelles, surtout quand il s'agit de la prière où, d'un côté comme de l'autre, il convient de distinguer celle qui relève de la liturgie officielle de celle qui procède de la dévotion personnelle. La « pluralité des religions » suppose « la liberté des cultes » en ses diverses modalités selon les possibles structures locales, tout en tenant compte des formes diverses de la laïcité ou du caractère islamique de l'État. Mais le meilleur du manuel se trouve en son chap. XIII où le père R. Caspar, en une synthèse admirable, expose longuement « ce qu'est le Christianisme » à ses yeux, tel qu'il entend bien l'expliquer à ses amis musulmans, en ses « trois dimensions essentielles », car il est « voie de l'Amour universel», « voie de l'accomplissement de l'homme et de l'humanité » et « voie de l'Incarnation et de l'Immanence ». Sur ce dernier point, c'est en tenant compte de l'objection musulmane et de la négation coranique qu'il entend expliquer à ses partenaires comment considérer « la naissance et le développement de la foi en l'Incarnation », comprendre « le sens de l'Incarnation » et accepter que « l'Incarnation du Verbe en Jésus-Christ et l'union du chrétien avec Dieu par la

1. Le Père R. Caspar conseille d'éviter ici des mots ambigus (*taṯlīṯ, ašḫāṣ*) et suggère les mots *ṯālūṯ, aḥwāl, ṣifāt ḏātiyya*) : « Dieu est nommé "père" comme source de l'être, "fils" lorsque ce don de la vie est pleinement vécu par Jésus, "esprit" » quand il est ce don lui-même » (p. 22).

2. « L'Évangile, dit le manuel, n'est pas d'abord un livre ; c'est la "bonne nouvelle" du salut », bonne nouvelle que signifie également le mot *bušrā*, paradoxalement coranique.

grâce respectent la Transcendance »[1]. C'est donc bien en ce manuel que l'on trouve une « théologie chrétienne exprimée en contexte islamique », celle qu'a voulu exprimer l'auteur en totale cohérence avec sa foi chrétienne et en fidèle compréhension des questions posées par les musulmans.

SES COLLABORATIONS SCIENTIFIQUES ET PASTORALES

Le Père R. Caspar a, pour sa part, participé de très près à la rédaction de plusieurs revues qui lui étaient chères. Il y a d'abord l'*IBLA* de l'Institut des Belles Lettres Arabes de Tunis qui lui doit surtout un ensemble d'articles sur la mystique musulmane[2] et le *MIDEO* de l'Institut Dominicain d'Études Orientales du Caire où il publia un remarquable article sur « Un aspect de la pensée musulmane moderne : le renouveau du Mu'tazilisme »[3]. Il y a aussi le modeste bulletin polycopié *Comprendre*, devenu *Se Comprendre*, qui, à partir de Paris, s'efforçait, comme il le fait encore, d'informer et de former mensuellement les acteurs du dialogue islamo-chrétien « de la base » : sans nombre y sont les articles du Père R. Caspar, qui reprennent ce qu'il a publié dans *Parole et Mission* (Paris), *Mission de l'Église* (Paris), *Studia Islamica* (Paris), *Studia Missionalia* (Rome), *Oriente Moderno* (Rome), *Proche Orient Chrétien* (Jérusalem) et le *Bulletin* du Secrétariat pour les Non Chrétiens (Rome)[4].

Mais ce sont les deux publications régulières du PISAI de Rome qui lui ont permis de faire connaître le meilleur de sa pensée et les résultats de ses recherches. Le trimestriel/semestriel *Études Arabes*[5] l'a vu fournir

1. « Il n'est nullement paradoxal, écrit-il, à l'intérieur de la foi chrétienne, de dire que l'Incarnation, loin de porter atteinte à la Transcendance de Dieu, est provocation à une plus grande transcendance, une "sur-Transcendance". En effet, par l'Incarnation, Dieu échappe aux catégories humaines qui emprisonnent Dieu dans une notion rationnelle (philosophique) de la Transcendance [...]. Si Dieu veut devenir homme tout en restant le Dieu Transcendant, au nom de quoi la raison humaine peut-elle s'y opposer ? » (p. 111).

2. Tout particulièrement « La mystique musulmane, recherches et tendances », *IBLA*, 25/104, 1962, p. 271-289, et « Mystique musulmane, bilan d'une décennie 1963-1973 », *IBLA*, 37/133, 1974, p. 69-101 et 38/135, 1975, p. 39-111.

3. *MIDEO* 4, 1957, p. 141-202, où l'on trouve aussi un article de lui en collaboration avec le Père Jacques Jomier, « L'exégèse scientifique du Coran d'après le Cheikh Amîn al-Khûlî », p. 269-280.

4. Une bibliographie exhaustive de ses publications est proposée, à la suite du « *In memoriam* Robert Caspar », par Étienne Renaud, dans *Islamochristiana*, PISAI, 33, 2007, p. 1-14.

5. Cette revue de grand format, consistant en textes arabes sélectionnés et en leur traduction commentée, commença en 1962, sous forme de trois puis deux cahiers polycopiés par an (60 numéro jusqu'en 1981), avant d'être offerte sous forme offset de deux documents par an sur des thèmes particuliers constituant autant de textes appliqués pour l'islamologie (du n° 61, 1981/2 au n° 91-92, 1996/2-1997/1), puis sous la forme d'un volume annuel, de format moyen, à partir du n° 93, 1997/2.

régulièrement des textes arabes, classiques et modernes, dûment traduits et commentés, qui furent ensuite repris en ses cours magistraux et en ses articles scientifiques. La revue trilingue et annuelle *Islamochristiana*, qui prit naissance en 1975, a bénéficié de son étroite collaboration et même de sa direction rédactionnelle de 1981 à 1984. Dès le début, il s'efforça d'y participer de très près, par ses informations documentées, ses observations perspicaces et ses recensions sans nombre. Les premiers numéros lui sont particulièrement redevables, ainsi qu'au Professeur Abdelmajid Charfi [1], son fidèle collaborateur, d'une « Bibliographie du dialogue islamo-chrétien » à travers les premiers siècles de l'Islam qui s'est voulue exhaustive et demeure une référence incontournable en la matière, même si elle s'est arrêtée au XIVe siècle [2]. Il suffit de consulter le courrier régulièrement adressé à la rédaction de la revue pour se rendre compte combien importante fut sa collaboration à celle-ci : il lui proposait auteurs et articles, livres et recensions, observations et critiques [3].

C'est lorsqu'il en assuma la responsabilité, non sans un surcroît de travail et de fatigue, car il résidait en Tunisie, qu'il réussit à publier un numéro entièrement consacré à un thème des plus importants, celui des « Droits de l'homme » en islam et en christianisme [4]. L'entreprise n'était guère des plus faciles. Comme le reconnaît le *Liminaire*, « Les religions ne furent pas à

1. Leur amitié fut des plus profondes comme en témoigne la lettre suivante : « Quant à mes relations avec Abdelmajid Charfi, notre amitié est aussi profonde, même si nous ne sommes pas d'accord en tout point. Son influence et celle de ses homologues (S. Ghrab, Naifer...) ne cessent de croître. Le récent colloque UNESCO sur Education et Démocratie au palais présidentiel (7-10 nov.), relayé par les médias (journaux, radios, TV) en a été l'illustration : plaidoyer percutant pour une étude scientifique des religions, loin de toute apologétique ou polémique. Md Charfi et Md Arkoun ont eu la vedette (grâce à sa crinière blanche ?). Abdelmajid est en train de lancer un institut de recherches religieuses, avec un 1er fonds : les 500 volumes de *Sources chrétiennes* (offerts par l'Ambassade de France). Pour moi (et pour d'autres), c'est là une avancée vers le Royaume de Dieu. Heureux d'y participer un peu. Il ne décroche pas d'*Islamochristiana*, du PISAI, de nous. Toujours aussi fraternel, mais aussi très occupé par toutes ses obligations professionnelles » (*Lettre de RC à MB*, 12.11.92).

2. Les articles successifs couvrent cette bibliographie du VIIe au XIVe siècles, *Islamochristiana*, PISAI, 1, 1975, p. 125-181 ; 2, 1976, p. 187-249 ; 3, 1977, p. 255-286 ; 4, 1978, p. 245-267 ; 5, 1979, p. 299-317 ; 6, 1980, p. 259-299.

3. C'est ainsi que, parfois, il lui confie son désarroi : « Je t'avoue, entre frères, que les 5 pages de Talbi dans son "Respect têtu" (quel respect ?), 93-98, m'ont littéralement scié les bras et les jambes. Quelle injustice ! Comment un esprit si éminent et fraternel – et priant – peut-il ainsi prendre les choses à l'envers et nous (y compris le Pape) accuser ainsi d'hypocrisie ? Passe encore d'un Arkoun [...], mais de Talbi ! On crie à l'hypocrisie (celle de Talbi). Certainement pas. Mais quelle leçon pour nos capacités d'aveuglement ! Il a été blessé, sans doute, par le texte de 84 du Secrétariat sur "Dialogue et Mission". Pas fameux, d'ailleurs, je n'ai cessé de le dire, y compris au p. Zago, qui en était bien marri. Le 2ème devrait être mieux. Mais où a-t-il trouvé la notion de dialogue moyen pour la mission, "dialogue-hameçon" ? Il lit tout à l'envers, y compris ma "bombe à retardement". Mais j'arrête » (*Lettre de RC à MB*, 29.08.89).

4. *Islamochristiana*, Rome, PISAI, 9, 1983, « Droits de l'homme/Human Rights ».

l'origine des déclarations récentes des droits de l'homme. Elles sont pourtant concernées au premier chef, soit parce qu'on leur reproche de les avoir violés et parfois de continuer à le faire, soit surtout parce que la dignité et l'épanouissement de l'homme est au centre de leur message : toute atteinte à l'homme, image de Dieu, est atteinte à son Créateur ou, pour reprendre la formule musulmane, les droits de Dieu sont inséparables des droits de l'homme ». Les articles et les documents de ce numéro spécial confirmèrent ce qu'en disait le *Liminaire* : « Les prises de position sur les droits de l'homme et les méthodes pour leur défense offrent une diversité manifeste, aussi bien à l'intérieur de chaque religion que dans leurs rapports mutuels [...]. Nous espérons que ce numéro spécial sur les droits de l'homme, avec ses nombreux documents et ses réflexions, pourra servir, même modestement, une cause si importante, en aidant musulmans et chrétiens à se faire une idée plus juste et plus nuancée des positions respectives en ce domaine, pour s'engager en meilleure connaissance de cause dans le même effort » [1]. Ce faisant, le Père R. Caspar se situait dans la droite ligne de la Déclaration conciliaire sur les relations de l'Église avec les religions non chrétiennes.

Au nombre de ses contributions les plus importantes à la revue *Islamochristiana*, on compte aussi son étude sur « Les versions arabes du dialogue entre le Catholicos Timothée I et le Caliphe Al-Mahdî » [2], présentée en édition critique et dûment commentée, et ses propositions particulièrement documentées en matière d'herméneutique sur « Parole de Dieu et langage humain en Christianisme et en Islam » [3] qu'il avait présentées à la 2e rencontre islamo-chrétienne de Tunis, en mai 1979. Il s'agit là d'une étude remarquable

1. Ce numéro fut très demandé au cours des années qui suivirent, vu l'importance de ses contributions : Louis Gardet, « Un préalable aux questions soulevées par les droits de l'homme : l'actualisation de la Loi religieuse musulmane aujourd'hui » (1-12) ; Mohamed Charfi, « Islam et droits de l'homme » (13-24) ; Joseph Joblin, « L'Église et le développement historique des droits de l'homme » (25-58) ; Robert Caspar, « Les déclarations des droits de l'homme en Islam depuis dix ans (59-102) ; Conseil Islamique de l'Europe, « Déclaration Islamique Universelle des Droits de l'Homme (103-240, et 1-19, arabe) ; Lucie Pruvost, « Déclaration universelle des droits de l'homme en Islam et Charte internationale des droits de l'homme » (141-159) ; Marston Speight, « A Conference on human rights from the faith perpectives of Muslims and Christians » (161-167) ; Émile Poulat, « Témoignage : analyse et profil d'un colloque » (169-174 ; Pierre Toulat, « Témoignage : musulmans et chrétiens provoqués par les droits de l'homme » (175-179) ; John Onaiyekan, « Christians and Muslims : human rights and responsabilities, the Nigerian context » (181-199) ; Michel Serain, « Respect des droits de l'homme ; une minorité musulmane dans un pays de tradition chrétienne : le cas de la France » (201-214) ; Comité Justice et Paix d'Algérie, « Cohabiter dans la différence des droits de l'homme » (215-224) ; Mohammed Arkoun, « Jérusalem, au nom de qui ? Au nom de quoi ? » (225-230) ; Maurice Borrmans, « Un numéro spécial de la Revue de la Ligue du Monde Islamique sur les droits de l'homme (231-242) ; 'Abdallāh Aḥmad al-Na'īm, « Les droits de l'homme en Islam » (243-248).

2. *Islamochristiana*, PISAI, 3, 1977, p. 107-175.

3. *Islamochristiana*, PISAI, 6, 1980, p. 33-60.

qui précise ce qu'il en est du « langage de la Révélation » dans les deux traditions religieuses, en se fondant sur « les différences phénoménologiques et doctrinales entre la Bible et le Coran » et sur « la place de l'Écriture dans le processus de la Révélation » pour les chrétiens et les musulmans. Le Père R. Caspar a le courage d'y affronter le problème crucial de la traduction des textes sacrés et, plus particulièrement, du Coran, car la Parole de Dieu « exprimée en langage humain », ne saurait échapper à « l'histoire des hommes » et à « l'évolution des civilisations », ce qui peut amener à y distinguer « la lettre » et « le sens ». Conscient des « questions nombreuses et difficiles que soulève l'herméneutique religieuse : l'homogénéité entre le sens actuel et le sens premier (littéral) de l'Écriture, l'harmonisation entre les divers points de la doctrine, la continuité avec la tradition, surtout quand elle se renouvelle, l'examen critique des élaborations du passé », il relève deux problèmes qui lui semblent déterminer les autres : « La distinction entre l'essentiel et le circonstanciel, dans le dépôt révélé, et le rapport entre la recherche personnelle et la foi de la communauté ». Il faut lire les publications du GRIC pour y trouver les réponses dialogiques à ces problèmes. Un autre article du Père R. Caspar interrogeait la tradition chrétienne pour y découvrir les formes diverses de l'accueil de « l'autre » : intitulé « Pour une vision chrétienne du Coran, I : les données historiques » [1], il ouvrait la voie à son dernier ouvrage qui porte le titre significatif *Pour un regard chrétien sur l'islam.*

« Pour un regard chrétien sur l'islam »

Certains y voient son testament, et il est vrai qu'il y exprime les idées maîtresses de sa recherche scientifique et de sa vocation au dialogue, en même temps que de son enseignement aux sessions d'Orsay, près de Paris, auxquelles il est demeuré longtemps fidèle. Il s'agissait, chaque année, d'y informer une quarantaine de chrétiens français sur l'islam et de les y préparer à un dialogue spirituel avec les musulmans. C'est en 1990 [2] qu'il avait enfin réussi à le publier après bien des difficultés, avant qu'une réédition posthume n'en soit assurée par le Père Etienne Renaud en 2006 [3]. Dans son *Introduction*, après s'être

1. *Islamochristiana*, PISAI, 8, 1982, p. 25-55. Cet article devait être le premier d'une longue série d'enquêtes approfondies sur la théologie chrétienne des religions non chrétiennes au cours de l'histoire. Malheureusement, il n'eut pas de suite. Il témoigne néanmoins de la vaste culture du Père R. Caspar en matière de patristique, car après y avoir envisagé "La Bible et les Nations" et "Jésus et les autres", il propose au lecteur les meilleurs textes de Saint Justin, de Saint Clément d'Alexandrie, de Saint Augustin et des autres Pères des IIe, IIIe et IVe siècles.

2. Paris, Centurion, 206 p.

3. Paris, Bayard, 210 p. augmenté d'un « Avant-propos » d'E. Renaud (p. I-III) et d'une Annexe de celui-ci (p. 200-202), tandis que la bibliographie en a été mise à jour (p. 203-210).

expliqué sur la double constatation de l'opinion commune : « L'islam fait peur et répugne, l'islam attire et séduit », il disait quel en était le but : « Nous voudrions aider le chrétien à mieux connaître l'islam pour mieux le comprendre, et à le comprendre pour grandir dans une foi plus pure et plus ouverte. La foi chrétienne, aujourd'hui plus que jamais, doit être une foi "dans le monde" et pour le monde. Or, nous ne sommes pas les seuls croyants. Il y a, dans notre monde, un témoignage massif et puissant d'une foi très proche et très différente de la nôtre. Elle nous provoque et nous interpelle [...]. Il y a place pour une certaine fraternité dans la foi et un certain témoignage commun ».

Le livre se présente comme suit. Après avoir rappelé *La naissance de l'Islam : Mohammed et le Coran* (chap. premier), résumé ce que sont *La foi et la théologie musulmanes* (chap. II) et précisé quels sont les rites qu'en comporte *Le culte* (profession de foi, prière, jeûne, aumône, pèlerinage, guerre sainte ?, calendrier liturgique) (chap. III), le Père R. Caspar s'attache à une présentation détaillée des divers articles du *Credo* musulman. D'où les titres successifs : *Dieu*, son existence et ses beaux noms (chap. IV), *Les anges et les Écritures révélées* (chap. V), *Les prophètes* et le prophétisme (chap. VI), *Marie et Jésus* dans l'islam (chap. VII), *L'acte humain*, toute puissance de Dieu et liberté de l'homme (chap. VIII) et *L'eschatologie musulmane* (chap. IX). Au-delà du culte et du Credo, *La mystique musulmane* (chap. X) est longuement présentée comme dépassement possible de la stricte orthodoxie et de la commune orthopraxis. L'exposé est simple, clair et direct : l'auteur est passé maître en la matière et, en bon pédagogue, sait expliquer les choses en une langue adaptée au lecteur de culture moyenne.

Reprenant l'essentiel de sa thèse de théologie de 1965, il peut y écrire que la foi musulmane est « radicalement théocentrique » en précisant que la formule de la profession de foi (« croire que Dieu est unique ») « donne paradoxalement à la foi un caractère "intellectuel" ou rationnel [...]. Le mouvement de la foi n'atteint pas Dieu en lui-même, ne le "touche" pas. Il vise la formule exacte sur Dieu et s'arrête à elle ». Cela ne l'empêche pas de reconnaître qu' « une autre caractéristique de la foi musulmane est d'être une attitude de foi "*surnaturelle*". Ce qualificatif étonnera et peut-être choquera le chrétien et aussi le musulman. Le premier considère sans doute l'islam, au mieux, comme une "religion naturelle", bien différente du christianisme fondé sur la Parole de Dieu incarnée en Jésus-Christ, qui nous introduit dans le mystère de Dieu un et trine. Le second est l'héritier d'une tradition qui, dès le Coran, fait de l'islam "la religion de la nature humaine" [...]. Ceci est une conviction profonde chez tous les musulmans de tous les temps, encore renforcée par les tendances rationalisantes de l'islam moderne ». Pour lui, « ce qui rend une foi surnaturelle ou non, c'est son origine : recevoir Dieu "de Dieu", en croyant en sa Parole révélée, ou construire par notre raison un Dieu à la mesure de l'homme ». Or le musulman croit en Dieu « non par des preuves rationnelles, mais sur le témoignage de Dieu-lui-même par sa Parole », même s'il y a confusion quant à cette Parole. Aussi peut-on dire « que l'*attitude* de la foi musulmane est ce que nous appelons "surnaturelle" » quant à la motivation subjective du croyant. Mais à la question « L'islam religion naturelle ? », le Père R. Caspar répond que « c'est en bonne partie vrai. Mais en partie seulement ». L'islam n'affirme-t-il pas que « tout homme naît "naturellement musulman" comme le dit la Tradition et le pensent de nombreux musulmans » ? Comme on le voit, sa pensée est toute en nuance, sachant bien distinguer entre l'aspect objectif de la doctrine et l'attitude subjective du croyant [1].

En bon théologien chrétien, il affirme, en connaissance des textes, que « la différence entre les théologies de l'Écriture introduit à une différence fondamentale entre le christianisme et l'islam au sujet du processus de la Révélation et singulièrement au sujet de la place qu'y prend la Parole de Dieu et de l'identité même de cette Parole. Pour l'islam, c'est le Coran qui est la Parole de Dieu. Éternelle en Dieu, cette Parole s'est, en quelque sorte, "incarnée" sous forme de ce Livre, le Coran. Et le Prophète n'en est que le transmetteur. Pour le christianisme, la Parole de Dieu est une personne, éternelle en Dieu comme son Verbe, "incarnée"dans l'homme Jésus, Parole de Dieu faite homme (et non un livre) [...]. Le christianisme n'est pas une "religion de l'Écriture", fût-elle la Bible et les Évangiles, comme les musulmans nous font l'honneur de la nommer, mais la religion d'une personne, Jésus-Christ, Verbe de Dieu incarné ». Et d'ajouter, à ce sujet, que « le problème, réel, n'est pas tellement ce qu'on appelle les "négations des mystères chrétiens" (Trinité, Incarnation, Croix et Rédemption) par le Coran », car on pourrait soutenir que celui-ci nie des hérésies ou fausses représentations de ces mystères, « c'est le message central du Coran, le monothéisme du Dieu unique et absolument transcendant, tel que le conçoit le Coran, qui est profondément différent du "Dieu de Jésus-Christ", tel que nous l'ont transmis les Apôtres : le même Dieu unique et transcendant et qui choisit de naître, souffrir et mourir comme un vrai homme ».

L'approche théologique du Père R. Caspar ne craint pas d'aborder les sujets les plus controversés tout en tenant compte des langages de la pastorale ordinaire et des hypothèses de penseurs d'avant-garde. L'un d'entre eux est bien le recours que font musulmans, juifs et chrétiens à la personne d'Abraham. « On voit, dit-il, toute la valeur mais aussi toute l'ambiguïté du schème désormais

1. Pour lui, le monothéisme parfait est au terme de la foi : « La polarisation musulmane sur le Dieu unique et transcendant, seul terme possible de la foi, nous rappelle que notre foi, elle aussi, ne peut se terminer que dans le Père. Certes, le Fils éternel est "consubstantiel au Père". Mais le Fils incarné, Jésus-Christ, est la voie vers le Père. Jésus ne s'est jamais défini autrement et le mouvement constant de la liturgie est de s'adresser au Père, par Jésus-Christ, dans l'Esprit. Il y a, paradoxalement, une tentation chrétienne d' "idolâtrer" Jésus-Christ, si on en fait la fin du mouvement de la foi, au lieu de lui être fidèle, non comme un moyen, mais comme la voie, l'unique voie » (p. 35).

classique de la "fraternité en Abraham" pour les trois religions qui s'en réclament. Sa part de vérité est d'abord cette communauté entre "religions prophétiques" dont nous avons parlé. C'est aussi la référence à ce patriarche dans son attitude de "soumission" à Dieu, qui va jusqu'à quitter son pays et les siens pour suivre l'appel de Dieu. Mais au-delà, et à la racine, le sens d'Abraham et son rôle dans l'histoire prophétique sont radicalement différents pour le judaïsme, pour le christianisme et pour l'islam. Pour le premier, il est l'ancêtre "charnel" du peuple juif, Jésus lui fut infidèle, et les musulmans n'ont aucun titre à son héritage. Pour le chrétien, depuis Jésus et saint Paul, la descendance charnelle d'Abraham n'a aucune valeur de salut et c'est par la foi dans le Christ que tous les hommes peuvent avoir part à la bénédiction promise à Abraham et à sa descendance. Pour les musulmans, et en dehors de la filiation discutée à partir d'Ismaël, qui serait l'ancêtre du peuple arabe, seule la communauté des "soumis" est la véritable héritière du patriarche du monothéisme ». Pour le Père R. Caspar, il conviendrait donc d'éviter les formulations ambiguës qui prêteraient à confusion comme dire « la même foi d'Abraham » pratiquées par les « religions abrahamiques » qui auraient « le même père, Abraham ». Et c'est là l'intérêt de ce livre où il est toujours tenu compte des possibilités d'échange intellectuel et de partage spirituel entre chrétiens et musulmans : chaque chapitre s'y conclut en précisant quelles sont leurs perspectives et leurs limites.

On retiendra surtout les dernières pages du chap. XI. Le Père R. Caspar y propose une « réflexion théologique sur l'islam » car il faut bien s'interroger sur la place de celui-ci dans l'histoire du salut. « Bien qu'on ne puisse faire état, dit-il, de conclusions péremptoires et définitives, on peut indiquer l'orientation générale des recherches » en matière de théologie des religions non chrétiennes. C'est à partir des textes du Concile Vatican II et de l'enseignement de Paul VI et de Jean Paul II qu'il ose aller de l'avant dans sa réflexion, dépassant les théologies de l'inclusivisme le plus généreux[1] pour s'interroger sur la « clôture de la révélation » d'un point de vue catholique, tout en gardant ses audaces théologiques pour les personnes qui les peuvent bien comprendre, sans tomber pour autant dans le relativisme ou le syncrétisme. « Dieu a voulu se communiquer d'une façon spéciale (révélation spéciale) d'abord dans le peuple issu d'Abraham et dans ses Écritures, et "à la fin des temps" en son propre Fils, Jésus-Christ. C'est "l'autocommunication" suprême de Dieu au monde, la Parole de Dieu la plus profonde sur Dieu lui-même. C'est elle qui, aux yeux de la foi chrétienne, donne le sens des autres révélations. Mais elle

1. Allant ainsi bien au-delà des diverses visions théologiques que sont celle dite « dialectique », surtout protestante, celle de l'accomplissement, celle d'une histoire différenciée du salut (l'une générale et l'autre spéciale) et celle de la « sacramentalité ». *Cf.* Joseph Gelot, « Vers une théologie chrétienne des religions non chrétiennes », *Islamochristiana*, Rome, PISAI, 2, 1976, p. 1-57, et sa bibliographie.

n'est ni absolue (sauf en Jésus-Christ lui-même) ni exclusive. Parallèlement à cette ligne de recherche, la théologie de la Révélation réinterprète le concept classique de la "clôture de la Révélation" à la mort du dernier apôtre [...]. Ce qui est clos, c'est le témoignage des apôtres, dont le Nouveau Testament est l'expression. Ce témoignage, base de notre foi, est parfois appelé "révélation constitutive"... du dépôt révélé. Mais la Révélation elle-même n'est pas close. Car le sens de l'événement Jésus-Christ n'est pas encore totalement "dévoilé". Ce dévoilement, cette révélation du sens de la Révélation (qui est Jésus-Christ lui-même) se poursuit jusqu'à la fin des temps. Alors, le mystère de Jésus-Christ sera pleinement révélé. Et c'est la marche du temps et de l'histoire, principalement l'expérience spirituelle dans l'Église et hors de l'Église, qui est le "lieu" de cette révélation : *cf.* les "signes des temps" de *Pacem in terris* et de Vatican II. On pourra, avec le Père Congar, distinguer cette révélation "explicative" de la révélation "constitutive" et les relier par un rapport d'analogie ». C'est dans cette perspective que le Père R. Caspar fait sienne la déclaration du Père Claude Geffré à la IIe rencontre islamo-chrétienne de Tunis (mai 1979) : « Personnellement, comme théologien chrétien, et sans vouloir engager mes autres frères chrétiens, je n'hésite pas à dire que la révélation dont Mohammed est le messager est *une* Parole de Dieu qui m'interpelle dans ma foi. Je ne dis pas que le Coran est *la* Parole de Dieu, mais j'accepte de dire qu'il y a dans le Coran une confession de foi au Dieu unique qui me concerne comme chrétien »[1]. Il la commente en évoquant les « recherches en cours » du GRIC : « Il s'agirait de reconnaître dans le Coran une Parole de Dieu *authentique et différente* de la Parole de Dieu en Jésus-Christ »[2]. Son recours au conditionnel dit assez qu'il s'agit d'une hypothèse qui demande un surcroît d'approfondissement théologique et tienne compte de tous les aspects, positifs et négatifs, du Coran lui-même, car « il n'est pas question, dit-il encore, de tomber dans le

1. Et de continuer en s'expliquant : « Tous, à l'intérieur de nos trois traditions religieuses, nous sommes fils d'Abraham. C'est pourquoi je crois pouvoir dire que Mohammed, le Coran et l'histoire religieuse de l'islam comme expérience de Dieu, comme trésor de valeurs de prière, d'amour et de justice, font partie, à un titre tout à fait spécial, de l'histoire du salut qui commence avec Abraham et qui s'achèvera avec la fin de l'humanité. Si on me demande maintenant pourquoi, comme chrétien, je m'intéresse à l'islam, je répondrai volontiers que l'islam est pour moi un rappel prophétique de la confession initiale d'Israël : "Tu adoreras un seul Dieu". La révélation coranique m'invite à relire la révélation biblique qui trouve son accomplissement en Jésus-Christ, en soulignant l'Absolu du Dieu unique et en me gardant de tout péché d'idolâtrie » (p. 196-197).

2. « Ce qui veut dire, ajoute-t-il, qu'on ne juge plus de l'authenticité de cette Parole selon sa conformité ou non avec la nôtre, mais selon les signes repérables de la sincérité de son origine, de la qualité du contenu de son message et finalement – et surtout – de sa fécondité dans le monde [...]. Quand on parle de "Parole différente", on n'entend pas que le Coran apporte du *nouveau* par rapport à la Bible (si ce n'est des négations), mais que le Coran met, sur le mystère infini de Dieu, un *accent* différent de celui de l'Évangile : l'unicité et la transcendance radicales, d'une part, la transcendance devenue immanente par amour, de l'autre » (p. 197).

relativisme et l'indifférentisme en matière de religion et de révélation »[1]. Rigueur théologique, cohérence chrétienne et compréhension dialogique, telle est son attitude intellectuelle et spirituelle qu'il convient de bien comprendre en toutes ses nuances et qui accepte en toute loyauté qu'il y ait d'autres approches compréhensives du « mystère de l'islam »[2].

Un exemple et un message

Le Père R. Caspar s'est ainsi toujours voulu solidaire des chrétiens et des musulmans puisqu'il entendait être un médiateur culturel entre les deux communautés de croyants en vue de faciliter une « conciliation » entre les uns et les autres. Aux premiers, il a consacré son enseignement, non seulement au PISAI de Rome, dont il fut l'un des piliers, ou aux sessions d'été d'Orsay dans la banlieue de Paris, mais aussi son service sacerdotal à Tunis, Sousse, Monastir et Mahdia, aidant ainsi ses frères en Jésus-Christ à comprendre leurs amis musulmans « comme du dedans ». Aux seconds, il a prêté son « esprit d'écoute » et donné le meilleur de son amitié, tant auprès des petites gens qu'avec les intellectuels de classe universitaire. Leurs noms sont connus de Dieu seul, mais ils lui gardent leur reconnaissance spirituelle, car il a toujours voulu partager avec eux ses recherches et ses interrogations, ainsi que ses hypothèses de solution face au défi du « vivre ensemble » des chrétiens et des musulmans, tant en pays arabes que dans l'hexagone français. Il semble encore dire à tous, par son témoignage de vie et par ses multiples écrits, que la rencontre est possible, malgré les difficultés de l'heure, entre les religions et les cultures fort diverses auxquelles les uns et les autres appartiennent, à la condition que l'on sache, de part et d'autre, s'informer honnêtement de l'autre, se faire docile à sa langue en l'apprenant avec persévérance et se laisser conduire par lui dans le secret des valeurs humaines et spirituelles qui le nourrissent, le consolent ou l'exaltent.

Le Père Caspar dirait tout cela avec son cœur et avec sa foi, comme avec sa raison et sa science, parce qu'il voudrait communiquer à tous sa conviction que l'humanité est une, que les hommes de bonne volonté peuvent se rencontrer et se comprendre, et que les croyants au Dieu d'Abraham doivent se reconnaître le droit réciproque à une émulation spirituelle merveilleuse dans l'accomplissement des oeuvres de miséricorde. Le véritable monothéisme n'est-il pas

1. « Pas question, commente-t-il, de reconnaître que "toutes les religions se valent". Pas question non plus de se contenter de dire que la révélation chrétienne est la vraie révélation "pour moi", alors que, pour le musulman, c'est le Coran, ou de dire que ces deux religions se complètent réciproquement. Elles s'interpellent, ce qui est très différent » (p. 197-198).

2. C'est le sous-titre donné par le Père Jean-Jacques Pérennès à son livre sur le Père Georges Anawati (1905-1994) : *Un chrétien égyptien devant le mystère de l'islam*, Paris, Cerf, 2008, 366 p.

fondamentalement « amour de Dieu et amour du prochain » comme osait l'affirmer une récente *Lettre de 138* personnalités musulmanes[1] adressée aux responsables des diverses communautés chrétiennes du monde entier ? Telle est le message que laisse à tous le Père Caspar qui aura été, dans la seconde moitié du XXe siècle, l'un des meilleurs artisans du dialogue islamo-chrétien. La preuve en est le concert de regrets et de témoignages que sa disparition a suscité de la part de ses amis musulmans et de ses frères chrétiens. Certes, l'homme était rude, mais son cœur était bon[2]. L'intellectuel était exigeant, mais sa tolérance était généreuse. Le théologien était cohérent, mais sa foi était accueillante aux « signes des temps » et aux « manifestations de l'Esprit ». Ceux et celles qui ont travaillé avec lui n'ont eu qu'à s'en féliciter, même si parfois le travail en équipe n'a guère été facile, car il était des plus personnels en ses affirmations et des plus audacieux en ses hypothèses. Reste le mystère de ces dix années de silence et de souffrance à Tassy, où il eut tout le loisir de se préparer à rejoindre sa grande famille des « chercheurs de Dieu » dans le Royaume des Cieux. Là encore il y a de quoi méditer sur ce que fut sa « courbe de vie » au service de Dieu, des musulmans et des chrétiens.

1. *Cf.* le « Dossier "Open Letter of 138 Muslim Religious Leaders" », *Islamochristiana*, Rome, PISAI, 33, 2007, p. 241-288, et Maurice Borrmans, *Dialoguer avec les musulmans : une cause perdue ou une cause à gagner ?*, Paris, Téqui, 2011, 325 p., chap. X et XI, p. 229-268.

2. Une de ses anciennes étudiantes italiennes, qui pendant longtemps avait étudié des textes d'Avicenne avec lui, rapporte qu'avant son départ de Rome pour la Tunisie, le Père R. Caspar lui dit : « Merci, madame, pour tout ce que j'ai appris de vous ! ». « J'en demeurai stupéfaite, dit-elle. Il me remerciait, lui qui m'avait ouvert les horizons de la culture arabe. Certes, il est vrai qu'à enseigner, on apprend tout autant, mais dans mon cas c'est bien moi qui devais témoigner de la reconnaissance. Oui, il était ainsi fait : il me remerciait pour avoir partagé avec moi les joies de la recherche. C'était sa dernière leçon, celle de l'humilité ! » (Témoignage de Mme Francesca Lucchetta).

Chronologie

9 mai 1923 Robert Caspar naît à Bourg-la-Reine, près de Paris

1941 Finit ses études secondaires et entre chez les Pères Blancs

1941-1942 Fait ses études de philosophie à Thibar (Tunisie)

1943-1945 Est mobilisé en Algérie et y passe son baccalauréat de philosophie

1946-1947 Consacre une année à la spiritualité (noviciat) à Carthage

1948-1951 Étudie la théologie à Carthage et à Thibar

24 mars 1951 Est ordonné prêtre dans la congrégation des Pères Blancs

1951-1953 Étudie l'arabe à l'Institut des Belles Lettres Arabes (IBLA) de Tunis et à l'Institut Pontifical d'Études Arabes (IPEA) de La Manouba (Tunisie)

1953-1955 Obtient une licence en théologie à l'Université Gregoriana (Rome)

1955-1958 Étudie la théologie musulmane à l'Institut Dominicain d'Études Orientales (IDEO) du Caire (Égypte)

1958-1959 Enseigne à l'IPEA de La Manouba

1959-1960 Obtient l'habilitation au Doctorat en théologie à l'Institut Catholique de Paris et achève une licence de langue et littérature arabes à la Sorbonne

1960-1964 Enseigne à l'IPEA de La Manouba

1964-1969 Enseigne à l'IPEA de Rome, avant qu'il ne devienne le Pontificio Istituto di Studi Arabi e d'Islamistica (PISAI)

1965 Obtient son Doctorat en théologie à l'Université Gregoriana (Rome)

1967 Publie son *Cours de théologie musulmane* (polycopié, 2 tomes)

1968 Publie son *Cours de mystique musulmane* (polycopié)

1969-1970 Développe ses activités à Tunis

1969-1988 Enseigne au PISAI de Rome comme « professeur invité »

1970-1971 Sert pastoralement à la paroisse de Sousse

1971-1973 Sert pastoralement à la paroisse de Monastir

1973-1977 Réside à Mahdia tout en assurant ses ministères de curé et de chercheur

1974 Publie à nouveau son *Cours de théologie musulmane* (polycopié, 2 tomes)

1977 Prend l'initiative de créer, à Tunis, le Groupe de Recherches Islamo-Chrétien (GRIC)

1977-1997 Réside à Monastir tout en assurant les mêmes ministères

1987 Publie le 1er tome de son *Traité de théologie musulmane, I. Histoire de la pensée religieuse musulmane* à Rome, PISAI (offset)

— Publie *Pistes de réponses aux questions qu'on nous pose*, à Rome, PISAI (offset)

— Est victime d'une grave crise de santé à Paris, lors d'une session

— Publie, avec la collaboration des membres du GRIC, *Ces Écritures qui nous questionnent : la Bible et le Coran*, à Paris (Centurion)

1990 Publie *Pour un regard chrétien sur l'Islam*, à Paris (Centurion)

— Publie *Trying to Answer Questions*, à Rome, PISAI (offset)

1993 Est fait, à Tunis, chevalier de la Légion d'honneur

— Publie à nouveau son *Cours de mystique musulmane*, à Rome, PISAI (polycopié)

1997 Quitte la Tunisie pour une maison médicalisée de retraite à Tassy (Var) en France

1999 Publie le 2e tome de son *Traité de théologie musulmane, II. Le Credo*, à Rome, PISAI (offset)

2006 Réédition de son livre *Pour un regard chrétien sur l'Islam*, à Paris (Bayard)

10 janvier 2007 Meurt après des années de quasi-solitude à cause de son handicap

PUBLICATIONS DE ROBERT CASPAR

« L'eau atmosphérique », *IBLA*, 2, 1957, p. 113-118.

« Un aspect de la pensée musulmane moderne : le renouveau du Mu'tazilisme », *MIDEO*, 4, 1957, p. 141-202.

« L'exégèse scientifique du Coran d'après le Cheikh Amîn al-Khûlî », par Jacques Jomier et Robert Caspar, *MIDEO*, 4, 1957, p. 269-280.

« La personne de Mahomet d'après quelques contemporains », *Comprendre*, Série « saumon », n. 37, Paris, 1960, 9 p.

« Le Christ de l'Islam » par M. Hayek, Paris, Seuil, 1959, 285 p., *Comprendre*, Série « jaune », n. 18, Paris, 1960, 6 p.

« Le Coran et la révélation judéo-chrétienne » par D. Masson, *Comprendre*, Série « jaune », n. 19, Paris, 1960, 7 p.

« Le salut des Musulmans », *Comprendre*, Série « bleu », n. 29, Paris, 1961, 9 p.

« Mystique musulmane, aspects et tendances ; expériences et techniques » par Gardet et Anawati, *Comprendre*, Série « jaune », n. 28, Paris, 1962, 8 p.

« La mystique musulmane, recherches et tendances », *IBLA*, 25 1962, p. 271-289.

Les perles Théologiques, trad. fr. des *al-Ǧawāhir al-Kalāmiyya*, d'al-Ṭāhir Effendi al-Ǧazā'irī, polycopié, La Manouba, 1962, dans *Études Arabes*, n. 1, Rome, PISAI,

1962, p. 9 ; suite dans les numéros : n. 2, p. 10-14 ; n. 3, p. 15-22 ; n. 4, p. 23-29 ; n. 5, p. 30-35.
« L'Islam et les pauvres », *Comprendre*, Série « saumon », n. 60, Paris, 1963, 9 p.
« Le salut des non-musulmans d'après Ghazâlî », *Études Arabes*, n. 4, Rome, PISAI, 1963, 4 p. ; *Bulletin du Secrétariat pour les Non-Chrétiens*, 5, 1967, p. 93-103 ; éd. angl. « Ġazālī and Salvation of Non-Muslim », p. 87-97 ; réédité dans *IBLA*, 31/122, 1968, p. 301-314.
« Le salut des Non Musulmans, selon Ghazâlî », *Comprendre*, Série « saumon », n. 62, Paris, 1964, 8 p.
« Commentaire coranique du *Manār* concernant le salut des Non-Musulmans », *Études Arabes*, n. 6, Rome, PISAI, 1964, p. 1-16.
« Le salut des non musulmans d'après le Commentaire Coranique du Manār », *Études Arabes*, n. 6, Rome, PISAI, 1964, p. 23-29.
La foi musulmane selon le Coran. Études de thèmes et perspectives théologiques. Thèse présentée à la Faculté de Théologie de l'Université Grégorienne de Rome, 1965, 369 p. ; résumée dans *Proche-Orient Chrétien*, 18, 1968, p. 17-28 et p. 140-145 ; 19, 1969, p. 162-193
Cours de théologie musulmane, 1965, 66 p. et 14 p., pro man. Biblio. Rome, PISAI ; dernière polycopie, 1968, 134 p.
« Passage d'Abū Ḥāmid al-Ġazālī sur l'Amour de Dieu », *Études Arabes*, n. 9, Rome, PISAI, 1965, p. 31-38.
« Le mystère d'Ismaël », *Parole et mission*, 31, octobre 1965, p. 659-663.
« Regarder Jésus », *Cahier Saint-Dominique*, 63, décembre 1965, p. 98-104.
« Comment lire l'Évangile », *Cahier Saint-Dominique*, 63, décembre 1965, p. 105-109.
« Musulmans et chrétiens », *Vie spirituelle*, CXIV, n° 524, février 1966, p. 203-215 ; « Roman Catholic Thinking concerning the Christian-Muslim encounter », *International Review of Missions*, LV, n° 220, 1966, p. 442-447.
« Rôle et importance du pèlerinage en Islam », *Lumière et vie*, 79, septembre-octobre 1966, p. 80-92.
« La religion musulmane », dans *Les relations de l'Église avec les religions non-chrétiennes : Déclaration Nostra Aetate*, Paris, Cerf, 1966, n. 61, p. 201-236.
« Documents pratiques pour l'étude du Coran », *Études Arabes*, n. 14, Rome, PISAI 1966, p. 34-41
« Il concilio e l'islam », dans *Colloquio Oriente-Occidente*, Edizioni civiltà, Brescia 1966, p. 10-21.
« L'Église et l'Islam à la lumière du Concile », *Parole et Mission*, 34/III, 1966, p. 453-474 ; dans *Comprendre*, Série « bleu », n. 49, Paris, 1966, 11 p.
« L'Islam », dans *Rencontre des trois monothéismes : Bulletin Saint Jean Baptiste*, t. VI-8, Juin-Juillet, Cercle Saint Jean-Baptiste, Paris, 1966, p. 355-364.
« Le Concile et l'Islam », dans *Comprendre*, Série « bleu », n. 44, Paris, 1966, 10 p. ; dans *Études*, Paris, 1966, p. 114-126.
« Le dialogue islamo-chrétien : bibliographie », *Parole et Mission*, 33/II, 1966, p. 312-322 ; 34/III, 1966, p. 475-481.
« Râbi'a : portraits et textes mystiques musulmans », *Études Arabes*, n. 12, Rome, PISAI, 1966, p. 33-50.
« Pas de contrainte en religion, selon al-Subkî », *Études Arabes*, n. 13, Rome, PISAI, 1966, p.74-79.

« Bibliographie sur le dialogue islamo-chrétien » par Robert Caspar et Jean Déjeux, *Proche Orient Chrétien*, 16, 1966, p. 174-182.
« État des études et recherches à l'I.P.E.A », dans *Atti del terzo congresso di studi arabi ed islamici*, Napoli, Istituto Universitario Orientale, 1967, p. 249-256.
« Ḥasan al-Baṣrī », *IBLA*, 30, 1967, p. 35-65.
« al-Ḥasan al-Baṣrī, le mystique», *Études Arabes*, n. 15, Rome, PISAI, 1967, p. 62-76.
« Les *Šaṭaḥāt* d'al-Biṣṭāmī, ou le *Tawḥīd* absolu », *Études Arabes*, n. 16, Rome, PISAI, 1967, p. 66-75; n. 18, 1968, p. 10-22.
Cours de mystique musulmane, 1968, 148 p., pro man. Biblio. PISAI; revue et complétée en 1993, 231 p.
« Comment parler de Dieu avec les Musulmans », *Comprendre*, Série « bleu », n. 55, Paris, 1968, 10 p.; *Bulletin du Secrétariat pour les Non-Chrétiens* 8 (1968), p. 68-81.
« Le salut des Non-Musulmans d'après Ġazālī », *IBLA*, 31, 1968, p. 301-314
« Rābi'a et le pur amour de Dieu », *IBLA*, 31/121, 1968, p. 71-95.
« Ma position au sujet des rites religieux » par Hišām Ǧa'īṭ, *Études Arabes*, n. 19, Rome, PISAI, 1968, p. 32-39.
« Ḥallāǧ ou l'Union d'amour avec Dieu », *Études Arabes*, n. 20, Rome, PISAI, 1968, p. 50-65; n. 25, 1970, p. 35-47.
« De l'art d'utiliser avec reconnaissance les cultures étrangères selon al-Kindī, "le philosophe" (IXe siècle) », par Robert Caspar et Pier Paolo Ruffinengo, *IBLA*, 31, 1968, p. 295-299.
« Foi et raison dans le *Munqiḏ* de Ġazālī », *IBLA*, 32/123, 1969, p. 215-240.
« Introduction à l'étude du Hadith, vocabulaire technique et liste alphabétique des *Kitāb*-s des six Corpus ainsi que de Dārimī [Sunan] et de Mālik b. Anas [Muwaṭṭa'] », par Robert Caspar et Michael L. Fitzgerald, *Études Arabes*, n. 21, Rome, PISAI, 1969, p. 67-83.
« La recherche du salut dans l'Islam », dans *Religions : Thèmes fondamentaux pour une connaissance dialogique – Secrétariat pour les Non-Chrétiens*, Roma/Milano, ed. Ancora, 1970, p. 115-138.
« La vision de l'Islam chez Louis Massignon et son influence sur l'Église », dans *Louis Massignon*, Paris, Cahiers de l'Herne, 1970, p. 126-147.
« L'homme selon le Coran », *Studia Missionalia*, 19, 1970, p. 255-268.
« L'Islam et la sécularisation », *Bulletin SPDI*, 15, 1970, p. 150-160; éd. Angl. : « Islam and Secularisation », p. 147-157; *Comprendre*, Série « saumon », n. 96, Paris, 1970, 9 p.; réédité dans *Actes du congrès de Bangalore 1973*, rapport n. 52, polyc., 8 p.
« La recherche du Salut en Islam », *Comprendre*, Série « saumon », n. 97, Paris, 1970, 12 p.
« Philosophie et révélation selon Avicenne », *IBLA*, 33/125, 1970, p. 103-122.
« Muḥammad 'Abduh et la langue française », *IBLA*, 33/126, 1970, p. 305-321.
« Orientations pour un dialogue entre chrétiens et musulmans », *Comprendre*, Série « bleu », n. 62, Paris, 1970, 9 p.; *Proche-Orient Chrétien*, 20, 1970, p. 146-156.
« Valeur religieuse de la foi musulmane », *Bulletin du Secrétariat pour les Non-Chrétiens*, 13 (1970), p. 27-39; éd. Angl. "Religious Value of Muslim Faith", p. 25-37.
« Islam », *Comprendre*, Série « saumon », n. 105, Paris, 1971, 12 p.

« Vers une nouvelle interprétation du Coran en pays musulman? », *Studia Missionalia*, 20, 1971, p. 115-139; repris dans *Études Arabes*, n. 70-71, Rome, PISAI, 1986, p. 113-119.

« Arabisation et tunisification », conférence de Muḥammad Mzālī, *Études Arabes*, n. 29, Rome, PISAI, 1971, p. 2-21.

« Le vide idéologique « par 'Abd al-Mağīd Mazyān, *Études Arabes*, n. 27, Rome, PISAI 1971, p. 27-45; *Oriente Moderno*, 51, 1971, p. 380-388.

« La foi et la science: *al-Īmān wa-l-'ilm* », par 'Ā'iša 'Abd al-Raḥmân Bint al-Šāṭi', *Études Arabes*, n. 31, Rome, PISAI, 1972, p. 39-52.

« La foi et la science, la logique de la science entre l'authenticité et la prétention » par Bint al-Šāṭi', *Études Arabes*, n. 31, Rome, PISAI, 1972, p. 39-52; *Comprendre*, Série « jaune », n. 61, Paris, 1972, 9 p.

« Abraham en Islam et en Christianisme », *Comprendre*, Série « saumon », n. 118, Paris, 1973, 9 p.; repris par SIDIC de Rome, n. 15, 1982, p. 10-16; éd. Angl.: "Abraham in Islam and Christianity", *Encounter*, Roma, 92, 1983, p. 7-17.

« En Islam, pas de clergé, mais des savants », par Ṭāhā al-Walī, *Études Arabes*, n. 34, Rome, PISAI, 1973, p. 6-19; *Comprendre*, Série « saumon », n. 119, Paris, 1973, 6 p.

« Textes de Mystique musulmane », reprise d'articles parus dans *Études Arabes*, par Robert Caspar et Michael L. Fitzgerald, Rome, PISAI, 1973, polyc. 1974

Cours de théologie musulmane. T. I: *Histoire de la pensée religieuse musulmane des origines à nos jours*, 1974, 119 p., pro man. Biblio. PISAI; revu, augmenté et publié sous le titre *Traité de théologie musulmane: histoire de la pensée religieuse musulmane*, Coll. « Studi arabo-islamici del PISAI », n. 1, Rome, 1987, 495 p.; réédité en 1996; trad. angl. (à l'exclusion du chapitre X): *A historical introduction to Islamic Theology: Muhammad and the classic period*, Rome, PISAI, 1998, 278 p. T. II: *Les grandes thèses de l'islam*, 1974, 102 p., pro man. Biblio. PISAI; 2e polycopié: 1993, 103 p.; revu, corrigé et publié sous le titre *Théologie musulmane*, T. II: *Le credo*, Coll. « Studi arabo- islamici del PISAI », n. 13, Rome, 1999, 190 p.; trad. angl.: n. 17, Rome, 2007, 229 p.

« Foi en Dieu et service de l'homme: Réflexion d'ordre général sur l'orientation du Colloque de Tunis », Rencontre islamo-chrétienne de Tunis, 11-17 nov. 1974, *Rencontre islamo-chrétienne*, série islamique, n. 5, 1974, p. 199-219; réédité dans *Comprendre*, Série « bleu », n. 74, Paris, 1975, 17 p.

« Mystique musulmane, bilan d'une décennie (1963-1973) », *IBLA*, 37/133, 1974, p. 69-101; 38/135, 1975, p. 39-111.

« L'Islam et la violence », conférence de Abdelmajid Charfi, *Études Arabes*, n. 40, Rome, PISAI, 1975, p. 38-67.

« Bibliographie du dialogue islamo-chrétien (VIIe-Xe siècles) », établie par Robert Caspar, Abdelmajid Charfi, Miquel de Epalza, Adel Théodore Khoury et Paul Khoury (coordination: R. Caspar), *ISCH*, 1, 1975, p. 125-181.

« Islam according to Vatican II. On the tenth anniversary of *Nostra Aetate* », *Encounter*, Roma, 21, 1976, 7 p.

« L'Islam selon Vatican II », *Comprendre*, Série « bleu », n. 78, Paris, 1976, 7 p.

« L'Islam et les Écritures », *Comprendre*, Série « bleu », n. 82, Paris, 1977, 10 p.

« Bibliographie du dialogue islamo-chrétien: les auteurs et les œuvres du VIIe au Xe siècle (*addenda et corrigenda*); les auteurs et les œuvres des XIe et XIIe siècles », par Robert Caspar, Abdelmajid Charfi, Khalil Samir et Théodore Khoury, *ISCH*, 2, 1976, p. 187-249.

« Perspectives de la théologie comparée, entre l'Islam et le Christianisme », dans *id.*, *Recherches d'islamologie, Recueil d'articles offert à Georges C. Anawati et Louis Gardet*, Louvain, Peters, 1977, p. 89-107.

« La perfection en Islam », *Comprendre*, Série « saumon », n. 142, Paris, 1977, 5 p.

« Le salut des Non-Musulmans d'après Abū Ḥāmid Muḥammad al-Ġazālī », *ISCH*, 3, 1977, p.47-49.

« Le salut des Non-Musulmans d'après le Commentaire Coranique du Manār », *ISCH*, 3, 1977, p. 50-57.

« Les versions arabes du Dialogue entre le Catholicos Timothée 1 et le Calife al-Mahdī (IIᵉ/VIIIᵉ siècles) : Mohammad a suivi la voie des Prophètes », *ISCH*, 3, 1977, p. 107-175.

« Mystique chrétienne et mystique musulmane », *Comprendre*, Série « bleu », n. 85, Paris, 1977, 16 p.

« Avec le voile blanc », par Mohammed Guelbi, *Études Arabes*, n. 45, Rome, PISAI, 1977, p. 38-55 ; n. 46, 1977, p. 26-47 ; n. 47, 1977, p. 10-27 ; réédité dans *Se Comprendre*, 78/7, Paris, 1978, 23 p.

« Bibliographie du dialogue islamo-chrétien : les auteurs et les œuvres du VIIᵉ au XIIᵉ siècle (*addenda et corrigenda*) ; bibliographie spéciale d'Elie de Nisibe », par Robert Caspar, Abdelmajid Charfi et Khalil Samir, *ISCH*, 3, 1977, p. 255-286.

« Le Groupe de Recherche Islamo-Chrétien (G.R.I.C.) », *ISCH*, 4, 1978, p. 175-186.

« Textes sur le Qadar : *al-Islām : 'aqīda wa-šarī'a* », par Maḥmūd Šalṭût, *Études arabes*, n. 48, Rome, PISAI, 1978, p. 47-54.

« Le Qadar chez les Mu'tazilites : *Ra'y al-Mu'tazila fī 'adl Allāh wa-l-ǧabr wa-l-iḫtiyâr* », par Aḥmad Amīn, *Études Arabes*, n. 50, Rome, PISAI, 1978, p. 21-50.

« Bibliographie du dialogue islamo-chrétien : *addenda et corrigenda* ; les auteurs musulmans et byzantins des XIIIᵉ et XIVᵉ siècles », par Robert Caspar, Abdelmajid Charfi, Adel Théodore Khoury, *ISCH*, 4, 1978, p. 247-267.

« Textes sur l'opinion et la raison : *al-Ra'y wa-l-naẓar* », *Études Arabes*, n. 51, Rome, PISAI, 1979, p. 22-37.

Bibliographie du dialogue islamo-chrétien : *addenda et corrigenda* (sur les Auteurs Chrétiens des XIᵉ et XIIᵉ siècles) ; les Auteurs Chrétiens de langue latine des XIᵉ et XIIᵉ siècles », par Robert Caspar, Khalil Samir et Ludwig Hagelmann, *ISCH*, 5, 1979, p. 299-317.

« Parole de Dieu et langage humain dans le Christianisme et l'Islam », dans *IIᵉ Rencontre Islamo-Chrétienne de Tunis-Carthage : sens et niveaux de la révélation*, Université de Tunis/CERES, Tunis, 1980, p. 103-134 ; repris et modifié dans *ISCH*, 6, 1980, p. 33-60.

« Le Groupe de Recherche Islamo-Chrétien (G.R.I.C.) », *Se Comprendre*, 80/1, Paris, 1980, 12 p.

« Treize siècles de coexistence entre chrétiens et musulmans », *Mission de l'Église*, Paris, 1980, p. 5-14.

« Bibliographie du dialogue islamo-chrétien : les Auteurs latins des XIIIᵉ et XIVᵉ siècles, les Auteurs arméniens des VIIᵉ-XIVᵉ siècles, les Auteurs géorgiens des VIIᵉ-XIVᵉ siècles, les Auteurs coptes des VIIᵉ-VIIIᵉ siècles », par Robert Caspar,

Roussoudane Gvaramia, Ludwig Hagelmann, Tito Orlandi et Aram Ter-Ghevondian, *ISCH*, 6, 1980, p. 259-299.

« Textes de la tradition musulmane concernant le *taḥrīf* (falsification) des Écritures », présentation, textes arabes et trad. fr. annotée par Robert Caspar et Jean-Marie Gaudeul, *ISCH*, 6, 1980, p. 61-104

« Muslim mysticism : tendencies in recent research », dans *Studies on Islam*, New York, Oxford University Press, 1981, p. 164-185.

« La Circoncision en Islam », *Se Comprendre*, 81/12, Paris, 1981, 9 p.; éd. Angl. : « Circumcision in Islam », *Salam, Islamic Studies Association*, vol. 7, n. 4, New Delhi, 1986, p. 157-169.

« La mystique musulmane, la montée vers l'amour de Dieu aux premiers siècles de l'Islam : du Coran à Hallaj », *Se Comprendre*, 81/5, Paris, 1981, 11 p.

« Le rôle salvifique de la foi et des œuvres en Islam », *Studia Islamica*, 30, 1981, p. 113-143.

« La mystique musulmane », *Se Comprendre*, 82/4, Paris, 1982, 10 p.

« Pour une vision chrétienne du Coran : les données historiques », *ISCH*, 8, 1982, p. 25-55.

« La rencontre des théologies », *Lumière et Vie*, 163, 1983, p. 63-81.

« Le Groupe de Recherche Islamo-Chrétien », *Lumière et Vie*, 163, 1983, p. 81-87.

« Les déclarations des droits de l'homme en Islam depuis dix ans », *ISCH*, 9, 1983, p. 59-102.

« L'Islamismo », dans E. Ancilli et M. Paparazzi (edd.), *La Mistica, fenomenologia e riflessione teologica*, Roma, Città Nuova, 1984, vol. 2, p. 653-680.

« Pour comprendre l'islam » pro man. Biblio., Rome, PISAI, 1984.

« L'histoire de Marie et de Jésus : *Anwâr al-tanzîl wa-asrâr al-ta'wîl* », par Abū al-Ḫayr al-Bayḍāwī, *Études Arabes*, n. 67-68, Rome, PISAI, 1984-1985, p. 183-213.

« Entre les Déclarations Universelles des Droits de l'homme et le statut de la Dhimma, protection des non-musulmans dans l'État musulman, un essai de Fahmī Huwaydī », dans *IIIe Rencontre Islamo-Chrétienne, Droits de l'Homme* : Carthage, 24-29 mai 1982, série : *Études Islamiques* n. 9, Tunis, CERES, 1985, p. 205-227; réédité dans *Se Comprendre*, 85/05, 1985, 16 p.

« Islamic mysticism », *Encounter*, Roma, 115, 1985, 15 p.

« La Signification Permanente du Monothéisme de l'Islam », dans *Concilium : Théologie Fondamentale*, « Le monothéisme ou la critique des idoles », 197, 1985, p. 85-99.

« Islamic mysticism II », *Encounter*, Roma, 121, 1986, 14 p.

« Le permanent et le transitoire dans les préceptes coraniques », par Ṭāhir al-Ḥaddād, *Études Arabes*, n. 70-71, Rome, PISAI, 1986, p. 113-121.

« Loi et législation : les droits de l'homme en islam », par ʿAbd Allāh Aḥmad al-Naʿīm, *Études Arabes*, n. 70-71, Rome, PISAI, 1986, p. 199-215.

Ces Écritures qui nous questionnent : la Bible et le Coran, en collaboration avec les membres du GRIC, Paris, Centurion, 1987, 159 p.

Pistes de réponses aux questions qu'on nous pose, Robert Caspar et un groupe de chrétiens vivant en Tunisie, Coll. « Studi arabo-islamici del PISAI » n. 2, Rome, PISAI, 1987, 113 p.; réédité en 1995; éd. Angl. : *Trying to Answer Questions*, Robert Caspar and a Group of Christians living in Tunisia, Coll. « Studi arabo-islamici del PISAI », n. 3, Roma, 1990, 121 p.

« Mystique, théologie, orthodoxie : conflit, dépassement ou enrichissement mutuel ? », p. 77-108, dans *La spiritualité : une exigence de notre temps*, Série *Études Islamiques*, 11, Tunis, CERES, 1988, 360 p. et 160 p.

« Alcuni tipi di santità nell'Islam », dans *Le Grandi Figure dell'Islam*, Assisi, Cittadella editrice, 1989, p. 107-160.

« Trying to Answer Questions (I) - The Prophethood of Muḥammad - Consecrated Celibacy », *Encounter*, Roma, 151, 1989, 14 p.

« Trying to Answer Questions (II), The Church - Prayer - Plurality of Religions and Religious Freedom », *Encounter*, Roma, 152-153, 1989, 29 p.

Pour un regard chrétien sur l'islam, Coll. « Religions en dialogue », Paris, Centurion, 1990, 206 p. ; rééd. : Paris, Bayard, 2006, 218 p.

« Mistica y ortodoxia », *Encuentro islamo-cristiano*, Madrid, 235, 1991, 19 p.

« Une rencontre avec l'Islam : évolution personnelle et vision actuelle », *Spiritus*, 32/122, 1991, p. 15-25.

Signs of Dialogue : Christian Encounter with Muslims, Michael L. Fitzgerald and Robert Caspar (eds.), Zamboanga City, Silsilah Piblications, 1992, 245 p.

« Émergence d'une éthique séculière : tensions entre les exigences de la foi, de la religion, et celles de la justice : Facteurs sociopolitiques et socioculturels », par Robert Caspar et Abdelmajid Charfi, dans *Foi et Justice : un défi pour le christianisme et pour l'islam*, Paris, Centurion, 1993, p. 75-83.

Dictionnaire des religions, sous la direction du Cardinal Poupard, Paris, P.U.F., 1993, 2 volumes, 2218 p., avec les entrées : Âges dans l'islam, Aš'arī, Attributs divins dans l'islam, Commander le bien, Création selon l'islam, Ḏikr, Eschatologie musulmane. Foi musulmane, Ġazālī, Ḥallāǧ, Ibn 'Arabī, Ǧihād, Marabout, Mi'rāǧ, Muftī, Prédestination dans l'Islam, Qāḍī, Rūmī, Soufisme, Théologie musulmane, Wahhābites, Waqf.

« L'homme et le monde au regard de la foi : essai de présentation commune aux chrétiens et aux musulmans », p. 37-43, et « Pour une théologie chrétienne du monde sécularisé : quelques perspectives récentes », p. 179-194, dans *Pluralisme et laïcité : Chrétiens et Musulmans proposent*, GRIC, Paris, Bayard/Centurion, 1996, 265 p.

« Parole de Dieu et Langage humain dans le christianisme et l'islam », dans Alexei Jouravski (éd.), *Kristiane y mysylmane*, Moskva, 2000, p. 201-233.

Musulman Bhaider Prosno-Christobissasider Uttor, Dhaka, Ansuman Printing Press, 2003, 208 p.

JACQUES JOMIER (1914-2008)
HOMME DE DIALOGUE ET ÉGYPTIEN D'ADOPTION

Né à Paris, le 7 mars 1914, au sein d'une famille profondément catholique, harmonieusement unie et humainement exigeante, Jacques Jomier fit de solides études secondaires au collège Sainte-Marie de Monceau, tenu par les Marianistes. Admis à l'École Polytechnique après une année de classe préparatoire au Lycée Janson-de-Sailly, il décida de rejoindre les Dominicains en 1932 : après le noviciat, à Amiens, où il fit profession le 23 septembre 1933, il poursuivit ses études théologiques au Saulchoir de Kain, près de Tournai, en Belgique, ce qui l'amena à être ordonné prêtre le 16 juillet 1939, en même temps que le Père Georges Anawati. Il fut alors mobilisé pour un temps, de septembre 1939 à juin 1940, si bien qu'il participa à la campagne de Norvège, en avril-juin, à Narvik. Il reprit ensuite ses études au Saulchoir d'Etiolles, près de Paris, où il passa son lectorat en théologie. Dès octobre 1941, assigné au couvent Saint-Jacques, il entama des études supérieures à l'École des Langues Orientales où le professeur Régis Blachère, grand maître ès islamologie, lui fut un guide et un ami qui lui recommanda l'étude des Commentaires modernes du Coran. En juin 1943, il obtint son diplôme de langues orientales et un certificat d'études littéraires classiques. Aux Hautes Études, il bénéficia de l'enseignement de Jean Sauvaget, directeur de l'Histoire du Moyen Orient. Il fut également introduit dans le monde des orientalistes français et y fit donc la connaissance de Louis Massignon [1], professeur au Collège de France. Chez les

1. Louis Massignon (1883-1962) est le grand islamologue catholique qui s'est rendu célèbre par sa thèse de doctorat sur *La passion d'al-Hallâj, martyr mystique de l'Islam* et son témoignage chrétien en politique. Ses articles ont été rassemblés dans *Écrits mémorables*, par les soins de Christian Jambet, Paris, Laffont, 2009, 2 vol., I. 926 p., et II, 1015 p. *Cf.* essentiellement Jacques Keryell, *L'hospitalité sacrée*, Paris, Nouvelle Cité, 1987, 483 p.; Christian Destremau et Jean Moncelon, *Massignon*, Paris, Plon, 1994, 449 p.; Maurice Borrmans, *Prophètes du dialogue islamo-chrétien : Massignon, Abd-el-Jalil, Gardet, Anawati* (biographies et bibliographies), Paris, Cerf, 2009, 257 p.; Massignon - Abd-el-Jalil, *Parrain et filleul* (*correspondance 1926-1962*), rassemblée et annotée par Françoise Jacquin, Paris, Cerf, 2007, 298 p.

Dominicains, le Père Chenu [1], médiéviste de renommée internationale, lui parla de son projet d'un Institut d'Études Philosophiques Médiévales au Caire, tandis que, chez les Franciscains, il découvrit le Père Jean-Mohammed Abd-el-Jalil [2], alors professeur à l'Institut Catholique de Paris.

C'est le 25 octobre 1945 qu'il rejoignit Le Caire où il fut engagé comme « attaché libre » à l'Institut Français d'Archéologie Orientale. Plus tard, avec les Pères Georges Anawati [3] et Serge de Beaurecueil [4], il participa, en 1953, à la fondation de l'Institut Dominicain d'Études Orientales (IDEO) [5], dans le cadre d'un couvent dominicain créé dans ce but par les Pères Lagrange [6] et Jaussen [7], de l'École Biblique de Jérusalem, mais rapidement, par la suite, mis au service des seuls chrétiens d'Égypte [8]. Depuis plusieurs années, en effet, les Dominicains avaient été pressentis pour ouvrir en la capitale égyptienne un centre d'étude de l'islam et du monde musulman dans une perspective de dialogue avec la culture arabe et islamique, sans qu'on ne puisse jamais les accuser d'un quelconque prosélytisme. Le 10 janvier 1953, il soutint sa thèse de doctorat en Sorbonne, laquelle était une étude approfondie sur *Le commentaire coranique du Manār* (*Tendances modernes de l'exégèse coranique en Égypte*) [9], aussitôt publiée en 1954. Sa thèse secondaire l'avait précédée de peu, intitulée *Le Mahmal et la caravane égyptienne des pèlerins de La Mecque* (*XII*e*-XX*e *siècles*) [10]. Il est certain que ses contacts avec de nombreux "*ulamā'*" de l'Université musulmane d'al-Azhar lui furent d'un précieux secours en ses études d'exégèse coranique. L'amitié du shaykh Mūsā et de 'Uṯmān Yaḥyā lui fut des plus bénéfiques dans ce domaine difficile d'une compréhension en

1. Pour savoir quelle fut l'œuvre de Marie-Dominique Chenu (1895-1990), dominicain, cf. *Une école de théologie : le Saulchoir*, Paris, Cerf, 1937 (2e éd. : 1985).

2. Jean-Mohammed Abd-el-Jalil (1904-1979), franciscain d'origine marocaine, a beaucoup œuvré pour que les chrétiens connaissent « les aspects intérieurs de l'islam ». Cf. *Jean-Mohammed Abd-el-Jalil, témoin du Coran et de l'Évangile*, Paris, Cerf, 2004, 172 p. ; *Mulla-Zadé et Abd-el-Jalil, Deux frères en conversion, Du Coran à Jésus (correspondance 1927-1957)*, rassemblée, introduite et annotée par Maurice Borrmans, Paris, Cerf, 2009, 332 p.

3. *Cf.* Jean-Jacques Pérennès, *Georges Anawati (1905-1994). Un chrétien égyptien devant le mystère de l'islam*, Paris, Cerf, 2008, 366 p.

4. Serge de Laugier de Beaurecueil (1917-2005). *Cf.* son *In memoriam*, par Jacques Jomier et Régis Morelon, et sa *Bibliographie* par Jean-Jacques Pérennès, dans *MIDEO*, n° 27, 2008/l, p. 1-14.

5. Bien vite rejoints par les Pères Dominique Boilot (1912-1989), Réginald de Sà (1918-1994) et Angel Cortabarria Beitia (1919-2008).

6. *Cf.* Bernard Montagnes, *Le Père Lagrange 1855-1938). L'exégèse catholique dans la crise moderniste*, Paris, Cerf, 1995, 246 p. ; *Marie-Joseph Lagrange, une biographie critique*, Paris, Cerf, 2005, 627 p.

7. *Cf.* Jean-Jacques Pérennès, *Le père Antonin Jaussen, o.p.* (*1871-1962*), Paris, Cerf, 132 p.

8. Toute cette période a été étudiée en détail par Dominique Avon, *Les Frères Prêcheurs en Orient. Les Dominicains du Caire* (*années 1910-années 1960*), Paris, Cerf, 2005, 1029 p.

9. Paris, Maisonneuve, 1954, 364 p.

10. Le Caire, IFAO, *Recherches d'archéologie, de philologie et d'histoire*, t. XX, 1953, 242 p.

profondeur des commentateurs du Coran. Il en fut de même avec le shaykh Muḥammad al-Faḥḥām, un spécialiste du grammairien Sibawayh, connu à Paris pendant la guerre, qui devait devenir professeur à al-Azhar, puis doyen de sa faculté des lettres, et enfin son recteur de 1969 à 1973. Le Père Jomier participa, et de très près, à la rédaction des *Mélanges* de l'IDEO, dès que l'Institut se dota, en 1954, d'une revue de niveau universitaire (*MIDEO*) : ses articles et ses recensions y témoignent de ses recherches savantes, de son intérêt pour la littérature arabe moderne du pays et pour les traditions religieuses du bon peuple des quartiers de la capitale. Sans trop y insister sur les nouvelles « tendances » de l'exégèse coranique, lesquelles pouvaient susciter bien des soupçons chez les représentants de l'Islam officiel, il y présenta les meilleures productions des romanciers égyptiens de son temps, faisant ainsi connaître à l'étranger, en 1957, l'oeuvre remarquable de Nağīb Maḥfūẓ (1911-2006), qui se verra attribuer le Prix Nobel de littérature. Il s'en expliqua d'ailleurs en disant que « lire des romans, feuilleter des revues d'art, assister à la projection de films de valeur n'est pas seulement un agréable passe-temps à notre époque ; c'est également, lorsqu'il s'agit d'œuvres étrangères, se préparer à mieux connaître les goûts et les talents d'hommes appartenant à des civilisations différentes de la nôtre ». Il s'intéressa aussi aux *Souvenirs* de Yaḥyā Ḥaqqī (1905-1992) dont les écrits offrent aussi, dans une langue arabe plus accessible à des étudiants, des tableaux saisissants de la vie quotidienne égyptienne. J. Jomier tint ainsi régulièrement la rubrique *Nouvelles culturelles* de la revue MIDEO, fournissant à ses lecteurs un vaste aperçu de la littérature arabe égyptienne contemporaine.

Son attention au petit peuple du Caire l'amena à publier, en 1964, en collaboration avec son confrère Joseph Khouzam (1924-1990), un *Manuel d'arabe dialectal égyptien* [1] des plus utiles pour ceux qui désirent s'y acculturer en vérité et se rendre ainsi plus proches, comme lui, de la sagesse populaire et de ses proverbes pleins d'humour, manuel qu'il complétera, plus tard, avec un *Lexique pratique français-arabe* (*Parler du Caire*) [2], en 1976. Mais son intérêt pour les études bibliques et coraniques comparées s'était manifesté en de multiples articles, ce qui le mena à publier, en 1959, un livre intitulé *Bible et Coran* [3], qui retint l'attention d'un vaste public, car parallélismes, convergences et divergences y sont étudiés avec rigueur, tact et respect, ce qu'il précisa, en 1976, dans un autre ouvrage, *Les grands thèmes du Coran* [4]. C'est alors qu'il

1. Paris, Klincksiek, 1964, 212 p. Ce travail fut complété, plus tard, par des *Exercices d'arabe égyptien*.

2. Le Caire, IFAO, 1976, 220 p.

3. Paris, Cerf, 1959, 148 p.

4. Paris, Centurion, 1978, 128 p., repris et précisé dans *Un chrétien lit le Coran*, Paris, Cerf, 1984, 64 p. et *Le Coran, textes choisis en rapport avec la Bible*, Paris, Cerf, 1984, 88 p.

rédigea sa *Vie du Messie*[1], qui, fidèle aux Évangiles, tient compte du regard musulman sur Jésus, fils de Marie, livre qui fut traduit en de nombreuses langues[2]. J. Jomier a aussi été un excellent professeur, faisant preuve d'un grand sens pédagogique et d'une capacité d'aller à l'essentiel sans trop trahir la complexité de son sujet. Ses enseignements universitaires, d'abord au Séminaire copte-catholique de Maadi au Caire, puis aux Facultés catholiques de Kinshasa (Zaïre) où il se rendit à huit reprises de 1963 à 1983, et en d'autres capitales, l'encouragèrent ensuite à publier ses enseignements dans une *Introduction à l'islam actuel*[3], en 1964. Il devait, plus tard, la reprendre et l'enrichir dans *L'Islam aux multiples aspects*[4], en 1982, puis dans un manuel devenu des plus classiques *Pour connaître l'Islam*[5], en 1988, tout en continuant à libérer le dialogue islamo-chrétien de ses faux problèmes comme on le verra s'agissant du « Pseudo-Évangile de Barnabé ». Et c'est encore à cause de sa compétence en tous ces domaines de l'islamologie qu'il devint, par la suite, un consulteur apprécié du Secrétariat romain pour les Non Chrétiens, de 1973 à 1984.

Dès son arrivée au Caire, en effet, il s'est attaché à promouvoir une meilleure connaissance de l'Islam et de sa culture afin de rendre possible une amicale compréhension mutuelle, voire même un dialogue entre chrétiens et musulmans. N'a-t-il pas aussitôt participé aux *Mardis de Dār al-Salām* et au *Didaskaleion*, deux cercles de réflexion de la communauté grecque-catholique du Caire où se rencontraient intellectuels chrétiens et musulmans ? Lors de l'absence prolongée du Père G. Anawati à Rome pour le Concile Vatican II, d'octobre 1963 à octobre 1965, il assura présence et travail en un IDEO réduit à sa plus simple expression, car le Père S. de Beaurecueil était parti à Kaboul en 1963 et le Père D. Boilot, la même année, était devenu supérieur de la maison dominicaine de Beyrouth[6]. Le Père J. Jomier était un « bourreau de travail » et ses confrères pouvaient toujours compter sur lui pour les travaux les plus ingrats que réclamait la publication des *Mélanges* de l'IDEO. Le Caire n'avait plus de secrets pour lui et il prenait plaisir à la faire découvrir à ses hôtes et à ses amis, qu'il emmenait volontiers arpenter les quartiers de la « cité des

1. Paris, Cerf, 1963, 358 p.

2. Entre autres, en arabe, par Martin Sabanegh, *al-Masīḥ Ibn Maryam*, Beyrouth, Dār al-Mašriq, 1982, 285 p.

3. Paris, Cerf, 1964, 221 p.

4. Kinshasa, Faculté de théologie catholique, 1982, 187 p.

5. Paris, Cerf, 1988, 195 p.

6. Il écrivait alors au Père G. Anawati : « Yā ḥabībī. Rien ne peut combler le vide que vous laissez ici. J'espère que vous n'accepterez pas trop d'engagements pour l'avenir et que la qualité de votre rayonnement comble votre auditoire pour des années » (lettre inédite). Ces termes délicats par lui utilisés disent assez que ses rapports avec le fondateur de l'Institut ne furent pas toujours des plus faciles.

morts », le cimetière d'al-Qarāfa [1]. N'avait-il pas d'ailleurs participé de très près aux célébrations du millénaire de la fondation de la ville que les Fāṭimides nommèrent en leur temps *al-Qāhira* ? Il est non moins certain qu'il fut l'un des plus fidèles collaborateurs du Père G. Anawati, à la fois silencieux et efficient, même si sa timidité naturelle et sa réserve surnaturelle faisaient de lui un confrère exigeant et efficient tout à la fois.

C'est en 1981 qu'il quitta l'Égypte pour des raisons de santé et de fatigue. Déjà, en 1952, une typhoïde l'avait contraint à plusieurs mois de repos en France. Plus tard, au cours d'une conférence donnée à Tunis, en 1980, un petit accident cérébral avait mis sa vie en péril. Du couvent dominicain de Toulouse qui l'accueillit alors, il n'en continua pas moins à rayonner par ses articles et par ses correspondances, publiant même, sur un tard, son étude sur *Dieu et l'homme dans le Coran, l'aspect religieux de la nature humaine joint à l'obéissance au Prophète de l'islam* [2], en 1996. Entretemps il avait enseigné à l'Institut catholique de Toulouse, y bénéficiant désormais de la fidèle amitié des Professeurs Dominique et Marie-Thérèse Urvoy. Nombreux furent les amis qui lui y firent visite, tel l'écrivain Ǧamīl al-Ġiṭānī parmi les derniers, en mai 2005. En 2002, Marie-Thérèse Urvoy eut l'heureuse idée de rassembler leurs témoignages et leurs recherches dans un livre *En hommage au père Jacques Jomier o.p.* [3], ce qui permit à celui-ci de mesurer combien son œuvre avait été importante dans le cadre d'un dialogue islamo-chrétien « en vérité et en charité ». Ses dernières années ne furent pas sans épreuves, car sa vue avait baissé et il avait dû réduire prières et bréviaire à des textes récités par coeur. C'est à Villefranche du Lauragais qu'il s'éteignit le 7 décembre 2008, après quelques jours d'hospitalisation.

SA VASTE CONNAISSANCE DE L'ISLAM

Le professeur Régis Blachère avait conseillé à son jeune étudiant, Jacques Jomier, d'étudier le *Commentaire coranique du Manār* où s'exprimaient alors les idées réformistes d'un Islam qui se voulait en dialogue avec la modernité occidentale. Telle fut donc son introduction à la découverte du monde des musulmans à l'issue de la deuxième guerre mondiale. Le futur spécialiste des *tafsīr*-s islamiques eut ainsi la patience de lire et de relire avec attention, la plume à la main, les 12 volumes de ce *Commentaire* des premières douze

1. Nombre de ses articles écrits à ce sujet entre 1949 et 1982 ont été repris dans un livre intitulé *L'Islam vécu en Égypte (1945-1975)*, Paris, Vrin, 1994, 267 p.

2. Paris, Cerf, 1996, 240 p.

3. Études réunies et coordonnées par Marie-Thérèse Urvoy, Paris, Cerf, 2002, 436 p. avec sa bibliographie aux p. 407-418.

sourates du Coran[1] où il se mettait ainsi à l'école du shaykh Muḥammad 'Abduh (1849-1905) et de son disciple et premier interprète Rašīd Riḍā (1865-1935). Tout y fut par lui analysé jusque dans les plus petits détails, tout en les contextualisant dans les enseignements de l'Islam classique en son expression sunnite. J. Jomier y démontrait ainsi une parfaite connaissance de la théologie et du droit de l'Islam, ainsi qu'une préparation spécialisée qui l'autorisait à suivre de près les évolutions contemporaines du *tafsīr* coranique. Les titres de ses chapitres disent assez l'ampleur de son investigation. Après avoir présenté les *shaykh*-s 'Abduh et Riḍā et analysé leurs diverses publications, l'auteur aligne les titres suivants : « Composition et présentation du Commentaire », « Les grands problèmes abordés (raison et révélation, l'argument d'autorité, l'histoire, la philosophie et la théologie, les sciences) », « Notations psychologiques et directives morales », « Droit musulman », « Lutte contre les confréries et les formes aberrantes du sentiment religieux », « Lois de la victoire et de la guerre légale », « La tolérance de l'Islam », « Face au judaïsme et au christianisme (devoir de prosélytisme) », « Problème de la traduction du Coran ». Tout en reconnaissant les limites, voire les faiblesses, du *Commentaire*, J. Jomier n'en conclut pas moins que celui-ci « aura eu, en son temps, le mérite de rendre confiance aux musulmans. Un problème tourmentait ceux d'entre eux qui réfléchissaient : comparant la grandeur passée de la civilisation musulmane et sa décadence actuelle, ils se demandaient si l'Islam est compatible avec le monde moderne. Le *Commentaire du Manār* a soutenu la thèse d'après laquelle, au prix d'une libération vis-à-vis de la soumission aveugle au principe d'autorité et en tenant ce dernier responsable de la stagnation de l'Islam, une évolution des pays musulmans était possible »[2]. Et c'est pourquoi, à la lumière des promesses de ce livre, J. Jomier a voulu interroger les *tafsīr*-s contemporains du Coran et les expressions renouvelées de la foi musulmane, tout en interrogeant plus particulièrement le beau nom divin,

1. Publié peu à peu dans la revue quasi mensuelle *al-Manār* (1898-1940), de son n° III à son n° XXXIV, ce *tafsīr* incomplet (il s'achève avec le verset 107 de la sourate 12) fut publié en 12 volumes sous le titre *Tafsīr al-Qur'ān al-karīm, al-muštahir b-ism tafsīr al-Manār*, Le Caire, Manār, 1346/1927 à 1354/1935, chaque volume ayant entre 376 p. et 672 p.

2. Cf. *Le Commentaire coranique du Manār*, sa *Conclusion*, p. 348-357, où il est précisé : « L'on aurait pu croire que Cheikh Mohammad 'Abdoh, en rappelant sans cesse les droits de l'intelligence, allait contribuer immédiatement au développement d'études objectives, documentées. Il se fia trop à son expérience [...]. Il y eut des sujets à propos desquels son expérience était très faible [...]. Sa réserve et son désir d'être sobre remédièrent jusqu'à un certain point aux déficiences de son information [...]. Rachîd Ridâ durcit encore les positions de Cheikh Mohammad 'Abdoh. Il n'avait pas, semble-t-il, le même bon sens humain et une certaine âpreté que les épreuves de la vie n'avaient pas adoucie se manifeste dans sa conduite comme dans ses œuvres [...]. Toujours est-il que son apologétique manifeste une ferveur supérieure à son information [...]. Il est frappant de constater que jamais il ne cherche à comprendre les pensées maîtresses de ses adversaires ».

al-Raḥmān[1], et en privilégiant, comme le professeur R. Arnaldez, le *Grand Commentaire* d'al-Rāzī[2].

Mais c'est aussi la fréquentation du peuple des croyants du Caire, l'étude passionnée de la littérature arabe égyptienne et l'intérêt manifesté à toutes les formes de la spiritualité musulmane qui ont inspiré J. Jomier dans sa présentation académique de l'Islam en tant que tel. Le fruit de ses enseignements a justement pour titre *L'Islam aux multiples visages.* Sur les 12 chapitres que comporte l'ouvrage, trois (I-III) sont consacrés à la naissance et à l'expansion de l'islam. Trois autres chapitres (IV-VI) traitent du dogme et de la loi de l'islam. Suit une brève présentation de la mystique musulmane et de ses confréries (VII). Les chapitres VIII à XII abordent ce que l'on pourrait appeler la confrontation de l'islam aux idéologies et aux religions de notre temps. S'adressant à un public chrétien, on comprend que l'auteur développe surtout la question des rapports entre l'islam et le christianisme, d'où le chap. VIII, *Le christianisme tel que l'islam le voit*, le chap. X, *Les relations islamo-chrétiennes*, et le chap. XI, *Le problème de Mohammad.* Le dernier chapitre donne un aperçu, bref mais précis, des principaux arguments de l'apologétique musulmane. Alors trop dépendant de son public de Kinshasa, ce manuel fut repris plus tard, après que l'auteur lui-même se soit bien informé du contenu des manuels scolaires d'instruction religieuse musulmane[3] et ait voulu tenir compte de son approche comparatiste des thèmes essentiels de la Bible et du Coran, d'où son *Pour connaître l'islam*[4] de 1988, en songeant à des lecteurs occidentaux. Un grand souci pédagogique vaut à ce livre des cartes, des encadrés et des plans qui en facilitent la consultation. Le plan d'ensemble y est

1. *Cf.* « Le nom divin al-Raḥmān dans le Coran », in *Mélanges Louis Massignon*, t. II, Damas, Institut Français, 1957, p. 361-381.

2. En témoignent les articles qu'il lui consacra : « La miséricorde de Dieu et ses dons selon Fakhr al-dîn al-Râzî », in *Mélanges de l'Université Saint-Joseph*, XLIX, 1975-1976, p. 709-726, « Les *Mafâtih al-ghayb* de l'imâm Râzî, quelques dates, lieux, manuscrits », *MIDEO*, 13, 1977, p. 253-290, « Qui a commenté l'ensemble des sourates al-'Ankabût à Yâsîn (29-36) dans le "Tafsîr al-kabîr" de l'imâm Fakhr al-dîn al-Râzî ? », *International Journal of Middle East Studies*, 11, 1980, p. 467-485, « Unité de Dieu, chrétiens et Coran selon Fakhr al-dîn al-Râzî », *Islamochristiana*, PISAI, Roma, 6, 1980, p. 149-277, « Fakhr al-dîn al-Râzî et les commentaires du Coran plus anciens », *MIDEO*, 15, 1982, p. 145-172, « L'autorité de la révélation et la raison dans le commentaire du Coran de Fakhr al-dîn al-Râzî », *Colloque international de la Napoule, session des 23-26 octobre 1978*, Paris, P.U.F., 1982, p. 245-261, et « L'index du *Grand commentaire* de Fakhr al-dîn al-Râzî », *MIDEO*, 24, 2000, p. 423-434.

3. Il avait, en effet, publié en collaboration avec C. Geay et une équipe d'enseignants, en 1972, *Le Jeune Musulman et la religion d'après les manuels scolaires d'instruction religieuse musulmane*, Le Caire, ronéotypé, 380 p.

4. Paris, Cerf, 1988, 195 p., nouvelle édition mise à jour, 1994, et traductions italienne, espagnole, anglaise et brésilienne.

analogue à celui du précédent[1] et l'auteur a su mettre à jour le chap. IX et y introduire les informations nécessaires sur les Frères Musulmans, sur la lutte de certains pour l'application de la Loi islamique, sur la situation spécifique de l'Indonésie et sur les Musulmans en France (données statistiques, structures communautaires et tendances islamiques). Ce livre apporte beaucoup au chrétien désireux de mieux connaître ses interlocuteurs musulmans, car il procède d'une connaissance parfaite des questions qu'il se pose à leur endroit et il y répond avec ce souci de précision, d'impartialité et de sympathie qui caractérise toute l'oeuvre de J. Jomier.

C'est grâce à ses constantes relations avec les *shaykh*-s d'al-Azhar et les écrivains de l'intelligentsia arabe que J. Jomier a pu se faire une idée précise des diverses sensibilités spirituelles du monde musulman, qu'elles fussent les plus traditionalistes ou les plus modernistes. Les débats où se trouvait impliquée l'Université d'Al-Azhar suscitèrent toujours son intérêt. N'a-t-il pas, d'ailleurs, rédigé l'article *al-Azhar*[2] pour l'Encyclopédie de l'Islam ? De nombreux articles en témoignent, tels « Quelques positions actuelles de l'exégèse coranique en Égypte révélées par une polémique récente (1947-1951) »[3], « L'exégèse scientifique du Coran d'après le Cheikh Amîn al-Khûlî »[4], et « Le cheikh Tantâwî Jawharî (1862-1940) et son commentaire du Coran »[5]. Et, à côté de l'exégèse, il y a : « Un aspect de l'activité d'al-Azhar du XVIIe au début du XIXe siècle : les *'aqā'id* ou professions de foi »[6], « Programme et orientation des études à la Faculté de théologie d'al-Azhar »[7] et « Les congrès de l'Académie des sciences islamiques dépendant de l'Azhar »[8], études auxquelles il faut ajouter « Un regard moderne sur le Coran avec le Dr Kamel Hussein »[9]. Mais à côté de ces

1. L'expansion musulmane avant et après 750, Les versets essentiels du Coran, Le monothéisme islamique, Les grandes scissions, Les beaux noms divins, Le péché d'Adam, Le péché irrémissible, L'invocation de louange, Les cinq prières rituelles, La grande prière de l'Islam : la *Fātiḥa*, Les fêtes liturgiques, Le pèlerinage et son *labbayka*, Des noms de femmes musulmanes, Les caractéristiques de l'Islam, Des paroles de mystiques, L'Alliance avec les juifs, Quelques dominantes psychologiques, Les dimensions mondiales de l'Islam, Le *ǧihād*, Le grand problème des années à venir, Les textes de Vatican II, Les bontés de Dieu pour Muḥammad enfant, Les titres de fonction portés par les hommes de religion musulmane, Des noms donnés à des musulmans, Les titres honorifiques portés par des musulmans.

2. *Encyclopédie de l'Islam*, 2e éd., Leiden, Brill, 1960, p. 837-844. Il faut encore signaler qu'une vingtaine de notices ont été par lui rédigées pour cette même *Encyclopédie*.

3. *MIDEO*, 1, 1954, p. 39-72, article auquel s'en ajoute un autre, « À propos d'al-Azhar » dans le même numéro du *MIDEO*, p. 191-194.

4. En collaboration avec le Père Robert Caspar, *MIDEO*, 4, 1957, p. 269-280.

5. *MIDEO*, 5, 1958, p. 115-174.

6. *Colloque international sur l'histoire du Caire*, Le Caire, 1969, p. 243-252.

7. *Revue des Études Islamiques*, XLIV, 1976, p. 253-272.

8. *MIDEO*, 14, 1980, p. 95-148.

9. *MIDEO*, 12, 1974, p. 49-64. Le Dr Kāmil Ḥusayn est l'auteur d'*al-Qarya l-ẓālima* (*La cité inique*), ouvrage qu'a traduit Roger Arnaldez en son temps.

recherches académiques, il y avait aussi l'approche concrète des pratiques dévotionnelles et des réalités spirituelles du « bon peuple » des croyants du Caire que J. Jomier fréquentait quotidiennement. Les articles abondent qui en soulignent l'importance pour sa compréhension des mentalités musulmanes. Ils ont pour titres « Le Ramadan au Caire en 1956 » [1]et « Sermons prononcés à l'occasion d'inauguration de mosquées au Caire en 1964 » [2], tandis que d'autres d'autres études analysent les formes extrêmes du fondamentalisme islamique, comme « Le réformisme des *Salafiyya* (1869-1954). Un mouvement musulman de retour aux sources » [3], « La revue *Al-'Orwa al-Wothqa* (13 mars-16 octobre 1884) et l'autorité du Coran » [4] et « Les quatre-vingt-dix-neuf beaux noms de Dieu » [5]. L'abondance des informations et le souci de leur compréhension ont alors fait de J. Jomier l'un des meilleurs connaisseurs de l'islam de son temps.

Son souci de comparer islam et christianisme

Scientifique universitaire et théologien catholique, J. Jomier s'est toujours employé à comparer en toute impartialité les livres et les doctrines, ainsi que les pratiques et les spiritualités, bien conscient de l'importance de « La place du Coran dans la vie quotidienne en Égypte ». Le livre *Bible et Coran* [6], qu'il publia publia en 1959, applique la méthode par lui adoptée en vue de comparer l'islam au christianisme, ressemblances et dissemblances étant soulignées tout à la fois, car il y est surtout parlé du Coran en relation avec la Bible. D'où les titres de ses 16 chapitres qui sont tout un programme : « Qu'est-ce que le Coran ? », « Traductions françaises du Coran », « La mission universelle de Mahomet selon le Coran », « Le Coran se réclame de la Bible », « Le Coran parle avec éloges de la Bible, mais le musulman ne la lit pas », « Le Coran enseigne-t-il que les livres de la Bible sont falsifiés ? », « Le Coran prêche avant tout la grandeur de Dieu, unique, créateur, maître de l'Univers, Tout-puissant et bon », « Les éléments apocalyptiques, le "Jour" et la résurrection », « La rétribution suivant les œuvres et le salut par la foi », « Récits concernant une série de saints personnages anciens, spécialement les grands figures bibliques », « Le Coran, livre d'apologétique », « Jésus dans le Coran », « La loi musulmane », « La fraternité musulmane », « L'histoire de la communauté musulmane primitive », « La philosophie de l'histoire religieuse du monde ». On ne saurait

1. Avec la collaboration du père Jean Corbon. Dans *MIDEO*, 3, 1956, p. 1-74, auquel s'ajoute « Cas de conscience et jeûne de Ramadan », *MIDEO*, 7, 1962-1963, p. 247-252.

2. *Annales islamologiques*, VIII, 1969, p. 167-182.

3. *Studia Missionalia*, Roma, 34, 1985, p. 233-255.

4. *MIDEO*, 17, 1986, p. 9-36.

5. *Vie spirituelle*, 726, mars 1998, p. 147-153.

6. Paris, Cerf, 1959, 148 p.

mieux résumer l'ensemble et deviner son esprit qu'en reprenant ici son dernier paragraphe : « Deux mondes maintenant coexistent. Il fallait marquer les différences pour éviter toute équivoque ; le lecteur les aura notées au passage. Qu'il nous laisse cependant, pour terminer, jeter un dernier regard sur ce qui nous rapproche. L'on trouve d'abord, dans le Coran, la mention de bien des valeurs naturelles que la Bible a rappelées aux hommes. Mais surtout, d'un côté comme de l'autre, l'on trouve des appels à respecter l'immense grandeur de Dieu. "Messire Dieu premier servi", pourrait être une devise commune. Et si nous croyons fermement que l'homme a été appelé par le Christ à des grâces d'intimité inouïe avec Dieu, n'oublions jamais que ces grâces ne diminuent absolument en droit (et ne doivent jamais nous pousser à diminuer en pratique) notre respect absolu de Dieu et de Sa grandeur. Elles nous aident au contraire à prendre davantage conscience de notre indignité et de notre misère en face du Mystère de pureté, de sainteté, de bonté et de puissance du Dieu Vivant. Tout nous est donné »[1]. Avec, plus tard, en 1984, *Un chrétien lit le Coran*, accompagné par *Le Coran, textes choisis en rapport avec la Bible*, J. Jomier s'est attaché à aider les chrétiens à se familiariser avec le texte coranique et à y exercer un sain discernement, élargissant ainsi le champ d'investigation inauguré par son *Bible et Coran*.

Il est compréhensible que sa lecture se soit portée surtout sur ce que le Coran dit de Jésus et de Marie. En 1958, il enquêtait sur « Quatre ouvrages en arabe sur le Christ »[2] et, en 1977, il s'intéressait à un livre de méditation interreligieuse « Le Val Saint (*al-Wādī al-Muqaddas*) et les religions du Dr Kâmil Husayn »[3], tout comme il comparait « Prophétisme biblique et prophétisme coranique : ressemblances et différences »[4] et proposait, plus tard, en 1988, un « Jésus tel que Ġazālī le présente dans *al-Iḥyā'* »[5] alors qu'il se livrait à une critique documentée de la faveur accordée par les musulmans au Pseudo-Évangile de Barnabé dont il sera parlé plus loin. Aussi éprouva-t-il le besoin de présenter *La vie du Messie*[6] d'une manière à la fois compréhensive pour les musulmans et conforme aux dernières conclusions de l'exégèse chrétienne. Prenant acte du fait que « des centaines de millions d'âmes ont été marquées par la vie et la prédication du Christ, non seulement en terre chrétienne mais

1. *Bible et Coran, op. cit.*, 145-146, qui continue et s'achève ainsi : « Après avoir entendu les paroles de Jésus à la samaritaine, "Si tu savais le don de Dieu..." (Jean, 4), le chrétien ne peut que s'incliner pour adorer, plein d'amour et d'humilité, et pour chanter avec un immense respect : "Dieu Seul est Grand". Il reprend ainsi les mots mêmes qu'emploient ses frères, même si, pour lui, le mystère de cette Grandeur s'étend beaucoup plus loin, jusqu'au mystère de l'Amour infini de Dieu, en Lui-même ».

2. *MIDEO*, 5, 1958, p. 367-386.

3. *Islamochristiana*, Rome, PISAI, 3, 1977, p. 58-63.

4. *Revue Thomiste*, 4, 1977, p. 600-609.

5. *MIDEO*, 18, 1988, p. 45-82.

6. Paris, Cerf, 1962, 358 p.

aussi dans le monde musulman où le Seigneur Jésus est vénéré comme l'un des grands prophètes envoyés part Dieu », J. Jomier s'y place du point de vue du croyant en dialogue avec les fidèles du Coran pour s'interroger avec eux sur « les valeurs humaines et religieuses contenues dans le message de Jésus ». D'où les titres des 14 chapitres : « La Palestine à l'époque du Christ », « Jean-Baptiste, le précurseur », « Les premières rencontres de Jésus », « Le Sermon sur la Montagne », « Les miracles et les disciples », « Les premières réactions et les paraboles du Royaume », « Un tournant dans la vie de Jésus », « Si le grain ne meurt », « La vraie grandeur : Servir », « En route vers Jérusalem », « À Jérusalem, avant la Pâque de l'an 30 », « La Cène », « De Gethsémani au Calvaire », « La Résurrection ». Comme il s'en explique en sa *Conclusion*, « il existe deux groupes bien différents de textes évangéliques. Les premiers sont simples, vivants, pittoresques même ; ils concernent l'homme, son existence quotidienne, sa conduite, bref tout ce que l'on pourrait appeler la morale évangélique [...]. Les seconds, plus rares, abordent le mystère de Dieu, la personne de Jésus lui-même et sa mission de Sauveur » [1]. Tout dans ce livre est rédigé de telle manière que la sensibilité musulmane ne puisse rien y redire, car « cet aspect de maître spirituel est certainement celui qui, dans la personne de Jésus, frappe le plus les non-chrétiens ». Le fait est que « l'amour de Dieu et du prochain, petit à petit, transforme l'âme de ceux qui ont accepté de suivre le Messie sur la route qu'il a lui-même tracée ». Un *Appendice* de cinquante pages est une parfaite présentation de « l'état actuel » (en 1962) de l'exégèse chrétienne concernant « Les sources de la vie du Christ », texte élaboré « avec l'aide précieuse reçue à l'École Biblique de Jérusalem ». Il y clarifie sa pensée quand il s'agit d'appliquer à la Bible la méthode historico-critique [2] et y signale habilement que l'accusation musulmane de falsification des Écritures est insoutenable scientifiquement [3]. Quant à la prétention de nombreux musulmans, à la suite de Rašīd Riḍā, de voir dans le Pseudo-Évangile de Barnabé le seul et véritable « évangile », le Père Jomier le soumet justement à cette même méthode pour en démontrer l'inauthenticité, d'où ses articles « L'Évangile de

1. *Ibid.*, p. 295-296. Et d'ajouter plus loin : « Un lien étroit unit ces deux groupes de textes. Le message évangélique est un tout dont on ne peut dissocier les divers éléments. Le caractère toujours actuel de l'Évangile apparaît d'abord dans sa morale. L'idéal proposé est exigeant, certes, mais il est profondément humain ».

2. « Aussi, écrit-il à ce sujet, distinguerons-nous ici nettement entre une méthode historique sans *a priori* (et c'est celle qu'entend suivre la critique modérée) et une méthode historique décidée à rejeter, quoi qu'il arrive, les miracles et le surnaturel. Ce second type de méthode abandonne le terrain de la pure objectivité et tient pour acquis des présupposés qui ne seront pas admis par tout le monde ».

3. Recourant d'ailleurs au témoignage de Muḥammad 'Abduh et, avant lui, à celui de Faḫr al-dīn al-Rāzī et d'Ibn Ḫaldūn (p. 351-352).

Barnabé »[1], « L'affaire de l'Évangile de Barnabé et ses derniers développements »[2] et « Une énigme persistante : l'Évangile de Barnabé »[3].

L'étude constamment comparée de l'islam et du christianisme par le Père Jomier s'exprimera encore par de nombreux articles, tels que « Le sacré dans le Coran »[4], « La toute-puissance de Dieu et les créatures dans le Coran »[5], « Joseph vendu par ses frères dans la Genèse et le Coran »[6] et « Coran, révélation et histoire »[7], ainsi que par sa participation au *Dictionnaire des religions*[8] du Cardinal Paul Poupard, avant de se voir synthétisée dans son livre intitulé *Dieu et l'homme dans le Coran, l'aspect religieux de la nature humaine joint à l'obéissance au Prophète de l'islam*[9]. Rappelant, dans l'*Avant-propos*, que « la paix et la convivialité exigent un effort de connaissance mutuelle et de bienveillance » réciproque, J. Jomier confesse aussitôt que « le sujet est délicat; il touche les points les plus essentiels de la sensibilité religieuse », aussi entend-il y « laisser parler les textes et la vie ». S'interrogeant finalement sur « les médiations entre Dieu et l'homme », il pense que tout dépend de la vision que l'on a de « la vocation foncière de l'homme ». Par suite, « si l'homme est créé pour un bonheur naturel (correspondant aux meilleures aspirations de son corps, de son affectivité, de son intelligence) comme l'enseigne l'islam, les seuls signes dont il a besoin sont ceux de la nature appuyés par l'enseignement coranique et par des miracles. On voit donc la différence qui existe entre l'Oumma et l'Église. L'Oumma musulmane rassemble des hommes et des femmes qui croient au Dieu unique et obéissent à Mohammad, appelés qu'ils sont à un bonheur naturel. L'Église rassemble ceux qui croient au Dieu unique et créateur mais se savent appelés à un bonheur plus haut que le bonheur naturel [...]. Dieu s'est approché davantage des hommes. Son Verbe s'est fait chair. Les siens ne l'ont pas reçu mais à ceux qui l'ont reçu, il a donné le pouvoir de devenir enfants de Dieu, en un sens très particulier, d'adoption et de vocation à

1. *MIDEO*, 6, 1961, p. 137-226.

2. En collaboration avec Jan Slomp, in *Journées Romaines*, Rome, 1979, p. 90-93.

3. *MIDEO*, 14, 1980, p. 271-300. Article complété par deux autres : « Une énigme qui commence à être déchiffrée, l'Évangile de Barnabé », *Se Comprendre*, Paris, 98/05, mai 1998, 11 p. et « À propos d'un apocryphe, l'Évangile de Barnabé », *Esprit et vie*, 22, novembre 1999, p. 481-486.

4. *L'expression du sacré dans les grandes religions*, Louvain-la-Neuve, 1983, t. II, p. 339-385.

5. *MIDEO*, 16, 1983, p. 31-58.

6. *Mélanges de l'Université Saint-Joseph*, L, 1984, vol. I, p. 33-350.

7. *Annales du Département des Lettres Arabes, Université Saint-Joseph*, 1991-1992, p. 195-212.

8. Paris, P.U.F., 1984, réédité en 1993, I, p. 1-1098 et II, p. 1099-2218, où l'on trouve vingt-six notices signées de lui.

9. Paris, Cerf, 1996, 240 p. Ses 11 chapitres y ont les titres suivants et témoignent ainsi des thèmes privilégiés par l'auteur : Dieu et l'homme, une question toujours actuelle; Dieu, Seigneur de l'Univers; Dieu et l'homme dans la nature; Dieu et l'homme dans l'histoire avant l'islam; L'aspect communautaire de l'anthropologie traditionnelle; Les premiers musulmans en face de Dieu; Le jugement dernier et l'au-delà; Anthropologie coranique et société moderne; La certitude psychologique du musulman; La grandeur de Dieu; Les médiations entre Dieu et l'homme.

un bonheur qui dépasse de beaucoup le bonheur naturel ». Et c'est pourquoi les médiations ont des « aspects profondément différents » : « L'islam se tient sur le plan naturel par respect pour la grandeur de Dieu ; il se raidit dans son exclusivisme et rejette le judaïsme et le christianisme existant aujourd'hui comme infidèles à ce respect. Dans l'islam, les médiations sont réduites au minimum [...]. Le Coran est en vérité la grande médiation entre Dieu et l'homme, dans l'islam », alors qu'en christianisme « les médiations commencent avec le choix d'un peuple » et s'y développent au rythme d'une histoire de prophètes en attente d'un Messie sauveur, qui prépare l'incarnation du Verbe de Dieu : « L'humanité du Christ et l'annonce du règne de Dieu sont des signes tout autres que les signes naturels. L'Église est porteuse de grâce ».

J. Jomier, expert en islamologie et en théologie, dit bien en sa *Conclusion* qu'il faut s'arrêter aux « options fondamentales qui distinguent les musulmans et les chrétiens et qui commandent toute leur attitude religieuse [...]. Mettre d'un côté un Dieu d'amour et de l'autre un Dieu unique serait une erreur [1] [...]. La différence provient de l'enseignement même des textes sacrés respectifs mais elle révèle aussi deux conceptions différentes de la grandeur (de Dieu) [...]. Alors que l'islam se veut le rétablissement de la religion patriarcale toujours valable, la seule valable d'après lui, et refuse tout autre type de monothéisme que le sien, appuyé qu'il est sur son code de vie précis, le christianisme enseigne qu'il y eut un progrès dans la révélation [...], mouvement spirituel qui atteindra son sommet avec le Christ tout en continuant ensuite de se répandre et à être vécu ». Quant au « second point sur lequel les conceptions de Dieu et de l'homme diffèrent entre le Coran et les Écritures chrétiennes », c'est celui du péché : pour les musulmans, « le seul péché irrémissible est le polythéisme qui déboussole le croyant » et, pour les chrétiens, c'est « le péché contre l'Esprit » du Christ. Et J. Jomier d'affirmer au terme de son ultime réflexion : « Le plus juste ne serait-il pas de dire que Dieu, dans le Coran, est fondamentalement le Dieu de la théologie naturelle. En outre, il s'est engagé dans l'histoire telle que le Coran la rapporte ; par miséricorde, il a pris l'initiative de guider l'homme, dans sa faiblesse, et de lui montrer comment canaliser ses passions pour accomplir le bien et éviter le mal. Quelle qu'ait été la direction divine dans le passé, aujourd'hui elle passe par le Coran et le Prophète de l'islam s'adressant au monde entier et jusqu'à la fin des temps » [2].

1. « Car des deux côtés, dit-il, l'affirmation de l'unité de Dieu se veut aussi absolue quelles que soient les différences dans la façon d'envisager la notion d'unité [...]. (Et) pour les uns Dieu aime comme un maître très bon, tandis que pour les autres Dieu aime comme un père ».

2. « Les nettes différences, est-il ajouté en conclusion, proviennent du code de vie caractéristique de l'homme musulman et dont le Coran est le principe. Elles viennent surtout du fait que, à cause d'un sens différent de la grandeur de Dieu, le Coran n'admet pas que Dieu ait appelé l'homme plus haut que le niveau d'une théologie naturelle. Le Coran est la parole dirimante en ces questions. Dieu est le Maître du monde, le Seigneur de ses serviteurs. Le respect de la

SA SYMPATHIE POUR LE PEUPLE ÉGYPTIEN ET SA CULTURE

Toujours soucieux de « laisser parler les textes et la vie », le Père Jomier n'eut de cesse de fréquenter le « bon peuple » des divers quartiers du Caire où il se sentait tout aussi à l'aise qu'en ses doctes rencontres avec les *shaykh*-s d'al-Azhar ou les écrivains de la capitale. N'avait-il pas composé pour cela un *Manuel d'arabe dialectal égyptien* assorti d'un *Lexique pratique français-arabe* (*Parler du Caire*) ? Certains de ses articles témoignent de cette étroite connivence avec les « petites gens » de la capitale de l'Égypte, à commencer par le fidèle cuisinier du couvent lui-même. Dans la ligne de sa thèse secondaire sur *Le Mahmal et la caravane égyptienne des pèlerins de La Mecque* (*XIII*e*-XX*e *siècles*)[1], il y eut « Le Ramadan au Caire en 1956 », « Ageroud, un caravansérail sur la route des pèlerins de la Mekke », « La figure d'Abraham et le pèlerinage musulman de la Mekke », « Le pèlerinage musulman vu du Caire vers 1960 »[2], « Aspects politiques et religieux du pèlerinage de la Mekke »[3]. Les chrétiens égyptiens étaient aussi du nombre de ses confidents, d'où ses articles « La situation religieuse en Égypte »[4], « Les Coptes »[5] et « Un rapport sur quelques heurts entre coptes et musulmans d'Égypte »[6]. J. Jomier connaissait le Caire mieux que quiconque et ses hôtes découvraient avec lui ruelles et places, mosquées et monuments, mausolées et cimetières. Tout ceci explique qu'il ait tenu la rubrique des *Nouvelles culturelles* dans la revue *MIDEO*.

En effet, non content d'être à l'écoute des expressions de l'exégèse coranique en ses formes classiques et modernes et de s'interroger constamment sur ce qui caractérisent essentiellement l'islam et le christianisme, il voulut être à l'écoute des penseurs de l'Égypte de son temps. C'est ainsi qu'il fit connaître au public occidental, par son article « La vie d'une famille au Caire d'après les trois romans de M. Naguib Mahfouz»[7], la trilogie du romancier Naǧīb Maḥfūẓ (1911-2006) avant qu'il ne devienne Prix Nobel de littérature égyptienne. Une fidèle amitié les avait alors réunis dans une même attention aux réalités sociales

transcendance de Dieu interdit à l'homme d'aller plus loin et il n'est pas question dans le Coran que Dieu intervienne pour modifier la situation ».

1. *Recherches d'archéologie, de philologie et d'histoire*, Le Caire, IFAO, t. XX, 242 p. Le *maḥmal* est ce palanquin qui précédait la caravane égyptienne des pèlerins à La Mecque et y apportait la *kiswa* (tenture tissée et brodée au Caire) destinée à recouvrir la Ka'ba.

2. *MIDEO*, 9, 1967, p. 1-72.

3. *Mélanges de l'IFAO*, CIV, 1980, p. 391-401.

4. *L'actualité religieuse dans le monde*, 15 décembre 1954, p. 17-26.

5. *L'Égypte aujourd'hui. Permanence et changements, 1805-1976*, Paris, CNRS, 1978, p. 69-84.

6. *Le Cuisinier et le Philosophe : hommage à Maxime Rodinson*, Paris, Maisonneuve et Larose, 1982, p. 253-260.

7. *MIDEO*, 4, 1957, p. 27-94. C'est le portrait d'une famille musulmane de la petite bourgeoisie, habitant le quartier de Gamaliyya, à travers la succession de trois générations.

et aux psychologies originales des diverses classes de la société égyptienne. Il en fut de même avec Yaḥyā Ḥaqqī (1905-1992) dont les *Souvenirs*[1] intéressèrent J. Jomier en leurs tableaux saisissants de la vie quotidienne en Égypte. Nombreux furent les écrivains et les intellectuels avec lesquels il dialogua et grâce auxquels il put donner à ses articles toute la richesse d'information qu'on y trouve. Ce faisant, il pouvait d'autant mieux mesurer la distance qui séparait désormais les représentants conservateurs de l'Islam sunnite d'al-Azhar et les penseurs innovateurs des Universités modernes, tels entre autres Ṭāhā Ḥusayn, 'Uṯmān Yaḥyā et Kâmil Ḥusayn. Des articles s'en font l'écho : « Quand douze romanciers publient ensemble douze contes »[2], « Quelques contes et romans récents »[3] et « Quelques livres égyptiens modernes sur le problème religieux »[4].

Son souci constant du dialogue islamo-chrétien

Toujours fidèle à ce contexte religieusement pluraliste d'une Égypte culturellement arabe et principalement musulmane, le Père Jomier s'est trouvé de fait engagé, comme ses confrères et amis, dans un dialogue islamo-chrétien qui se développait aux divers niveaux de la rencontre entre disciples de Jésus et fidèles du Coran. Coexistence et convivialité qui l'ont amené à s'exprimer en de nombreux articles, comme « Comprendre les autres »[5], « Une nouvelle vision de l'islam »[6], « Le mystère d'Ismaël »[7], « Musulmans et chrétiens »[8], « Dialogue et plan divin du salut. L'Église et les religions non chrétiennes »[9], « Le dialogue et nous »[10], « Les musulmans près desquels nous vivons »[11], « Le dialogue et les religions »[12], « Dialogue et mission »[13], « Aspects et formes du dialogue islamo-chrétien »[1], « Chrétiens et musulmans, vivre

1. « Deux extraits des "souvenirs" de M. Yahya Haqqi », *MIDEO*, 6, 1961, p. 325-334.
2. *Images*, Le Caire, n° 2057, p. 14-15.
3. *MIDEO*, 10, 1970, p. 317-328.
4. *MIDEO*, 11, 1972, p. 251-274.
5. *Parole et mission*, 7, octobre 1959, p. 488-496.
6. *Parole et mission*, 20, janvier 1963, p. 113-125.
7. *Parole et mission*, 31, octobre 1965, p. 659-663.
8. *Vie spirituelle*, CXIV, 524, février 1966, p. 203-215.
9. *Vie spirituelle*, CXVII, 540, juillet 1967, p. 6-26.
10. *Parole et mission*, 45, avril 1969, p. 211-224.
11. *Cahiers Saint-Jean Baptiste*, janvier 1977, n° 166, p. 37-52, auquel il faut ajouter « Présence et témoignage aux lisières de la chrétienté », *Sources*, mars-avril 1978, IV, p. 49-56.
12. *Sources*, janvier-février 1979, p. 1-13.
13. *Revue africaine de théologie*, Kinshasa, 1980, p. 215-222, reproduit dans *Sources*, mars-avril 1982, p. 49-57.

ensemble »[2] et « Théologie et rencontre islamo-chrétienne »[3]. Il faudrait aussi consulter toutes ses notes critiques concernant les réalisations concrètes de ce dialogue quand il prenait des formes officielles. Et comme on l'a vu lors de ses analyses de *Bible et Coran*, *La vie du Messie* et *Dieu et l'homme dans le Coran*, il est possible d'en déduire sa propre vision du dialogue, laquelle n'a pas manqué d'évoluer à partir de son implication personnelle dans les dialogues de la vie, des services et des spiritualités. Sa profonde connaissance de l'islam et la cohérence exigeante de son christianisme lui ont fait percevoir bien vite les limites et les ambiguïtés de ce dialogue après les espoirs, teintés d'ingénuité, suscités par la Déclaration du Concile Vatican II sur les relations de l'Église avec les religions non chrétiennes, d'autant plus que, pour lui, les exigences de la vérité ne sauraient jamais s'effacer devant celles de la charité, comme il l'a fait savoir en ses « Réflexions sur la vérité »[4] et en son étude sur « Dialogue et vérité »[5].

Celle-ci date de 1995 et le Père Jomier entend bien y dire l'essentiel de sa pensée après les développements multiformes du dialogue qui ont suivi la Déclaration de Vatican II sur les relations de l'Église avec les religions non chrétiennes (*Nostra Aetate*) dont il a fait une exégèse des plus précises. Pour lui donc, « au lieu de regarder d'abord les autres religions d'un œil critique pour les juger à la mesure d'une vérité sûre d'elle-même, l'Église demande de se placer dans leur axe et de chercher à comprendre leur mouvement intérieur. Comment voient-elles la vie ? La vérité est toujours là ; il s'agit seulement d'en admettre les nuances et de reconnaître que tous participent plus ou moins à cette vérité ». Et d'ajouter aussitôt, « l'absolu de la révélation n'en demeure pas moins et, précisément, le grand problème sera de concilier un tel absolu avec le principe évangélique de l'arbre jugé à ses fruits »[6]. Or, dit-il, « la première impression devant les réactions (des ouvriers du dialogue) est que tous croient à l'existence de la vérité », qu'ils soient musulmans ou chrétiens. Aussi parlant

1. *Revue Thomiste*, 87, 2, 1987, p. 690-699, article qui a trois sous-titres : « 1. Une formule nouvelle, le GRIC ; 2. Louis Massignon : le dialogue et la lutte pour la justice ; 3. Le dialogue et le souvenir de Louis Gardet ».

2. *Communio*, XVI, 1991, 5/6, p. 63-80, auquel il faut ajouter « À propos de la dispense de disparité de culte, le mariage en religion et en droit musulman », dans *Quelques questions touchant le mariage*, Toulouse, Institut catholique de Toulouse, 1992, p. 22-39.

3. *Nova et Vetera*, 3, 1997, p. 49-70.

4. *Mélanges offerts à M.-D. Chenu, maître en théologie*, Paris, Vrin, 1967, p. 311-324.

5. *Recueil d'articles offert à Maurice Borrmans par ses collègues et amis*, Rome, PISAI, 1995, p. 109-125.

6. Citant le Pasteur Jean-Paul Gabus qui avoue, dans *Ces Écrits qui nous questionnent, la Bible et le Coran* (Paris, Centurion, 1987), que « nous devrions nous interroger plus en profondeur sur *les raisons de notre exclusivisme* qui subsiste, même si nous feignons de dire le contraire », J. Jomier reconnaît que « nous voici en face de ce qui est vrai et saint dans les autres religions, en face d'un rayon de la vérité qui illumine tous les hommes. Et la question de la "vraie" compatibilité d'un universalisme avec la reconnaissance authentique [c'est-à-dire encore vraie] de l'autre dans sa différence ».

alors d'*une nostalgie de la vérité*, J. Jomier suggère que tous décident de parler en croyants et non en scientifiques, s'acceptant profondément différents « devant l'obstacle que présente l'existence d'une vérité, même si cette vérité reste fascinante », car on ne saurait la « chercher avec un regard subjectiviste » [1]. Il leur demande ensuite de tenir compte de *la vérité de l'expression*, car il y a la difficulté réelle des genres littéraires pratiqués par les uns et les autres : être ensemble pour une information mutuelle est relativement facile bien qu'il y faille bien préciser le sens des mots et leur degré d'analogie, tandis que le partage des expériences spirituelles suppose le recours au vocabulaire de l'autre « assumé » et « intériorisé ». Il n'en reste pas moins qu'il est facile de s'entendre sur les valeurs de justice, d'éthique, de paix et de liberté, et c'est pourquoi J. Jomier concède que « sur le plan de la vérité de l'expression, la sortie du tunnel semble moins éloignée que sur celui de la vérité doctrinale ».

Mais pour lui c'est *la vérité de la vie* qui a toute son importance : « Il n'y aura de dialogue sérieux, dit-il, que là où les partenaires auront une attitude vraie [...]. À vrai dire, cette vérité de la vie empiète sur les deux catégories précédentes. Il y a vérité de vie lorsque celle-ci est conforme à la foi que chacun professe ...]. La vérité de la vie en un sens rentre dans la vérité de l'expression. En outre, il se peut que la vie révèle des précisions de doctrine qui étaient passées inaperçues : les fruits permettent d'en savoir un peu plus sur la nature de l'arbre [...]. Le respect pour le croyant en Dieu qu'est le musulman et la réciproque de la part du musulman forment la base de tout dialogue sérieux » [2]. L'idéal est donc, pour le Père Jomier, de vivre ces trois vérités. La vérité de la vie est vécue lorsque chacun sait être prudent et patient, manifeste « une attitude de foi et de reconnaissance », « use des mêmes poids et des mêmes mesures avec tous » et n'oublie pas « les grands points d'incompréhension », s'efforçant d'y porter remède. La vérité de l'expression est pratiquée lorsque l'information réciproque aboutit à ce que chacun soit connu, reconnu, compris, estimé et respecté tel qu'il est et veut être dans sa ligne propre. « La vérité doctrinale sera la forme la moins facile à aborder. Sauf pour ceux qui relativisent toute vérité, elle se présente comme un absolu, révélateur de la foi de chacun. Personnellement, je pense qu'il importe de bien prendre en compte les facteurs psychologiques qui jouent dans l'adhésion à une vérité. Il est normal que les fidèles de deux religions différentes aient en commun la foi en certaines vérités et que, pour le reste, ils admettent des vérités qui

1. Et de poser la question : « Est-ce vraiment une solution que de lancer le dialogue sur les flots d'un océan où la vérité est fluctuante ? », ce qui laisse entendre que, pour lui, la solution n'est pas là.

2. Et de signaler à ce propos que « le cas de Louis Massignon est significatif. En dépit d'une érudition prodigieuse et d'une intelligence géniale, il avait une humilité, une droiture, un souci d'honnêteté inflexible. Il était sévère pour tout ce qui n'était pas "vrai" ».

s'opposent »[1]. On peut penser que cette étude de 1995 représente le meilleur de la pensée de J. Jomier en matière de dialogue islamo-chrétien.

En 2001, après avoir particulièrement suivi les efforts déployés entre chrétiens et musulmans et longuement médité sur les difficultés rencontrées et les confusions entretenues, malgré certains résultats positifs, J. Jomier a encore voulu réfléchir « en islamologue sur les chances et les apories » de ce dialogue dans un article au titre paradoxal « Dialogue islamo-chrétien : une longue route »[2]. Il l'introduisait par une interrogation : « Chrétiens et musulmans pourront-ils avoir un jour entre eux des échanges sérieux, plus précisément des échanges concernant leur foi et leur engagement religieux ? La réponse est loin d'être évidente malgré les espoirs qu'il est permis de nourrir. Aussi beaucoup pensent-ils qu'au lieu de dialogue, mieux vaudrait parler de rencontres entre croyants. D'autres font remarquer que la situation varie suivant le niveau auquel la rencontre entend se situer. Le plus simple est le niveau de la vie quotidienne ; en revanche, les discussions sur des questions religieuses ou les partages dans le domaine de la spiritualité exigent davantage ». Prenant acte que tous vivent dans « un monde en pleine transformation » et que « les situations conflictuelles » y sont nombreuses, il affirmait qu' « il est temps de s'arrêter, de se connaître, et ensuite on verra ». D'où son premier regard sur « le dialogue de la vie » : « Chez les croyants, et surtout dans le cas des religions qui professent la foi en un seul Dieu, il est important d'être témoin des relations que l'être humain entretient avec son Créateur ; et sans en faire le centre des échanges, ce qui serait prématuré, donc dangereux, il est bon de voir comment l'autre en vit. Nous nous plaçons ici dans le cas de vrais croyants [...]. Il est nécessaire que le chrétien qui s'adonne au dialogue de la vie ait un minimum de connaissances théoriques sur la doctrine musulmane. Ceux qui s'y refusent sous prétexte que la connaissance expérimentale suffit, jouent avec le feu [...]. Se contenter de bâtir sa connaissance de l'islam sur un petit nombre d'expériences forcément limités n'est pas honnête », et c'est pourquoi, selon lui, « le livresque et le vécu se complètent l'un l'autre ».

À un niveau supérieur, le dialogue est bien obligé de se fonder en vérité sur une « théologie des religions » où les diverses positions chrétiennes ont besoin d'un effort de clarification en toute bienveillance et lucidité après ce qu'en ont dit les « prophètes du dialogue » avec l'islam ou l'hindouisme. « Les pionniers des rencontres se sont trouvés affrontés à un mystère [...] devant le problème des religions. Quel est le plan de salut de Dieu ? En quel sens peut-on parler d'un pluralisme des religions ? Celui-ci est un fait, mais s'agit-il d'un équilibre

1. Et de préciser : « Les difficultés commencent lorsque ces vérités qui s'opposent deviennent la source de conflits, de discriminations et même d'éliminations civiques ou physiques. La première condition pour que la vérité doctrinale soit respectée est qu'elle ne serve pas à couvrir des ambitions personnelles ou politiques ».

2. *Sources*, XXVII/1, 2001, p. 18-24.

de circonstances (pluralisme de fait) qui, par suite des fautes des uns, rend leurs positions inassimilables ? La responsabilité des autres est ainsi dégagée, ce qui correspond au 'sans faute de leur part » répété deux fois dans le n° 16 de *Lumen Gentium*. Ou au contraire, le pluralisme des religions serait-il un pluralisme de droit (ou de principe) avec une multiplicité voulue pour elle-même positivement par Dieu, avec un enrichissement mutuel qui, lui aussi, peut être imaginé de plusieurs façons ? À l'heure actuelle les théologiens sont divisés. La vraie question, en dernier ressort, est celle de savoir ce qui nous a été révélé par Dieu à ce sujet », et le Père J. Jomier de renvoyer ici les chrétiens à ce que Jésus-Christ, le Verbe incarné, est venu leur révéler du mystère de Dieu, de l'homme et de l'histoire. Constatant que souvent les interlocuteurs en ces rencontres sont « plus soucieux de témoigner de leur foi que de travailler à une compréhension mutuelle », il insistait donc en son article pour qu'on aide les chrétiens à « avoir une vue juste, bienveillante et intelligente de la foi de ceux avec qui la vie les met en contact », tout en respectant les opinions maximalistes ou minimalistes des penseurs chrétiens face au « mystère de l'islam » [1].

C'est pourquoi il s'était permis de faire quelques remarques en faveur d'un meilleur dialogue dans un texte inédit de mai 1999 sur « L'Islam et sa présence en Occident suivant les perspectives d'un Frère musulman », Tariq Ramadan en l'occurrence [2]. « La première chose à faire en vue d'un futur vrai dialogue, y disait-il, c'est d'arriver à un accord réciproque sur la façon de regarder l'autre, de l'écouter, bref de le connaître », avant de le comprendre et de l'estimer. Il invitait à tenir compte du « rôle spécifique de la parole », laquelle a pour fonction, chez les uns, « d'exprimer ce qui est » (priorité de l'objectivité) et, chez les autres, « d'éviter à l'interlocuteur des réactions pénibles » (priorité de la subjectivité). Il rappelait « le sens des mots *foi* et *raison* à l'époque des sciences exactes » et la distinction entre « le champ des certitudes en sciences exactes » et celui des « raisons de convenance » en théologie (valeurs respectives des vocabulaires). Il insistait enfin sur le fait de « savoir que l'autre se sait en face de Dieu et vit en sa présence dans le secret de son cœur » et il devait

1. J. Jomier s'est très souvent démarqué de celle de Louis Massignon qui reliait l'islam à la tradition biblique dans la droite ligne d'un Abraham, père commun des monothéismes, tout en faisant sienne son « ouverture » spirituelle aux musulmans et sa vision non chronologique de l'histoire du salut. *Cf.* « Louis Massignon, un idéal mystique vécu avec courage », *Centenaire de Louis Massignon, Le Caire, du 11 au 13 octobre 1983*, Le Caire, Impr. de l'Université du Caire, 1984, p. 115-120, « Le professeur Louis Massignon (1883(1962) », *Bulletin* du Secrétariat pour les non-chrétiens, Rome, XXIII/2, n° 68,1988, p. 161-168, et « Louis Massignon en Égypte », in *Louis Massignon et le dialogue des cultures*, Paris, Cerf, 1996, p. 281-292.

2. Le texte comporte 12 pages dactylographiées. Après y avoir longuement analysé le contenu des deux livres du petit-fils du fondateur des Frères Musulmans, Ḥasan al-Bannā, *Les musulmans dans la laïcité* (1994) et *Islam, le face à face des civilisations* (1995), et posé la question : « Ces deux livres aideront-ils chrétiens et musulmans à se comprendre ? », il proposait les remarques ici rapportées.

s'en expliquer en un autre texte inédit de l'an 2000 qui en portait le titre[1]. Ses amitiés et ses lectures l'avaient convaincu qu'au cœur des échanges amicaux « des témoignages s'accumulaient » et « montraient un côté lumineux que des siècles d'affrontements épisodiques avaient fait négliger », car « il s'agissait des invocations que chacun prononçait en diverses circonstances de la vie quotidienne » et qui « mettent le croyant dans la proximité de Dieu », là où « se trouve un espace de silence dans le domaine de la conscience ». Aussi « pour traiter convenablement ce problème, y disait-il, il semble indiqué de suivre deux pistes de recherche. D'une part, bien voir ce que la raison et la foi permettent de dire ; de l'autre, ouvrir les yeux sur les pressions exercées par des facteurs qui conditionnent le choix » du croyant et qui diminuent d'autant sa responsabilité personnelle, même si celle-ci relève finalement de sa propre liberté.

Comment donc concilier la générosité dans l'accueil et l'écoute et l'authenticité dans le discours et l'échange ? Témoin d'une théologie sûre, fondée en philosophie et en exégèse et enrichie d'une profonde spiritualité, J. Jomier avait le souci constant d'une extrême cohérence chrétienne en même temps que celui d'une information scientifiquement élaborée à partir des expressions les plus représentatives de l'islam classique et moderne. Il lui était donc difficile de rejoindre ceux et celles dont la vision chrétienne de l'Islam les amène à d'étranges ambiguïtés quant au statut du Coran et au prophétisme de Muḥammad. Que de fois n'est-il pas intervenu auprès de chrétiens qui faisaient montre d'un relativisme égalitariste dans leur langage ! Témoin en est un document inédit, du 20 août 2002, adressé à un de ses confrères dominicains du Comité Français Radio-Télévision[2] qui ambitionnait de produire un film pédagogique avec ce souhait des plus généreux : « Que chacune des trois convictions religieuses soit considérée et affirmée comme égale, abordée avec le même respect de ses croyances et de ses valeurs », confondant ainsi « science phénoménologique des religions » et « théologie chrétienne des expériences religieuses ». Et de recommander qu'on évite les formulations ambiguës telles que « les trois religions du Livre », « les trois religions révélées », « les trois prophètes », « la commune foi d'Abraham, etc. qui ne tiennent pas compte des profondes différences qui distinguent l'islam du christianisme. Et de se plaindre que trop souvent, par souci d'en rester aux valeurs communes, la

1. « Le problème de l'homme en face de Dieu dans le secret de son cœur », document manuscrit de 15 pages, qu'il concluait en disant que « le travail sur ce problème est du domaine du vécu et ne peut se contenter d'examens théoriques et catégoriques au plan de la doctrine. Il dépasse de beaucoup les facultés normales de l'homme ».

2. Il s'agit d'une lettre inédite de 17 pages adressée au Père Hervé Jégou où il rappelait que « le problème que nous rencontrons en premier lieu dans nos relations entre chrétiens et musulmans est celui de la conciliation entre le respect pour la sincérité de l'autre dans son attitude religieuse et la recherche de la vérité ».

partie chrétienne demeure silencieuse quant à ce qui fait la spécificité de la foi chrétienne[1].

C'est pour prévenir les chrétiens contre ces tentations d'un relativisme théologique de fait ou de droit et contre ces accommodements de la rencontre amicale ou de l'accompagnement ingénu que le Père Jomier a écrit de nombreux articles en des revues de culture générale et de pastorale ecclésiale, convaincu que le véritable dialogue exige « vérité et charité » tout à la fois. Il n'a eu de cesse de dénoncer les trop faciles amalgames et les très fréquentes condescendances, en même temps qu'il rappelait incessamment l'urgence du dialogue islamo-chrétien et l'exigence des préparations nécessaires pour sa partie chrétienne. Ses « Remarques sur les rencontres islamo-chrétiennes »[2] de 2006 semblent être les dernières et ne sont pas sans intérêt, même si on peut y deviner un certain pessimisme que tout historien des rapports islam-christianisme peut comprendre. Il y soulignait « l'importance pour les ouvriers de la rencontre de savoir ce qu'est le christianisme, en distinguant bien le point de départ commun (un sentiment religieux foncier) et ce que Dieu a donné aux hommes ensuite : alliance avec les patriarches, puis appel du peuple élu, puis le Christ », puis le besoin « d'être formés sérieusement par l'enseignement aussi bien que par une pratique sérieuse [...]. Chacun à sa place peut jouer un rôle. La vie montre comment joue la grâce de Dieu ». Et, pour finir, J. Jomier d'inviter à la prière !

Conclusion

Sa longue et patiente retraite de Toulouse (1981-2008) amena le Père Jomier à s'interroger sur les multiples activités culturelles de l'IDEO à partir du Caire et sur les dimensions spirituelles de la rencontre actuelle entre chrétiens et musulmans. Certains de ses amis regretteront qu'il se soit laissé aller à un relatif pessimisme en ces domaines tandis que d'autres lui savent gré de son regard lucide et objectif sur les réalités socio-politiques de l'Islam moderne et sur les ambiguïtés théologiques du dialogue islamo-chrétien. Ce faisant, il demeurait simplement fidèle à lui-même, dans la ligne de sa prise de position envers l'abbé Youakim Moubarac, en 1963 : « Lorsque l'auteur (il s'agit de

1. Par timidité ou par ignorance, comme ce fut le cas, selon lui, dans le livre *Nous avons tant de choses à nous dire* de Rachid Benzine et Christian Delorme, Paris, Albin Michel, 1997. *Cf.* son texte inédit « Deuxième danger des rencontres islamo-chrétiennes » de septembre 1997 (5 p.), où il conclut que « les deux auteurs ont voulu brûler les étapes et risquent de dévier dans le flou et le sentimental ».

2. *Nova et Vetera*, LXXXI, juillet-août 2006, p. 59-62. L'article a les sous-titres suivants : Quelle place confier à des musulmans dans la formation des chrétiens ? Les chrétiens convertis à l'islam (que l'on appelait apostats) et l'enseignement de l'islam, Le soufisme, Les équivoques de l'islam, Les ouvriers du dialogue.

celui-ci) écrit que l'islam "semble" rejeter des données chrétiennes fondamentales, le mot "semble" est de trop s'il s'agit de l'islam d'aujourd'hui, de celui de toute la tradition depuis toujours, celui à l'intérieur duquel se sauvent les âmes musulmanes qui se sauvent (*sic*). Il n'y a pas à dire que nos contemporains "semblent" rejeter ces données, ils les rejettent catégoriquement ». Le fait est là : toute la tradition islamique interprète ses textes fondateurs comme reprochant aux chrétiens de croire en une mort rédemptrice d'un Jésus ressuscité, en une incarnation d'un Verbe humanisé de Dieu et en une richesse intra-trinitaire de l'Unique, créateur et rémunérateur. Pour le père J. Jomier, on l'a vu, le véritable dialogue entre chrétiens et musulmans doit donc se faire dans « la vérité et la charité », sans nulle condescendance ou recherche de compromis. Il a toujours pensé qu'il fallait y tenir compte des leçons qu'enseigne la longue et difficile histoire des rapports entre les États islamiques et les sociétés chrétiennes, d'où la question qu'il se posait et confiait à ses amis européens[1] : « Le fait que l'islam a toujours fini par dominer là où il a pris pied sauf lorsqu'il a été rejeté par la force va-t-il se reproduire en Occident avec les migrations massives que nous constatons ? Ou bien une convivence sur un pied d'égalité est-elle possible à long terme ? » Et lui de mettre son espoir dans un « islam réformiste et modéré », désireux de réaliser un aggiornamento nécessaire, dont les témoins ne manquent pas, même si les « islamistes durs ou doux » ne manquent pas eux aussi. « Pour nous, ajoutait-il (se référant certainement aux textes du Concile Vatican II), les vraies valeurs dans l'islam sont à ne pas oublier. J'y pense à l'école du Cardinal Journet que je suis (en sa pensée) et dans les perspectives des quatre âges du salut que l'on trouve chez Saint Irénée et certains pères. Et ces valeurs sont d'autant plus fortes que les chrétiens ne font pas toujours leur devoir [...]. Je garde toujours espoir, étant donné les très grandes mutations du monde actuel ; mais je prends au sérieux la situation. Il s'agit d'être vraiment chrétiens, ce qui n'empêche pas d'être lucide. Les naïfs ou les chrétiens pleins d'amour propre qui se laissent séduire par la gentillesse naturelle de nos partenaires se réservent des réveils pénibles ».

Théologien enraciné dans sa tradition catholique et religieux dominicain de stricte observance, le père J. Jomier était avant tout un homme de Dieu en même temps qu'un homme de science, et il entendait bien être l'un et l'autre en toutes ses publications ou interventions. « Ce qui caractérise le mieux la personnalité du père Jomier, écrivait Roger Arnaldez en 2002, c'est la discrétion et l'humilité. Ces qualités morales se traduisent dans sa vie intellectuelle par le souci de la précision, de l'exactitude, de la soumission aux faits

1. Dans une lettre inédite du 30 décembre 1998, intitulée « Note au sujet des relations islamo-chrétiennes en France en cette fin du XXe siècle » (9 p.), à l'occasion de la mise à la disposition, au professeur Ṭāriq Ramaḍān, de la salle de conférence de l'Université catholique de Toulouse, le 20 décembre, pour y parler d'une *Rencontre avec l'islam*, avec le concours de l'ISTR de la même Université.

et, en particulier, aux textes ». Comme le confesse Mme M.-Th. Urvoy, tous admiraient en lui « sa fidélité envers les anciens amis [...]. Ensuite, la simplicité avec laquelle il a participé à la vie de son nouveau couvent (à Toulouse), lequel n'était pas préparé pour une activité spécialisée comme la sienne. Il a accepté cette nouvelle situation avec la plus grande simplicité, tirant même fierté de ce que sa façon de balayer au réfectoire après les repas était appréciée ! Tous ceux qui l'ont approché au Caire et à Toulouse apprécient le savant concis tout autant que le religieux dont la droiture ne transige jamais : s'il exige beaucoup de rigueur des autres, c'est qu'il s'impose des règles plus strictes encore ». On sait que sa vue avait particulièrement baissé au cours des dernières années – ultime « passivité » humaine et spirituelle –, si bien qu'il écrivait à un ami, en 2006 : « Je ne puis plus travailler, je ne peux plus lire; mon office divin quotidien est le rosaire et ma lecture spirituelle le texte des évangiles enregistré sur des cassettes. Dieu veuille ne pas venir me chercher trop tard car l'immense grâce de pouvoir rester dans un couvent se paie par le surcroît de travail de quelques frères chargés de la propreté de la maison et de la buanderie »[1]. Il semble bien que son souhait ait été satisfait deux ans après. Et dans une autre lettre au même, en mars 2008, il confiait ce qui doit être considéré comme étant son testament spirituel adressé aux hommes et aux femmes de dialogue : « À mon avis, la première chose à obtenir est un silence respectueux et adorateur du face à face de toutes créatures en face de Dieu. Le fait le plus important qui m'a frappé dans ma vie, c'est le changement de regard que j'ai constaté à partir du moment où nous adorions et respections ce face à face. La rencontre islamo-chrétienne a un aspect contemplatif et silencieux »[2]. Tel est le conseil de sage qu'il a voulu confier aux ouvriers du dialogue aujourd'hui, alors qu'il jouit désormais de ce face à face avec le Dieu qui, pour lui, s'était révélé « désirable, communicable et délectable » en ce Jésus-Christ à qui il avait donné le meilleur de lui-même par sa personne, ses écrits et ses services.

1. Lettre au Père Maurice Borrmans, en date du 24 août 2006, qu'il encourageait en la rédaction de son livre sur *Louis Gardet (1904-1986)* et qu'il informait des travaux du Père Jean-Jacques Pérennès sur le Père Georges Anawati.

2. Lettre en date du 11 mars 1908 où, avant de lui livrer cette ultime confidence, il informait son correspondant de son emploi du temps : « Vous me parlez de suivre l'actualité des rencontres islamo-chrétiennes; j'essaie un peu mais mes possibilités sont maintenant très réduites. J'ai 94 ans depuis vendredi dernier. J'ai peu de temps avec les heures passées au lit la nuit ou dans un fauteuil pour la sieste, avec les exercices communs et divers soins médicaux ». Quant à sa dernière lettre, du 12 juin 2008, elle s'achevait ainsi, parlant des musulmans comme des autres : « Aimer nos frères comme le Christ les a aimés, telle est la seule voie que nous prescrit l'Évangile pour témoigner de notre foi. À cela *tous* reconnaîtront que vous êtes mes disciples, si... *tous*, sinon ce ne sera que le petit nombre ».

Chronologie

7 mars 1914 Naît à Paris
1932 Entre chez les Dominicains
23 septembre 1933 Fait profession de Dominicain
16 juillet 1939 Est ordonné prêtre Dominicain
septembre 1939-juin 1940 Est mobilisé (campagne de Norvège)
1941-1945 Étudie à la Sorbonne et aux Hautes Études (Paris)
25 octobre 1945 Rejoint l'Institut Dominicain du Caire
10 janvier 1953 Soutient sa thèse de doctorat en Sorbonne
1953 Édite *Le Maḥmal et la caravane égyptienne des pèlerins de La Mecque*
1954 Publie sa thèse, *Le commentaire coranique du Manār*
1959 Édite *Bible et Coran*
1963 Publie sa *Vie du Messie*
1964 Édite un *Manuel d'arabe dialectal égyptien*
1972 Publie *Le jeune musulman et la religion d'après les manuels scolaires*
1973-1984 Est consulteur du Secrétariat romain pour les Non Chrétiens
1976 Édite un *Lexique pratique français-arabe (Parler du Caire)*
1978 Publie *Les grands thèmes du Coran*
1981 Quitte l'Égypte et se retire chez les Dominicains de Toulouse
1982 Édite *L'Islam aux multiples aspects*
1984 Publie *Un chrétien lit le Coran*
— Édite aussitôt *Le Coran, textes choisis en rapport avec la Bible*
1988 Publie *Pour connaître l'Islam*
1994 Édite *L'Islam vécu en Égypte* (*1945-1975*)
1996 Publie *Dieu et l'homme dans le Coran*
7 décembre 2008 Décède à Villefranche du Lauragais

BIBLIOGRAPHIE DE JACQUES JOMIER

« Le Coran de l'Aube à la mosquée, par M.S. al-Rafi'i » (traduit de l'arabe), *Nova et Vetera*, 1949, p. 281-286; repris dans *L'Islam vécu en Égypte*, Paris, Vrin, 1994, p. 107-112).

« Coup d'œil rapide sur les institutions arabes d'enseignement, suivi d'une étude sur la pédagogie et l'École coranique », *IBLA*, XII, 1949, p. 319-346.

« Ageroud, un caravansérail sur la route des pèlerins de la Mekke », *Bulletin de la Société d'études historiques et géographiques de l'isthme de Suez* (*SEHGIS*), III, 1949-1950, p. 33-56; 4 pl. h.t.

« La place du Coran dans la vie quotidienne en Égypte », *IBLA*, XV, p. 131-165; repris dans *L'Islam vécu en Égypte*, Paris, Vrin, 1994, p. 185-219 (trad. esp. A. Cortabarria, *Encuentro Islamo-Cristiano* (Madrid), 323, mars 1999, 16 p.).

« Les graffitis sinaïtiques du Wadi Abou Darag », *Bulletin de la SEHGIS*, IV, 1952, p. 171-173.

Le Maḥmal et la caravane égyptienne des pèlerins de La Mecque (XIIIe-XXe *siècles*), Le Caire, Institut français d'archéologie orientale, *Recherches d'archéologie, de philosophie et d'histoire*, 1953, t. XX, XV-242 p.

Le Commentaire coranique du Manār. Tendances modernes de l'exégèse coranique en Égypte, Paris, G.-P. Maisonneuve, 1954, coll. « Islam d'hier et d'aujourd'hui », vol. XI, XVI-364 p.

« La situation religieuse en Égypte », *L'Actualité religieuse dans le monde*, 15 décembre 1954, p. 17-26.

« Note sur un petit manuel de logique aristotélico-thomiste en arabe », *Mélanges islamologiques*, I, Le Caire, IFAO, 1954, p. 53-79.

« Deux fragments de stèles prismatiques conservés à Montpellier », *Arabica*, I, 1954, p. 212-213, planche.

« Les graffitis sinaïtiques du Wadi Abou Daradj », *Revue biblique*, LXI, 1954, p. 419-424.

« Un papyrus chrétien en arabe (Égypte XIXe siècle après J.-C.) », en collaboration avec G. C. Anawati, *Mélanges islamologiques*, II, 1954, p. 91-102.

« Quelques positions actuelles de l'exégèse coranique en Égypte révélées par une polémique récente (1947-1951) », *MIDEO*, 1, 1954, p. 39-72.

« À propos d'al-Azhar », *MIDEO*, 1, 1954, p. 191-194.

« Le sens de la grandeur de Dieu dans l'islam et dans le christianisme », *Bulletin du Cercle Saint-Jean-Baptiste*, Paris, mai 1955, p. 9-19.

« Le dogme musulman », *Lumière et vie*, 25, 1956, p. 31-48.

« La loi musulmane », *Lumière et vie*, 25, 1956, p. 75-88.

« Écoles et Universités dans l'Égypte actuelle », *MIDEO*, 2, 1955, p. 135-160; *corrigenda et addenda*, *MIDEO*, 3, 1956, p. 387-390.

« Le Ramadan au Caire en 1956 », en collaboration avec J. Corbon, *MIDEO*, 3, 1956, p. 1-74, repris dans *L'Islam vécu en Égypte*, Paris, Vrin, 1994, p. 33-106.

« Le nom divin al-Rahmân dans le Coran », dans *Mélanges Louis Massignon*, Damas, t. II, 1957, p. 361-381.

« La vie d'une famille au Caire d'après trois romans de M. Naguîb Mahfûz », *MIDEO*, 4, 1957, p. 27-94 (trad. arabe N. Lûqâ, *Ṯulāṯiyyat Naǧīb Maḥfūẓ*, Le Caire, Maktabat Miṣr, 1959, rééd. : 1974, 120 p.).

« L'exégèse scientifique du Coran d'après le Cheikh Amîn al-Khûlî », en collaboration avec R. Caspar, *MIDEO*, 4, 1957, p. 269-280.
« Le cheikh Tantâwî Jawharî (1862-1940) et son commentaire du Coran », *MIDEO*, 5, 1958, p. 115-174.
« Quatre ouvrages en arabe sur le Christ », *MIDEO*, 5, 1958, p. 367-386.
Bible et Coran, « Foi vivante », Paris, Cerf, 1959, 148 p. (trad. en néerlandais, italien, allemand, anglais, espagnol, malais et turc, cette dernière étant accompagnée d'une réfutation par un musulman).
« Les Frères musulmans et leur influence », *Les Études*, mars 1959, p. 317-331.
« Comprendre les autres », *Parole et mission*, 7, octobre 1959, p. 488-496.
« Islam et théologie chrétienne », *Parole et mission*, 7, octobre 1959, p. 618-626;
« L'exégèse coranique actuelle dans le monde arabe », dans *Sacra Pagina, Acte du Congrès international catholique des sciences bibliques, Bruxelles-Louvain 1958*, I, *Bibliotheca Ephemeridum Theologicarum Lovaniensium*, vol. XII-XIII, Paris, Gembloux, 1959, p. 187-193.
« L'emprise de l'islam sur les âmes », *Parole et mission*, 9, avril 1960, p. 230-243.
« Deir Antous », en collaboration avec J. Daumas, *Bulletin de la SEHGIS*, VI (1955-1956), paru en 1960, p. 89-96.
« L'Évangile selon Barnabé » *MIDEO*, 6, 1959-1961, p. 137-226.
« Deux extraits des « souvenirs » de M. Yahya Haqqi », *MIDEO*, 6, 1959-1961, p. 325-330.
« Les idées de Hanna Zacharias », *Les Études*, janvier 1961, p. 82-92, reproduit dans *Se comprendre*, 23, 1er avril 1961, 10 p.
« Quand les passions se mêlent à l'érudition », *Images de Toumliline*.
« Réflexions à propos d'un ouvrage musulman sur le christianisme », *Parole et mission*, 19, octobre 1962, p. 543-555.
« Réflexions sur quelques romans égyptiens », dans *Mélanges Taha Hussein*, Le Caire, Éditions Dar Al Ma'ârif, 1962, p. 59-65.
« À travers le Monde des romans égyptiens, notes et interview », *MIDEO*, 7, 1962-1963, p. 127-140.
« Cas de conscience et jeûne de Ramadan », *MIDEO*, 7, 1962-1963, p. 247-252.
« La pensée musulmane moderne et ses relations avec l'impérialisme occidental », *MIDEO*, 7, 1962-1963, p. 374-382.
« Une nouvelle vision de l'islam », *Parole et mission*, 20, janvier 1963, p. 113-125.
La Vie du Messie, Paris, Cerf, 1963, 358 p.; repris sans l'appendice sous le titre : *Jésus, la vie du Messie*, Ligue catholique de l'Évangile, 1966, 190 p. (trad. en catalan, arabe, vietnamien, japonais, espagnol, italien, kanada, anglais [pour l'Inde], persan, turc et chinois mandarin).
Manuel d'arabe égyptien (*Parler du Caire*), en collaboration avec J. Khouzam, Paris, Klincksieck, 1964; 2e éd. revue et corrigée, 1989, X-212 p.
Introduction à l'islam actuel, Paris, Cerf, 1964, 221 p.
« Un prêtre africain parle », interview de l'abbé Mulago, *Parole et mission*, 23, octobre 1964, p. 593-602.
« La figure d'Abraham et le pèlerinage musulman de la Mekke », *Mélanges Eugène Tisserant*, Vatican, « Biblioteca Apostolica Vaticana, Studi e Tesi », 231, 1964, vol. I, p. 229-244.
« Une vie de Mohammad » *MIDEO*, 8, 1964-1966, p. 395-400.

« Le réformisme ou les idées politiques du Manar », *Association des entretiens de Montpellier, colloque de novembre 1966*, ronéotypé, 22 p.

« Réflexions sur la vérité », dans *Mélanges offerts à M.-D. Chenu, maître en théologie*, Paris, Vrin, 1967, p. 311-324.

« Le pèlerinage musulman vu du Caire vers 1960 », *MIDEO*, 9, 1967, p. 1-72; repris dans *L'Islam vécu en Égypte*, Paris, Vrin, 1994, p. 113-184.

« Avec Dieu (ma' Allâh), un livre de spiritualité musulmane », *MIDEO*, 9, 1967, p. 239-249.

« Note sur quelques manuscrits arabes se trouvant en Éthiopie », *MIDEO*, 9, 1967, p. 287-293.

« Dialogue et plan divin du salut. L'Église et les religions non-chrétiennes », *Vie spirituelle*, CXVII, 540, juillet 1967, p. 6-26.

« Note sur Christianisme et civilisations », *Parole et mission*, 38, juillet 1967, p. 470-475.

« La tragédie de Hallaj, jouée au Caire », *MIDEO*, 9, 1967, p. 349-354.

« L'islam et la foi chrétienne. Ce que le dialogue avec les musulmans peut apporter à notre foi », *Vie spirituelle*, CXIX, 552, août-septembre 1968, p. 24-35.

« Quand douze romanciers publient ensemble douze contes », *Images*, Le Caire, n° 2057, 8-14 février, 1969, p. 14-15.

« Un aspect de l'activité d'al-Azhar du XVIIe au début du XIXe siècle : les 'aqā'id ou professions de foi », *Colloque international sur l'histoire du Caire*, Le Caire, 1969, p. 243-252.

« Sermons prononcés à l'occasion d'inaugurations de mosquées au Caire en 1964 », *Annales islamologiques*, VIII, 1969, p. 167-182.

« Islam in Égypt », dans A. J. Arberry (ed.), *Religion in the Middle East*, Cambridge, Cambridge University Press, 1969, vol. 2, p. 31-47.

« Le dialogue et nous », *Parole et mission*, 45, avril 1969, p. 211-224.

« Invocations pour les moments de la journée », en collaboration avec M. Feteih, *MIDEO*, 10, 1970, p. 271-290; repris dans *L'Islam vécu en Égypte*, p. 221-240.

« Quelques contes et romans récents », *MIDEO*, 10, 1970, p. 317-328.

« La notion de prophète dans l'islam », *Bulletin du Secrétariat pour les non-chrétiens*, 6e année/3, n° 18, 1971, p. 154-168; repris dans *Se comprendre*, 12, 25 avril 1973, 12 p. (trad. esp.dans *Encuentro Islamo-Cristiano*, 9, 1972, 12 p.).

Le Jeune Musulman et la religion d'après les manuels scolaires d'instruction religieuse musulmane, en collaboration avec C. Geay et une équipe d'enseignants, Le Caire, 1972, ronéotypé, 380 p.

« Les raisons de l'adhésion du Sayyed Rashid Rida au nationalisme arabe », *Bulletin de l'Institut d'Égypte*, LIII & LIV, saison 1971-1972 & 1972-1973, p. 53-61.

« Le Mahmal du Sultan Qânsûh al-Ghûrî (début XVIe siècle) », *Annales islamologiques*, XI, 1972, p. 183-188.

« Deux nouveaux fragments de stèles prismatiques conservés à Montpellier », *Arabica*, XIX, 1972, p. 316-317, planche.

« Quelques livres égyptiens modernes sur le problème religieux », *MIDEO*, 11, 1972, p. 251-274.

« L'imâm Mohammad 'Abdoh et la Caisse d'épargne (1903-1904) », *Revue de l'Occident musulman et de la Méditerranée*, 15-16, 1973, dans *Mélanges Le Tourneau*, p. 99-107.

« Le prophétisme musulman », *Studia missionalia*, 22, 1973, p. 237-254.

« Un regard moderne sur le Coran avec le Dr. Kamel Hussein », *MIDEO*, 12, 1974, p. 49-64.

« Les tristesses d'une ville », *MIDEO*, 12, 1974, p. 237-242 ; repris dans *L'Islam vécu en Égypte*, p. 261-266.

« L'appel à la prière en Islam », *Jésus Caritas*, 174, avril 1974, p. 52-57.

« La miséricorde de Dieu et ses dons selon Fakhr al-Dîn al-Râzî », dans *Mélanges de l'Université Saint-Joseph, Mélanges offerts au r. p. Henri Fleisch*, XLIX, 1975-1976, p. 709-726.

Lexique pratique français-arabe, (*Parler du Caire*), Le Caire, Institut français d'archéologie orientale, 1976, XII-220 p. (2 e éd., 1990) ; repris et complété par W. Boutros (avec une nouvelle présentation comprenant également la graphie des mots arabes en caractères arabes, alors qu'ils étaient seulement donnés en transcription latine) sous son nom seul avec le titre : *Lexique franco-égyptien, le parler du Caire*, Le Caire, IFAO, 2000.

« Un livre de prière du paganisme grec », *Nuṣūṣ falsafiyya. Mélanges offerts au Dr. Ibrahim Madkour*, Le Caire, Al-hay'a l-miṣriyya l-'āmma li-l-kitāb, 1976, p. 15-32.

« La méditation dans la tradition musulmane », *Studia missionalia*, 25, 1976, p. 201-215.

« Programme et orientation des études à la Faculté de théologie d'al-Azhar (Kulliyyat uṣūl al-dīn) », *Colloques internationaux de La Napoule : Islam et Occident au Moyen Âge ; I : L'Enseignement en Islam et en Occident au Moyen Âge, 25-28 octobre 1976, Revue des études islamiques*, XLIV, 1976, p. 253-272.

« Les *Mafâtih al-ghayb* de l'imam Râzî, quelques dates, lieux, manuscrits », *MIDEO*, 13, 1977, p. 253-290.

« Le *Val Saint* (al-wâdî l-muqaddas) et les religions, du Docteur Kâmil Husayn », présentation et traduction, *Islamochristiana*, 3, 1977, p. 58-63.

« Prophétisme biblique et prophétisme coranique : ressemblances et différences », *RT*, 4, 1977, p. 600-609.

« Les musulmans près desquels nous vivons », *Cahier Saint-Dominique*, 166, janvier 1977, p. 37-52 ; 167, avril, p. 23-31 (trad. esp. : *Encuentro Islamo-Cristiano*, 327, juillet 1998, 8 p.)

« Présence et témoignage aux lisières de la chrétienté » *Sources*, IV/2, mars-avril 1978, p. 49-56.

« Réflexions sur la rencontre al-Azhar-Vatican », *Islamochristiana*, 4, 1978, p. 214-216.

Les grands Thèmes du Coran, Paris, Centurion, 1978, 128 p. (trad. angl.).

« La faiblesse ontologique de l'homme selon le Coran », dans *Recherches d'islamologie. Recueil d'articles offerts à Georges C. Anawati et Louis Gardet par leurs collègues et amis*, Louvain/Louvain-la-Neuve, Peeters/Éd. de l'Institut supérieur de philosophie, 1978, p. 149-158.

« Le Coran et la guerre du 6 octobre 1973 (10 ramadan 1393) », *Bulletin d'études orientales, Mélanges offerts à Henri Laoust*, XXIX, 1977, p. 261-267 (publication tronquée) ; 1978, XXX, p. 319-329 (texte complet) ; repris dans *L'Islam vécu en Égypte*, Paris, Vrin, 1994, p. 241-251.

« La culture musulmane en Égypte aujourd'hui », *L'Égypte d'aujourd'hui ; Permanence et changements, 1805-1976*, Paris, CNRS, 1978, p. 44-65 ; repris dans *L'Islam vécu en Égypte*, Paris, Vrin, 1994, p. 10-31.

« Les Coptes », *L'Égypte d'aujourd'hui; Permanence et changements, 1805-1976*, Paris, CNRS, 1978, p. 69-84.

Introduction et index pour *El Coran, edición preparada por Julio Cortès*, Madrid, Éditora Nacional, 1979 ; 4 e éd. révisée, Barcelone, Éditorial Herder, 1992.

« L'affaire de l'Évangile de Barnabé et ses derniers développements », en collaboration avec J. Slomp, *L'Expression de la foi chrétienne en contexte de dialogue islamo-chrétien. Journées romaines*, Rome, 1979, p. 90-93.

« Le dialogue et les religions », *Sources*, janvier-février 1979, p. 1-13; repris dans *Se comprendre*, 79/02, 10 p.

« Dialogue et mission », *Revue africaine de théologie*, Kinshasa, 1980, p. 215-222, reproduit avec de légers ajouts dans *Sources*, mars-avril 1982, p. 49-57.

« L'Islam », *Cours par correspondance. II : Chrétien, pourquoi ?*, Fribourg, 1980, p. 50-78.

« Le salut selon l'islam », *Studia missionalia*, 29, 1980, p. 141-153.

« Qui a commenté l'ensemble des sourates al-'Ankabût à Yâsîn (29-36) dans le "Tafsîr al-kabîr" de l'imâm Fakhr al-Dîn al-Râzî ? », *International Journal of Middle East Studies*, 11, 1980, p. 467-485.

« Les congrès de l'Académie des recherches islamiques dépendant de l'Azhar », *MIDEO*, 14, 1980, p. 95-148.

« Une énigme persistante : l'Évangile de Barnabé », *MIDEO*, 14, 1980, p. 271-300.

« Unité de Dieu, chrétiens et Coran selon Fakhr al-Dîn al-Râzî », *Islamochristiana*, 6, 1980, p. 149-177.

« Aspects politiques et religieux du pèlerinage de la Mekke », dans *Mélanges de l'Institut français d'archéologie orientale, Livre du centenaire de l'IFAO*, CIV, 1980, p. 391-401 ; repris de : « Les aspects politiques et religieux du Pèlerinage de la Mekke », *Entretiens de Montpellier, 18-22 mars 1969*, ronéotypé, 14 p.

« The Islamic State », *IF/Information Formation*, Kuala-Lumpur, Catholic Research Center, 1980, p. 30-50.

Collaboration à la carte des routes de pèlerinage en Arabie, dans W. C. Brice (ed.), *An Historical Atlas of Islam*, Leyde, Brill, 1981, p. 22.

« Les études sur l'islam et la collaboration islamo-chrétienne », *RT*, 1981, p. 269-283.

« Les musulmans et nous », *Bulletin du Rosaire* (Toulouse), février 1981, p. 1-4.

« Chrétiens et musulmans », *Christ, Source de vie*, août-septembre 1951, p. 28-30.

« Les portraits musulmans de Jésus et de Marie », *Revue du Rosaire*, Toulouse, juillet 1982, p. 206-217.

L'Islam aux multiples aspects, Kinshasa, Faculté de théologie catholique, « Bibliothèque du Centre d'études des religions africaines », 7, 1982, 187 p. ; 2° éd. revue et corrigée, *BCERA*, 12, 1990.

« Fakhr al-Dîn al-Râzî et les commentaires du Coran plus anciens », *MIDEO*, 15, 1982, p. 145-172.

« La "Philosophie du Loup" », en collaboration avec J.-Ph. Lachèse, *MIDEO*, 15, 1982, p. 271-282.

« L'autorité de la révélation et la raison dans le commentaire du Coran de Fakhr al-Dîn al-Râzî », dans *La Notion d'autorité au Moyen Âge. Islam, Byzance, Occident. Colloques internationaux de La Napoule, session des 23-26 octobre 1978*, Paris, P.U.F., 1982, p. 245-261.

« Un rapport sur quelques heurts entre coptes et musulmans d'Égypte (novembre 1972) », dans J. P. Digart (éd.), *Le Cuisinier et le Philosophe : hommage à Maxime*

Rodinson. Études d'ethnographie historique du Proche-Orient, Paris, Maisonneuve et Larose, 1982, p. 119-126; repris dans *L'Islam vécu en Égypte*, p. 253-260.

« Aspects of the Qur'an today », *Arabic Literature to the End of the Umayyad period, Cambridge History of Arabic Literature*, 1, Cambridge, Cambridge University Press, 1983, p. 260-270.

« Le sacré dans le Coran», *L'Expression du sacré dans les grandes religions*, t. II, Louvain-la-Neuve, Centre d'histoire des religions, 1983, p. 339-385.

« La toute-puissance de Dieu et les créatures dans le Coran », *MIDEO*, 16, 1983, p. 31-58.

« Note sur les stèles funéraires arabes de Montpellier », *Islam et chrétiens du Midi* (XIIe-XIVe *s.*), *Cahiers de Fanjeaux*, 18, Toulouse, Privat, 1983, p. 59-63.

« Les fondements de la loi musulmane », *MIDEO*, 16, 1983, p. 289-292.

« Les promesses de l'Islam », *Vie spirituelle*, 1983, 1, p. 96-103; repris dans *Se comprendre*, 84/04, 8 p.

H. Van Straelen, *Ouverture à l'Autre. Laquelle? L'apostolat missionnaire et le monde non chrétien*, *Sources*, IX, 3, mai-juin 1983, p. 129-134, repris dans le Bulletin du *Secrétariat pour les non-chrétiens*, 54, 1983/3, p. 291-296

M.S. Abdullah, H. Dobers, W. Erl, A. T. Khoury, *La Foi dans la culture, le droit et la politique*, *RT*, 83,1983/3, p. 507-511.

« Islam et christianisme (bulletin) », *RT*, 83, 1983, p. 504-511 [sur les problèmes du dialogue].

« Le Christ dans l'islam », conférence ronéotypée, Toulouse, 8 mars 1983. « L'islam dans l'Afrique d'aujourd'hui », *Au cœur de l'Afrique* (Bujumbura), 1983/3, p. 203-316; repris dans *Cahier des religions africaines* (Kinshasa), vol. 17, n° 33-34, janvier-juillet 1983, p. 93-105.

« Les droits de l'homme dans l'Islam », *Sources*, IX, 5, septembre 1983, p. 207-213.

« Promesses d'Afrique » *Bulletin du Rosaire* (Toulouse), n° 353, novembre 1983, p. 3-5.

« Louis Massignon, un idéal mystique vécu avec courage », dans *Centenaire de Louis Massignon, Le Caire du 11 au 13 octobre 1983*, Le Caire, Imprimerie de l'Université du Caire, 1984, p. 115-120.

« Un chrétien lit le Coran », *Cahiers Évangile*, 48, automne 1984; Paris, Cerf, 1984, 64 p. (trad. esp.).

Le Coran, textes choisis en rapport avec la Bible, Supplément au Cahier Évangile, 48, Paris, Cerf, 1984, 88 p. (trad. esp.).

« Joseph vendu par ses frères dans la Genèse et le Coran », dans *Mélanges de l'Université Saint-Joseph*, L, *In memoriam Michel Allard, s. j. (1924-1976), Paul Nwyia, s. j. (1925-1880)*, vol. I, Beyrouth 1984, p. 333-350.

« Koraninterpretaties », dans J. Waardenburg (ed.), *Islam, Norm, ideaal en werkelijkheid*, Weesp/ Anvers, Wereldvenster/Standaard, 1984; Fibula, p. 229-224.

« Het modern religieuze denken », dans J. Waardenburg (ed.), *Islam, Norm, ideaal en werkelijkheid*, Weesp/ Anvers, Wereldvenster/Standaard, 1984; Fibula, p. 262-276.

« Le réformisme des Salafiyya (1869-1954). Un mouvement musulman de retour aux origines », *Studia missionalia*, 34, 1985, p. 233-255.

« L'Église catholique dans les pays musulmans », *Christ, Source de vie*, février 1985, p. 30-32.

« The Kingdom of God in Islam and its comparison with Christianity » (trad. angl. S. W. Arndt), *Communio*, XIII, 1986, p. 267-271).

« Commun témoignage sur Dieu, sa grandeur, sa bonté », *Seminarium*, nova series, anno XXVI/1, janvier-mars 1986, p. 95-103.

« L'Islam, l'abîme et les passerelles », *France catholique Ecclesia*, 14 mars 1986, p. 10-11 ; 21 mars, p. 13.

« La revue *Al-'Orwa al-Wothqa* (13 mars-16 octobre 1884) et l'autorité du Coran », *MIDEO*, 17, 1986, p. 9-36.

« Aspects et formes du dialogue islamo-chrétien. 1. Une formule nouvelle, le GRIC, 2. Louis Massignon : le dialogue et la lutte pour la justice, 3. Le dialogue et le souvenir de Louis Gardet », *RT*, 87/2, 1987, p. 690-699.

« Jésus tel que Ghazâlî le présente dans *al-Ihyâ'* », *MIDEO*, 18, 1988, p. 45-82 ; repris sans les notes dans *Se comprendre*, 07, 1988, 25 p.

« L'homme religieux dans la tradition de l'Islam », *Impacts, Revue de l'Université catholique de l'Ouest*, n° 2, 15 juin 1988, p. 15-31.

Pour connaître l'islam (version remaniée de *l'Islam aux multiples aspects*, Paris, Cerf, 1988, 195 p. ; nouvelle édition mise à jour, 1994 [trad. italienne, espagnole, anglaise et brésilienne].

« Le professeur Louis Massignon (1883-1962) et le dialogue islamo-chrétien », *Bulletin du Secrétariat pour les non-chrétiens*, XXIII/2, n° 68, 1988, p. 161-168.

« Rigueur et tolérance en Islam », *Concorde*, Toulouse, 141, mars 1989, p. 3-4 ; repris dans *Échanges* (La Tourette, l'Arbresles), 233, juin, p. 14-15.

« L'islam et l'avenir de l'Occident », *La Croix*, mardi 7 novembre 1989, p. 12-13.

« La raison et l'histoire dans le Commentaire du Manar », *MIDEO*, 19, 1989, p. 17-47.

« Chrétiens et musulmans dans la France de demain », *Bulletin du Rosaire*, Toulouse, novembre 1990, p. 1-3.

« Chrétiens et musulmans, vivre ensemble », *Communio*, XVI, 5/6, septembre-décembre 1991, p. 63-80 ; repris dans *Se comprendre*, 92/02, 7 p. et dans le *Bulletin de la Société anthropologique du Sud-Ouest*, 1992.

« Le Coran et la liturgie dans l'Islam », *La maison-Dieu*, 190, 1992, p. 121-127.

« À propos de la dispense de disparité de culte, le mariage en religion et en droit musulmans », *Quelques questions touchant le mariage*. Colloque de la Faculté de droit canonique, Institut catholique de Toulouse, 23-24 novembre 1992, ronéotypé, p. 22-39.

« Révélation et Écriture dans le dialogue avec les musulmans », *Impacts. Revue de l'Université catholique de l'Ouest*, 4, 15 décembre 1991, p. 47-70 ; repris dans *Les Dossiers du CREO* (*Centre de recherches des Églises de l'Ouest*), *XXV*[e] *anniversaire de Dei Verbum*, n° 24-25, mars-septembre, p. 105-128 et dans *Se comprendre*, 6, 1992, 18 p.

« Coran, révélation et histoire », *Annales du Département des Lettres arabes* (*Institut de Lettres orientales*), *Université Saint-Joseph, In memoriam Professeur Jean Maurice Fiey o. p., 1914-1995*, 6-B, 1991-1992, p. 195-212.

« Taha Hussein historien » (texte inédit de 1975), *Horizons Maghrébins*, n° 18/19, 1992, p. 198-202.

« J. Berque, Le Coran. Essai de traduction de l'arabe annoté suivi d'une étude exégétique », *RT*, 4, 1993, p. 578-581.

« L. Massignon, Examen du "Présent de l'homme lettré" par Abdallah Ibn al-Torjoman, *Islamochristiana*, 19, 1993, p. 333-338.

L'Islam vécu en Égypte (1945-1975); reprise d'articles écrits entre 1949 et 1982, Paris, Vrin, *Études musulmanes*, 1994, XXXV, 267 p.

« Jésus as seen by a Muslim », *IF/Information Formation*, Kuala Lumpur, Catholic Research Center, janvier 1994, p. 1-15.

« Introduction à F. Fôda, "Les minorités et les droits de l'homme en Égypte" », *Se comprendre*, 02, février 1994, p. 1-2.

« Introduction à deux allocutions de Ch. Pasqua et à la Charte des musulmans de France », *Se comprendre*, 04, avril 1995, p. 13.

« Dialogue et vérité », *Recueil d'articles offerts à Maurice Borrmans par ses collègues et amis*, Rome, Pontificio Istituto di Studi Arabi e d'Islamistica, *Studi arabo-islamici del PISAI*, 1995, 8, p. 109-125.

Dieu et l'homme dans le Coran, l'aspect religieux de la nature humaine joint à l'obéissance du Prophète de l'islam, coll. « Patrimoines, Islam », Paris, Cerf, 1996, 240 p.

« Louis Massignon en Égypte », *Louis Massignon et le dialogue des cultures*, Paris, Cerf, 1996, p. 281-292.

« Le grand pèlerinage musulman » *Communio*, XXII, 4, 1997, p. 76-80.

« Théologie et rencontre islamo-chrétienne », *Nova et Vetera*, 3, 1997, p. 49-70.

« Le péché en Islam » (signé « par un prêtre catholique »), dans A. Laurent (éd.), *Vivre avec l'Islam ?*, Paris, Saint-Paul, 1997, p. 95-100.

« La Fâtiha, la grande prière de l'Islam », *Vie spirituelle*, 724, septembre 1997, p. 538-546.

« L'adoration dans le monde musulman », *Aletheia*, Rimont, 12, décembre 1997, p. 99-107.

« Une énigme qui commence à être déchiffrée, l'Évangile de Jésus-Christ selon Barnabé », *Se Comprendre*, 5, mai 1998, 11 p.

« Les quatre-vingt-dix-neuf beaux noms de Dieu », *Vie spirituelle*, 726, mars 1998, p. 147-153; « Quelques mots sur les trois prières de Massignon », *Vie spirituelle*, 726, mars 1998, p. 174-176.

« À propos d'un apocryphe, l'Évangile de Barnabé », *Esprit et vie*, 22, 18 novembre 1999, p. 481-486.

« L'index du *Grand commentaire* de Fakhr al-Dîn al-Râzî », *MIDEO*, 24, 2000, p. 423-434.

« L'islam et sa présence en Occident suivant les perspectives d'un frère musulman », *Esprit et vie*, 4, 17 février 2000, p. 73-82.

« D. Massignon, Le voyage en Mésopotamie et la conversion de Louis Massignon en 1908 », *Esprit et vie*, 36, juin 2001/2e quinzaine, p. 31.

« Un islamologue réfléchit à haute voix sur les chances et les apories du dialogue islamo-chrétien », *Sources*, XXVII/1, janvier-février 2001, p. 18-24.

Articles d'encyclopédies et de dictionnaires

1960 à 1987: *Encyclopédie de l'Islam, nouvelle édition*, Leyde, Brill. En cours de parution. Référence est faite ici à la seule édition française. Amîr al-Hadjdj (I, 456), Al-Azhar (I, 837a – 844b), Bûlâk (I, 1339), Dâr al-'ulûm (II, 135) (Celui du Caire), Dikka (II, 284b), Djamâl al-Dîn al-Afghânî (II, 427b-430a; compléments à I; Goldziher), al-Djamra (II, 449b-450a; compléments à F. Buhl), al-Falakî (II, 782b), Fikrî (II, 912b-913a), Fu'âd al-Awwal (II, 956), al-Fustât (II, 979b-981b),

Hadjdj, III : le Hadjdj islamique (III, 35a-39a ; compléments à A. J. Wensinck, Ibrâhîm al-Sakkâ' (III, 1011), Ihrâm (+ pl., III, 1078b-1079b ; compléments à A. J. Wensinck), Institut d'Égypte (III, 1277b-1278a), Islâm, II : Diffusion de l'Islam (IV, 182a-185a), Ka'ba (+ pl., IV, 331a-337a) ; compléments à A. J. Wensinck), al-Kâhira, la ville moderne (IV, 461b-464b), Mahmal (VI, 43a-44b ; compléments à F. Buhl), al-Manâr (VI, 344a-345b).

1971 : *Encyclopaedia Universalis* : Islam. La religion (vol. 9, p. 125-136), repris dans le *Dictionnaire de l'Islam, religion et civilisation*, « Encyclopaedia Universalis », Paris, Albin Michel, entrée « Religion », p. 710-730.

1974 : *Dā'irat al-ma'ārif. Qāmūs 'āmm li-kulli fann wa-maṭlab*, F. E. al-Bustânî (dir.), Beyrouth, Al-Azhar, t. XI, p. 101-113 (trad. F. E. Bustânî).

1984 : *Dictionnaire des religions* (P. Poupard (dir.)), Paris, P.U.F., 3e éd. revue et augmentée, 1993 : Ahmadiyya, Démons dans l'islam, Dialogue islamo-chrétien, Djinns, Droits de l'homme dans l'Islam, Frères musulmans, Gardet Louis, Hanîf, Hégire, Ka'ba, Khutba, Marie dans l'islam, Médine, la Mekke, Mission dans l'islam, Morale dans l'islam, Muhammad, Pancasila, Pèlerinage dans l'islam, Pratiques populaires dans l'islam, Prophètes dans l'islam, Qibla, Ramadan, Réformistes musulmans, Reliques dans l'islam, Shaykh.

YOUAKIM MOUBARAC (1924-1995) PRÊTRE MARONITE SOLIDAIRE DES ARABES ET DES MUSULMANS

Le 24 mai 1995, le Père Youakim Moubarac a quitté cette terre pour passer « de l'ordre du temps à celui de l'éternité » : alors qu'il assurait une session de syriaque à des Dominicaines, près de Montpellier, en France, il a été terrassé par un infarctus massif que les soins qui lui furent alors prodigués à l'hôpital ne réussirent pas à conjurer. Ainsi mourait donc, « le cœur blessé », celui qui n'avait jamais cessé de nourrir en son cœur la détresse, l'angoisse et l'espérance de ceux et de celles qu'il aimait, croyants de toutes traditions religieuses ou hommes et femmes de bonne volonté. À la fin des funérailles qui se sont déroulées le 30 mai, dans le cadre de l'abbaye bénédictine de Jouarre (Seine-et-Marne) dont il avait fait son « refuge intellectuel et spirituel », sa dépouille mortelle a été inhumée dans le cimetière des moniales en attendant qu'elle puisse être rapatriée au Liban afin d'y retrouver la terre de ses ancêtres. Ainsi donc s'achevait l'itinéraire terrestre de l'un des meilleurs artisans contemporains du dialogue islamo-chrétien et des plus chauds partisans de la justice et de la paix au Moyen-Orient. Comme le dit Jean Stassinet, en introduisant son dossier sur *Youakim Moubarac* [1], il s'agit de comprendre que, « sous la diversité des intérêts et des activités apparaissait une cohérence qui liait entre eux les objets de ses recherches et, plus étonnant, ses travaux et ses engagements ». Et pourquoi donc Georges Corm, qui lui fut un ami très proche, déclare-t-il en

1. *Youakim Moubarac*, Lausanne, Les Dossiers H, L'Age d'Homme, 2005, 607 p., où divers témoignages d'amis et quelques textes de Y. Moubarac sont regroupés comme suit : I. *Lieux* (Lieux de l'enfance et du passage, Lieux pastoraux et de convivialité, Lieux du retour, Lieux saints) ; II. *Travaux I* (Disciple de Louis Massignon, Le dialogue islamo-chrétien, Arabité) ; III. *Travaux II* (Christianisme syro-antiochien) ; IV. *Combats* (Pour la paix civile au Liban, Pour la cause palestinienne, Pour l'Église et la culture maronites, Entre utopie et réalité ?) ; V. *La vie spirituelle* (Pastorale, L'homme de foi, Convergences spirituelles et mystiques, Dans l'amitié des artistes). Il sera renvoyé à ce Dossier sous le sigle *YM*. Une brève *Notice biographique* y est fournie aux p. 13-15, suivie d'une *Liste des principales publications*, p. 16-18.

son *Youakim Moubarac, un homme d'exception* [1], qu'« il est incontestablement l'une des personnalités culturelles libanaises du XXe siècle les plus remarquables » ? Qui donc était-il et qu'a-t-il fait pour être ainsi connu comme l'un des artisans les plus engagés du dialogue islamo-chrétien, l'un des défenseurs les plus intransigeants de la personnalité libanaise et de la cause palestinienne et l'un des artisans œcuméniques les plus fidèles à l'Église maronite ?

UNE « COURBE DE VIE » ENTRE LE LIBAN ET LA FRANCE [2]

Né à Kfar-Sghab, en cette vallée de la Kadisha qui est au cœur même du Liban, le 20 juillet 1924, il avait appris de son père et de son grand-père, tous deux prêtres maronites, « les rudes et belles mélodies syriaques » d'une liturgie multiséculaire. Ses racines étaient au pays des Cèdres et son Église était la communauté maronite. Très tôt destiné au sacerdoce, il avait achevé ses études secondaires au Grand Séminaire de Beyrouth en 1942, commencé alors ses études de théologie à l'Université Saint-Joseph avant de les achever à Paris, de 1945 à 1947, au Séminaire des Carmes qu'il avait rejoint sitôt la guerre terminée. Jeune prêtre ordonné le 29 juin 1947 au titre du Patriarcat maronite d'Antioche et revenu à Paris pour y obtenir des grades académiques, il exerça alors son ministère en la paroisse de Saint-Séverin tout en poursuivant des études supérieures en théologie, à l'Institut catholique, et en islamologie, à la Sorbonne. C'est au cours de ces longues années d'austère travail intellectuel qu'une amitié profonde le lia à son professeur et maître, Louis Massignon [3], dont il épousa les exigences scientifiques, ainsi que son amitié préférentielle pour les Musulmans et sa spiritualité chrétienne de compassion et de substitution. C'est d'ailleurs avec son aide et sous sa direction qu'il assura le secrétariat de la rédaction de la *Revue des Études Islamiques*, de 1952 à 1962

1. *Youakim Moubarac, un homme d'exception*, Textes choisis et présentés par Georges Corm, Beyrouth, Librairie Orientale, 2004, 568 p. Après « une vie pour le Liban », qui est une biographie de Y. Moubarac (p. 8-56, reprises dans *YM*, p. 365-380), le livre propose ses textes choisis comme suit : I. La vision historique générale de l'histoire des Maronites et du Liban, II. Le dialogue islamo-chrétien, III. La question palestinienne, IV. Commentaires sur la guerre de 1975, V. Les propositions de solution à la crise ; VI. La préparation du concile maronite. Il sera renvoyé à ce livre sous le sigle *GC*.

2. Le Père Y. Moubarac avait lui-même rédigé, en 1986, une *Autobiobibliographie* qui permet de le suivre jusqu'à cette date en ses projets, ses activités et ses publications. Elle a été publiée par Jean-François Legrain dans *YM*, p. 569-603.

3. Une biographie et une bibliographie de celui-ci sont fournies par Christian Jambet et ses collaborateurs dans *Écrits mémorables*, Paris, Laffont, vol. I : 926 p. et vol. II : 1015 p., ouvrage qui en rassemble tous les articles par lui publiés. Y joindre Jean Morillon, *Massignon*, Paris, Éd. Universitaires, 1964, 126 p., et Christian Destremau et Jean Moncelon, *Massignon*, Paris, Plon, 1994, 449 p.

(en y préparant même l'*Index général* des années 1927-1962), et collabora également aux *Abstracta Islamica* (bibliographie du monde musulman) de la revue, pendant cette même période. Et c'est encore en liaison étroite avec Louis Massignon qu'il assura la rédaction des cinq cahiers des *Mardis de Dar el-Salam* (1954-1959), rencontres interreligieuses qui se tenaient régulièrement à Notre-Dame de la Paix, au Caire. Par la suite, il assuma la publication des *Éphémérides islamo-chrétiennes*[1] (1962-1963), après la mort de son maître (31 octobre 1962), puisqu'il s'agissait alors d'en continuer l'œuvre de la *Badaliya*, sodalité de prière et de compassion en solidarité avec les musulmans. Et c'est encore pour en honorer la mémoire qu'il rassembla les études et les articles de L. Massignon dans un ensemble qu'il publia, à Beyrouth, en 1963, en trois volumes, sous le titre d'*Opera Minora*[2], après en avoir été le fidèle secrétaire pour la publication ronéotypée des 15 Lettres et des 91 Convocations mensuelles aux membres de cette sodalité[3]. Membre actif de la communauté sacerdotale de la paroisse Saint Séverin de Paris, il se dépensait déjà en mille initiatives pastorales, aumôneries de divers types et conférences d'information auprès des chrétiens de toutes sensibilités, d'où ses nombreux articles dans le bulletin paroissial intitulé *Paroisse et Mission*[4]. Les journaux, les revues, la radio et même la télévision transmettent alors ses brèves et riches interventions religieuses, culturelles et politiques, car il s'agissait aussi d'expliquer de plus en plus au public français les causes internes et externes des conflits, larvés ou patents, que connaissaient le Liban et le Moyen-Orient.

Docteur en théologie de l'Institut Catholique de Paris, avec une thèse soutenue en 1951 sur *Abraham dans le Coran*[5], il y remplaça le Père Jean-Mohammed Abd-el-Jalil[6], en 1959, comme professeur de langue et littérature arabes, lorsque celui-ci dut renoncer à l'enseignement pour motif de santé. Ses

1. La 1re livraison de ces *Éphémérides*, qui a valeur de programme, est publiée in *Pentalogie Islamo-Chrétienne* (abrégé *PIC*), t. 3, p. 147-174, et reprise dans *GC*, p. 183-206.

2. Beyrouth, Dar al-Maaref, 1963, I : *Islam en général et culture islamique, Sociologie et sociographie musulmanes, L'Islam shiite et persan, Esquisses bibliographiques*, 672 p. et 19 pl. ; II : *Hallaj, Autres auteurs et thèmes mystiques, Langue et pensée, Grammaire et théologie*, 659 p. et 10 pl. ; III : *Arts et archéologie, Témoignages à des maîtres et à des amis, Combats, Notre prédestination illégale à l'amour*, 855 p. et 40 pl.

3. Tout en a été publié, avec une longue introduction et des ajouts importants, dans *Louis Massignon, Badaliya au nom de l'autre (1947-1962)*, annoté par Maurice Borrmans et Françoise Jacquin, Paris, Cerf, 2011, 398 p.

4. *Cf.* un de ces articles, dans le n° 10, « Institutions et principes de pastorale », repris dans *YM*, p. 80-85.

5. Et publiée en 1958, avec une préface de L. Massignon, Paris, Vrin, 206 p. Les comptes rendus en seront édités, par lui, dans *PIC*, t. 2, p. 63-97.

6. Une biographie et une bibliographie de celui-ci sont fournies in Maurice Borrmans, *Abd-el-Jalil, témoin du Coran et de l'Évangile*, Paris, Cerf/Éd. franciscaines, 2004, 172 p., et *Prophètes du dialogue islamo-chrétien : L. Massignon, J.-Md Abd-el-Jalil, L. Gardet, G.C. Anawati*, Paris, Cerf, 2009, 257 p.

activités pastorales et ses conférences spirituelles l'amenèrent alors, toujours en 1962, à publier *L'Islam* [1], comme une propédeutique au dialogue entre chrétiens et musulmans, et une *Anthologie de la littérature arabe* [2], en translittération, en collaboration avec le Cardinal Tisserant. C'est à cette époque qu'il envisage, pour ses frères chrétiens du Moyen-Orient, le vaste projet d'une *Encyclopédie arabe des connaissances chrétiennes*, à l'instar de la collection *Je sais, je crois* de Paris. De 1962 à 1967 il fut le collaborateur du professeur Henri Laoust à la VIe section de l'École Pratique des Hautes Études et s'attacha, dans la foulée du Concile Vatican II, à publier, de 1962 à 1965, les 12 fascicules d'un bulletin polycopié intitulé *Antiochiena*, car le Père Y. Moubarac s'était retrouvé à Rome durant les quatre années du Concile comme théologien privé auprès de l'épiscopat maronite. Parallèlement, il se devait de poursuivre son premier grand projet, à savoir d'étudier *La pensée chrétienne et l'islam* au cours des siècles, tout en continuant sa collaboration à la *Revue des Études Islamiques*. C'est ainsi qu'il présenta, comme doctorat de 3e cycle, à Paris IV-Sorbonne, en 1969, la première partie de ses recherches, *Des origines à la prise de Constantinople* [3]. En 1971, il devint diplômé de l'École des Hautes Études avec la traduction et l'étude onomastique [4] du 1er tome de l'*Histoire des États islamiques* d'al-Ḏahabī, tout en publiant, de par ailleurs, les résultats d'une enquête auprès d'intellectuels musulmans sous le titre *Les musulmans, consultation islamo-chrétienne* [5]. C'est en 1972 qu'il réussit à défendre son doctorat d'État à Paris IV-Sorbonne qui traitait de la deuxième partie de son projet, la plus importante, *Recherches sur la pensée chrétienne et l'Islam dans les temps modernes et à l'époque contemporaine* [6]. Il était aussi devenu professeur invité à l'Université catholique de Louvain (Belgique), où il enseignait l'histoire des rapports entre Islam et Christianisme et la théologie des religions. Ses talents de traducteur s'exerçaient parallèlement puisqu'on lui doit une traduction française du livre de *L'ami et l'aimé*, de Ramon Lull (1960), de *L'éveil de la pensée islamique*, de Richard Walzer (1970), du *Val Saint* (*al-Wâdî l-muqaddas*), de Muḥammad Kāmil Ḥusayn (1972), et du *Et si je disais les chemins de l'enfance* (*Law ḥakaytu marra l-ṭufūla*), de Georges Khodr (1980).

Au cours du Concile de Vatican II (1962-1965), il avait été le secrétaire du Patriarche maronite, ce qui lui avait permis d'y participer de son mieux au titre d'expert en théologie et en islamologie. C'est alors qu'il s'employa à développer

1. Paris, Casterman, 1962, 215 p. Les comptes rendus en seront édités par lui dans *PIC*, t. 3, p. 41-57.

2. Paris, Gedalge, 1962, 66 p.

3. Demeurée inédite, mais son chapitre de conclusion a été repris dans *PIC*, t. 3, p. 243-286.

4. Demeurées inédites.

5. Paris, Beauchesne, 1971, 140 p.

6. Qui sera publiée à Beyrouth, Université libanaise, 1977, 612 p., et dont la présentation a été reprise dans *PIC*, t. 5, p. 271-280.

sa pensée en matière d'Islam et de spiritualités comparées. Par la suite, il multiplia les études, les articles et les conférences et les rassembla bien vite dans les cinq volumes de sa fameuse *Pentalogie islamo-chrétienne*[1] (1972), qui avaient pour titres respectifs « L'œuvre de Louis Massignon », « Le Coran et la critique occidentale », « L'Islam et le dialogue islamo-chrétien », « Les Chrétiens et le monde arabe » et « Palestine et arabité ». C'était là tout un programme qu'il essaya de réaliser en ses multiples engagements. Nombreux sont les colloques interreligieux où il participa activement, telles les rencontres islamo-chrétiennes de Genève-Cartigny, en 1969 (2-6 mars), d'Ajaltoun, au Liban, en 1970 (mars), de Broummana, au Liban, en 1972 (12-18 juillet) et en 1975 (13-15 février), de Cordoue, en 1977 (21-27 mars). Il suffit de consulter l'*Autobiobibliographie* que lui-même rédigea en 1986 pour se faire une idée approximative de ses multiples participations, qu'il s'agisse des Congrès des Orientalistes (le XXIIIe de 1954 à Cambridge, le XXIVe de 1959 à Munich et le XXVIIe de 1967 à Ann Arbor), des Semaines Sociales en France, des colloques des Études Carmélitaines à Paris, des Journées Romaines à Rome et des Conférences de La Pira à Florence. C'est en 1982 qu'il publie *Islam et Christianisme en dialogue*[2], qu'il fait suivre de nombreux articles dans les revues les plus notoires, *Concilium* entre autres. En 1970, il avait été à Beyrouth pour dire sa solidarité et son message à la Conférence mondiale des Chrétiens pour la Palestine.

Il est vrai qu'à partir du 13 avril 1975 qui vit le déclenchement de la guerre civile au Liban et jusqu'aux accords de Ṭā'if du 22 octobre 1989, Y. Moubarac s'est impliqué de très près comme médiateur entre les forces en conflit lors de ces longues années qui mirent son cher Liban à feu et à sang[3]. On le voit alors

1. Beyrouth, Cénacle libanais, 1972, vol. I : 210 p., vol. II : 238 p., vol. III : 372 p., vol. IV : 312 p., vol. V : 288 p.

2. En collaboration avec Jean-Paul Gabus et Ali Merad, Paris, Cerf, 1982, 187 p.

3. *Cf.* « Dates principales de l'histoire contemporaine du Moyen-Orient », *YM*, p. 604-660 : « 1976 : désintégration de l'armée libanaise en quatre factions principales ; pénétration au Liban des troupes syriennes ; les Israéliens ripostent en obtenant l'ouverture de leur frontière avec le Sud-Liban ; la Force de Dissuasion Arabe se déploie au Liban ; élection d'Elias Sarkis à la présidence de la République libanaise. Désormais le sort du Liban se joue entre des factions. Côté chrétien, les phalanges chrétiennes (Kataëb) de Béchir et Amine Gemayel ; les Forces Libanaises (FL) qui, sous la direction de Samir Geagea, se transformeront en parti politique ; le Bloc National Libanais (BNL) autour de Raymond Eddé ; le Parti National Libanais (PNL) de Camille Chamoun ; l'Armée du Liban-Sud (ALS), financée par Israël, commandée par Saad Haddad, puis Antoine Lahad. Côté druze, le Parti Socialiste Progressiste (PSD) de Kamal, puis Walid Joumblatt ; le Mouvement National Libanais (MNL) qui réunit les formations de gauche au sein d'un mouvement de soutien à l'OLP (Organisation de la Libération de la Palestine). Côté palestinien et chiite, le Front Patriotique de Libération de la Palestine (FPLP) de Georges Habache, opposé au Fatah d'Arafat, très actif au Liban ; le Hezbollah, mouvement intégriste chiite, dirigé par Hassan Nasrallah ; Amal (Bataillons de la résistance libanaise), rival du précédent, dirigé par Hussein El-Husseini, puis Nabih Berri ». Tout prendra fin avec « les accords de Taëf, le 22 octobre 1989, où 58 des 62 députés

en France et au Liban tout à la fois, et aussi en bien d'autres pays, là où tout est tenté pour réconcilier les partis libanais en conflit et pour ramener la paix entre israéliens et palestiniens. Nombreux sont alors ses articles à ces sujets dans la quotidien français *Le Monde*, d'autant plus qu'il y a eu la disparition, en Libye, de son ami le shaykh Mūsā Ṣadr et que se sont multipliées les missions libano-palestiniennes auxquelles il participe. Que de projets n'élabore-t-il pas alors, tous azimuts, pour la paix au Liban et en Terre Sainte, dont beaucoup se révèlent « sans suite » comme en témoigne encore son *Autobiobibliographie*. C'est alors qu'il commence à publier ses livraisons ronéotypées *Libanica* sur les conflits moyen-orientaux tout en faisant éditer, en 1984, sa *Pentalogie antiochienne : Domaine maronite*[1]. L'année suivante, il se réinstalle au Liban et s'y consacre activement à la préparation d'un synode de l'Église maronite[2]. À partir de 1989, il entreprend la restauration du couvent de Qannoubîne, l'ancien siège patriarcal situé dans la vallée de la Qadisha[3]. Mais la décision prise en 1991 par Jean Paul II de convoquer à Rome un synode extraordinaire pour le Liban englobant toutes les Églises catholiques mit paradoxalement un terme à ce projet qui lui était devenu très cher : aussi démissionna-t-il de toutes les fonctions assumées en vue du synode maronite et décida-t-il, en 1992, de revenir définitivement en France, y prenant résidence comme aumônier chez les Bénédictines de l'abbaye de Notre Dame de Jouarre[4], près de Paris, qu'il avait découvertes en 1966. Il devait s'y consacrer plus que jamais à faire connaître les richesses de la spiritualité de la tradition ecclésiale antiochienne. C'est le 24 mai 1994, la veille de la fête de l'Ascension du Seigneur, qu'il devait mourir près de Montpellier, victime d'un infarctus massif, alors qu'il s'employait encore à faire connaître les richesses de la spiritualité de l'Église syriaque. Il laissait à ses amis un témoignage et des écrits dont il convient de prendre exactement la mesure, car s'il fut un excellent connaisseur de l'islam et un théologien particulièrement soucieux des musulmans, ce fut aussi un partisan déterminé du dialogue islamo-chrétien et un militant irréductible de la cause arabe et palestinienne en même temps qu'un membre amoureusement

libanais, réunis dans cette ville saoudienne, approuvent le document d'entente nationale soumis par le comité tripartite arabe (Arabie saoudite, Algérie, Maroc) », mais entretemps il y aura eu l'assassinat du président Béchir Gemayel en 1982 après l'invasion israélienne au Liban, suivie des massacres de Sabra et Chatila, l'échec de la « guerre de libération » de l'armée libanaise du général Michel Aoun contre les forces syriennes (mars 1989), l'assassinat du président René Mouawad à peine élu (novembre 1989) et l'exil en France de Michel Aoun, en 1991.

1. Beyrouth, Cénacle libanais, 1984, vol. I : LVI et 1313 p., vol. II : 915 p., vol. III : 776 p., vol. IV : 444 p., vol. V : 764 p.

2. Il est en même temps secrétaire général de la Commission conciliaire maronite, secrétaire auprès de l'assemblée des patriarches et des évêques catholiques du Liban, secrétaire général de l'Assemblée des Patriarches catholiques d'Orient et secrétaire général du Patriarcat maronite.

3. *Cf.* Carol H. Dagher, « La restauration de Qannoubîne au Liban », *YM*, p. 88-92.

4. *Cf.* Sœur Aguilberte de Suremain, « À Notre-Dame de Jouarre », *YM*, p. 86-87.

fidèle de l'Église maronite et un spirituel existentiellement angoissé du salut de tous. Seul un essai inachevé d'autobiographie, au titre original, *Le journal d'un curé de campagne à l'envers* [1], laisse entrevoir quelles étaient les secrètes richesses de sa personnalité, mais c'est toute son œuvre ainsi que ses écrits qui en font découvrir le mystère irréductible [2].

UN EXCELLENT CONNAISSEUR DE L'ISLAM

Citoyen libanais bien informé des complexes réalités confessionnelles de son pays, tant chrétiennes que musulmanes, Y. Moubarac en fidèle disciple et en étroit collaborateur du professeur L. Massignon qui l'avait associé de très près à la rédaction de la *Revue des Études Islamiques* et de ses *Abstracta*, était bien vite devenu un parfait connaisseur de l'Islam contemporain dans la grande variété de ses cultures nationales, de ses écoles canoniques et de ses traditions spirituelles. Ses multiples activités pastorales et ses divers enseignements universitaires l'amenèrent ainsi à publier bien des articles d'information et des études monographiques, tout en préparant des thèses essentielles en théologie comparée. Sa participation aux *Cahiers sioniens* de juin 1951 [3], numéro consacré à *Abraham, père des croyants*, annonçait déjà le livre qu'il publierait en 1958, *Abraham dans le Coran*, objet de son doctorat en théologie à l'Institut Catholique de Paris (1951), ce qui le mettait dans la droite ligne de la spiritualité de L. Massignon qui en rédigea le *Liminaire*. Parallèlement, et toujours encouragé par celui-ci, Y. Moubarac avait publié des études sur le Coran : « L'affirmation monothéiste dans le Coran » [4], « La prière dans le Coran » [5] et « La prière coranique en Islam » [6], ainsi que sur les origines de l'Islam : « Eléments de bibliographie sud-sémitique » [7], « Les études d'épigraphie sud-sémitique et la naissance de l'Islam » [8] et « La naissance de

1. Cet inédit de 160 pages, ronéoté à quelques exemplaires, est présenté, avec quelques extraits, par Jean-Sébastien et Dominique Letourneur, « En relisant le "diaire" : anniversaires, rencontres, pèlerinages », *YM*, p. 43-65.

2. Pour ces écrits, *cf.* « Homélies et textes divers (profanes, religieux)», *GC*, p. 455-486 et p. 487-532. *Cf.* aussi les propos de Hussein El-Husseini, recueillis et traduits par Carole H. Dagher, « Youakim Moubarac, une des personnalités les plus éminentes que le Liban ait connues en matière de dialogue », *YM*, p. 396-400.

3. Sous le titre « Abraham en Islam », p. 104-120, *Cahiers sioniens*, V^{e} année, n° 2, 1952, avec une préface du Cardinal Eugène Tisserant.

4. *Dieu vivant*, 20, 1951, p. 73-92, repris dans *PIC*, t. 2, p. 101-125.

5. *Bulletin du Cercle Saint Jean-Baptiste*, oct.-nov. 1952, repris dans *L'Islam*, p. 67-91.

6. *Église vivante* (Louvain et Paris), VIII, 1956, p. 411-423.

7. *Revue des Études Islamiques*, 1955, p. 123-176.

8. *Revue des Études Islamiques*, 1957, p. 13-68, repris dans *PIC*, t. 2, p. 195-277.

l'Islam »[1]. S'y ajoutaient des articles sur les personnages bibliques en Islam : « Moïse dans le Coran »[2] et « Le prophète Elie dans le Coran »[3] et d'autres sur les beaux noms de Dieu : « Les noms, titres et attributs de Dieu dans le Coran et leurs correspondants en épigraphie sud-sémitique »[4], toutes choses qui l'amenèrent à proposer un livre sur *L'Islam* en 1962. Une première partie y présentait *L'Islam des origines et les constantes de l'Islam* : I. Sa naissance[5], II. Son dogme et sa loi[6], III. Sa prière[7]. Une deuxième partie, consacrée à *L'Islam médiéval*, évoquait IV. Les grandes heures de l'Islam et V. Le développement de *sa pensée religieuse*[8]. Une troisième partie s'interrogeait sur *L'Islam contemporain et la destinée de l'Islam*, à savoir VI. L'Islam actuel[9] et VII. La situation religieuse de l'Islam[10]. En conclusion, des *Requêtes chrétiennes en terre d'Islam* étaient formulées au nom des Arabes chrétiens, avant que le livre ne s'achève par une table démographique du monde musulman, des statistiques, une table des principales fêtes musulmanes et un vocabulaire islamique, suivi d'une ample bibliographie.

Mais c'est son *Abraham dans le Coran* qui illustre l'ampleur des connaissances islamologiques de Y. Moubarac. Après un docte *Avertissement*, celui-ci introduit l'ensemble de son étude par un chap. premier, « La prophétologie

1. *Lumière et Vie*, 25, 1960, p. 9-31.

2. *Moïse, l'homme de l'alliance*, Paris, Desclée et Cie, 1955, n° spécial des *Cahiers sioniens*, n° 2-3-4, 1954, p. 373-393, repris dans *PIC*, t. 2, p. 127-156.

3. *Études Carmélitaines*, t. 2, 7.2.1956, repris dans *PIC*, t. 2, p. 157-176.

4. *Le Muséon*, Louvain, LXVIII, 1955, p. 93-136, repris partiellement dans *PIC*, t. 2, p. 179-193.

5. «1. *La naissance de l'Islam. Quelques faits et dates*. 2. *La naissance de l'Islam. Le message coranique* (A. L'ordre chronologique du Coran et les "variations" de son message. L'histoire d'Abraham. B. Les "sources" du message coranique. C. Le monde "arabe" à la naissance de l'Islam. D. La naissance de l'Islam). 3. *Note sur la dévotion musulmane à Mahomet*. Note sur le texte du Coran et son établissement ».

6. « 1. *Le monothéisme, ses signes et ses messagers* (A. Trois termes de la foi musulmane. B. Le monde et l'existence de Dieu. C. Création et Résurrection. D. Les messagers divins, le monothéisme et l'eschatologie. E. Les prophètes : Abraham, Moïse, Elie, Jésus, fils de Marie). 2. *Les grandes pratiques de l'Islam* ».

7. « 1. *La prière dans le Coran* (1. Le Dieu de la prière dans le Coran, 2. Prière et foi monothéiste, 3. Modes de la prière, *Dhikr* et *Shukr*, 4. Dispositions et mobiles de la prière, 5. Les deux prières, 6. Le temps et les heures de la prière, prière et eschatologie). 2. *La prière coranique en Islam* (1. La prière rituelle, 2. La prière libre, 3. La prière des mystiques) ».

8. « 1. *Stratifications juridiques* (A. Les sectes : Le Kharijisme, Le Shi'isme, Autres sectes. B. Les "rites"). 2. *Essais théologiques*. 3. *Instances philosophiques*. 4. *Poussées mystiques* ».

9. « 1. Extension actuelle du monde musulman, 2. Tendances actuelles de l'Islam, 3. Questions actuelles des pays d'Islam ».

10. Où se suivent les 12 titres suivants : « À la recherche d'une hypothèse, Videtur quod non, Pour une vision chrétienne de l'Islam, Trois raisons pour une option, Attitude à l'égard de l'Islam, Pour un dialogue islamo-chrétien, Pour une conception plus exacte du temps, Dialogue sur le monothéisme, Dialogue sur les sources et les Écritures révélées, Le prophétisme dans l'espace et dans le temps, La mystique en Islam, Marie, mère de Jésus ».

coranique et la place qu'y occupe le personnage d'Abraham »[1] et un chap. II, « Présentation générale du personnage d'Abraham dans le Coran ». Sa première partie développe « L'histoire d'Abraham dans le Coran et la critique textuelle ». Au chap. III, « L'histoire des deux Abraham dans le Coran » se prononce par rapport à « la présentation des thèses de Snouck-Hurgronje et de Wensinck » : « Le portrait d'Abraham comme "type" religieux est achevé à la Mekke, "Aucun admoniteur n'a été envoyé aux Arabes" (avant Muhammad) : examen de cette proposition ». Le chap. IV envisage « L'histoire d'Ismaël dans le Coran » et répond à deux questions : « Comment le Coran n'ignore pas à la Mekke la généalogie abrahamique des Arabes ? (À partir de la philologie. À partir des sourates mekkoises où il est question d'Ismaël) Pourquoi le Coran explicite à Médine la généalogie abrahamique des Arabes ? (Importance réelle de la figure d'Ismaël dans le Coran). Le bref chap. V parle alors de « La fondation de la Ka'ba » (Pourquoi n'en est-il pas question dans les sourates mekkoises ? Pourquoi en est-il question dans les sourates médinoises ?). La partie critique ayant ainsi été clarifiée, la deuxième partie peut alors insister sur *L'histoire d'Abraham dans le Coran et l'exégèse textuelle* après avoir répondu à « deux objections préliminaires ». Le chap. VI commente l'affirmation « La Religion d'Abraham est l'Islam » : « Le Dieu d'Abraham est le Dieu de l'Islam. Comment Abraham "prouve" l'existence du Dieu de l'Islam ? La Foi d'Abraham est la Foi de l'Islam ». Le chap. VII peut enfin s'étendre sur « Abraham et le sens de l'histoire religieuse dans le Coran » : « Textes et opinions (Torrey, Lammens, 'Abd el-Jalîl, Râzî). Sur une certaine progression dans la conception coranique de l'Histoire. Essai de synthèse (sur celle-ci). Place et rôle d'Abraham. Comparaison des points de vue biblique et coranique sur l'histoire religieuse ("type" et "modèle") ». L'ensemble impressionne par son ampleur de vue, par la richesse de ses appendices[2] et surtout par l'originalité de sa conclusion où l'auteur fait, avec audace, un parallèle spirituel entre Abraham et Muḥammad, intitulé *Etapes d'une voix spirituelle*[3]. Si L. Massignon a donné son aval à cette thèse de théologie de son ami et

1. Ce chapitre premier est ainsi développé : « I. La prophétologie coranique et Muhammad (Notion étymologique de "prophétie". Progression coranique), II. Les signes et les messages prophétiques dans le Coran (La similitude des signes et leur organisation. L'identité des messagers. Le nombre des prophètes coraniques classés par période. Les séries prophétologiques), III. La place d'Abraham parmi les prophètes coraniques (Table des récits concernant Noé, Abraham (et Loth), Moïse (et Pharaon), Jésus ».

2. Ils sont au nombre de sept : I. Tableau synoptique des récits concernant Abraham et Loth (39-40) ; II. Une biographie d'Abraham selon le Coran (49-52) ; III. Tableau synoptique des récits concernant Abraham, Isaac et Ismaël (83-86) ; IV Le Dhabîh : Quel le fils d'Abraham qui a été porté à l'immolation ? (87-90) ; V. Note sur l'ordre chronologique des sourates coraniques (91-96) ; VI. Étude sur le terme "hanîf" (149-162) ; VII. Sources coraniques (163-170).

3. *Cf.* Roger Arnaldez, « Lecture chrétienne du Coran chez Massignon et Moubarac », *YM*, p. 182-185.

disciple[1], d'autres n'ont pas manqué d'en souligner certaines ambiguïtés[2]. Mais l'importance d'Abraham n'en était pas moins soulignée comme « témoin central d'un commun monothéisme » pour musulmans, juifs et chrétiens.

Un théologien particulièrement soucieux des musulmans

Chrétien libanais et prêtre catholique ainsi devenu familier de l'Islam et solidaire des musulmans, Y. Moubarac se devait d'interroger sa propre tradition pour y discerner le jugement porté par elle sur l'Islam au cours des siècles. D'où le projet d'une œuvre magistrale *La pensée chrétienne et l'Islam* qu'il développa en deux temps. Son tome I, *Des origines à la prise de Constantinople*, fit l'objet de sa thèse de 3e cycle en études islamiques à la Sorbonne, en 1969[3] : elle ne fut jamais publiée. C'est le tome II, objet de sa thèse de Doctorat d'État à la même Sorbonne, soutenue en 1972, qui s'avère le plus important : intitulé *Recherches sur la pensée chrétienne et l'Islam dans les temps modernes et à l'époque contemporaine*, il fut publié à Beyrouth[4], en 1977. L'auteur y passe en revue tout ce qu'ont pu dire de la religion musulmane l'orientalisme européen et la pensée chrétienne à partir de 1453, siècle après siècle, jusqu'aux textes innovateurs du Concile Vatican II (1962-1965). Sa *Conclusion* (p. 523-555) exprime parfaitement le bilan qu'il en fait et il suffit d'en résumer les « lacunes », les « acquisitions » et la « problématique nouvelle ».

S'agissant des « lacunes », Y. Moubarac confesse qu'il y aurait bien des études complémentaires à faire quant à certains des penseurs qu'il a trop vite interrogés : Pascal, Voltaire, Renan, puis Grotius et Gibbon, Boulainvilliers et Carlyle, Forster et Newman, Lawrence d'Arabie et S. C. Chew, Pietro Della Valle et Varthema, etc. Quant aux « écrivains proprement religieux et qui se sont intéressés à l'Islam de près, écrit-il, nous distinguons deux sortes de penseurs. Ce sont ceux qui ont fait, bien qu'occasionnellement, métier de l'étudier, pour s'attacher ensuite, soit à le réfuter, soit à le défendre », ce qui lui permet d'évoquer Vivès, Michel Nau, Michel Servet, de Lugo, Leibniz, et, parmi les contemporains, Toynbee, Americo Castro, Zaehner, Cuttat, René

1. Il pouvait affirmer en son *Liminaire* : « La foi au Dieu d'Abraham, d'Isaac et de Jacob est le fait essentiel de l'histoire humaine, et l'Islam salue Abraham le "premier des musulmans", *ce qui est vrai : théologiquement vrai* [...]. Les Juifs et les Chrétiens ont tort de croire que la foi dans la Loi donnée à Moïse, et même dans la Dernière Cène du Christ, dispense de croire à l'existence historique d'Abraham, "patriarche de tous les croyants", pour le salut général ».

2. *Cf.* la recension critique qu'en fit le Père G. C. Anawati dans la *Revue Thomiste*, 4, 1964, publiée telle quelle dans *PIC*, t. 2, p. 63-78 et *YM*, p. 133-140.

3. Le 12 novembre, sous la direction de M. Maurice de Gandillac (avec Henri Laoust et Roger Arnaldez comme membres du jury).

4. Publications de l'Université libanaise, XXII, 612 p., avec une préface d'Edmond Rabbath.

Guénon et Dermenghem, sans parler des nombreux penseurs arabes chrétiens par lui signalés. Et de faire alors une proposition : « Il y aurait une œuvre à la fois plus simple et plus conséquente à entreprendre : ce serait une sorte de *Bibliander* remis à jour. Et d'abord le *Bibliander* tel quel. On se sera rendu compte qu'en fait cette œuvre est une anthologie de la littérature médiévale européenne concernant l'Islam, augmentée des préfaces des grands Réformateurs et de l'éditeur lui-même [1] [...]. Mais il suffirait alors que le travail soit entrepris, pour que le regain certain de réflexion théologique sur l'Islam que nous enregistrons dans l'actualité, puisse repartir sur de nouvelles bases. Il se passerait pour l'ensemble de cette réflexion ce qui s'est passé dans notre propre cas. Après un essai de réflexion personnelle sur l'Islam, que nous avons voulu reporter sur l'oeuvre de Massignon, estimée révolutionnaire en la matière, comme aux Textes de Vatican II, documents absolument originaux pour la pensée chrétienne à ce sujet, nous avons voulu assortir notre réflexion d'un simple *status questionis* qui n'était dans notre estimation qu'un préliminaire. Le préliminaire est devenu depuis lors essentiel et l'analyse historique, nécessaire à toute réflexion ultérieure ».

Quant aux « acquisitions », Y. Moubarac entend souligner « les plus symptomatiques » d'entre elles : « quels que soient les retours de flamme des nostalgiques de la chrétienté contre "l'ennemi héréditaire", ou leurs intentions et leurs plans à l'encontre du "bloc inconvertissable", il est certain que tant la politique du Saint-Siège que la doctrine de l'Église catholique semblent maintenant fixées en matière de rapports islamo-chrétiens ». Un certain consensus rassemble les chrétiens, toutes confessions confondues, selon « deux ordres de données autour desquels se rallient les esprits, non sans éviter encore les querelles ». Il y a d'abord « un assez large accord de la conscience chrétienne sur l'Islam comme "religion de la Nature" parfaitement respectable, à l'exception de telle ou telle manifestation de sa vie familiale ou sociale [2] [...]. Il n'est pas difficile non plus de dégager un minimum de données communément reçues désormais sur Mahomet et le Coran, bien que l'on soit encore apparemment assez réticent dans le Christianisme sur le premier sujet par

1. La Collection du *Bibliander* (1543), œuvre de Theodor Buchmann (1504-1564), théologien de Zurich, comprend un 1er volume : *Connaissance de l'Islam* avec toute la *Collection de Tolède* de Pierre le Vénérable (*Fabulae Saracenorum, Liber Generationis Mahumet, Doctrina Mahumet*, trad. latine du Coran, *Epistola Saraceni et Rescriptum Christiani, Summa totius Haeresis Saracenorum, Liber contra sectam sive haeresim Saracenorum*), un 2e volume : *Réfutation de l'Islam* avec des textes de Vivès, Maffei et Savonarole, la *Correspondance* entre al-Hâshimî et al-Kindî et la *Confutatio Alchorani* de Ricoldo da Montecroce, et un 3e volume : *Les Turcs*, avec *Us et coutumes et méchanceté des Turcs* de George de Hongrie et divers textes (dont la correspondance entre Pie II et Mehmet II).

2. « On voit, ajoute ici l'auteur, qu'on suivrait sur cette piste tout ce qui a pu être dit au moins depuis Abélard sur l'Islam entendu comme une position philosophique et pouvant de ce fait être assimilé à une sorte d'alliance primitive ou d'Économie de la Nature ».

rapport au second »[1]. Ensuite, « il nous semble que c'est le domaine de la mystique musulmane où la pensée chrétienne aura fait le plus de chemin, non sans qu'il soit encore bordé d'écueils, tant à cause de la situation de la mystique en Islam, que des exigences de la foi chrétienne [...]. Bref, il se trouve que la pensée chrétienne aura accordé à la mystique musulmane ce qu'elle a refusé à l'Islam. Cela est d'autant plus significatif que l'Islam soi-disant traditionnel refuse sa mystique. Alors le problème fondamental est posé. Dans la reconnaissance de l'Islam, quel Islam finalement le Christianisme va-t-il reconnaître ? »[2]. À ces deux « acquisitions », il faut encore ajouter « deux séries de constatations positives » : « en Orient, la réponse chrétienne s'essaie toujours à la forme rationnelle » et fait « refleurir l'examen chrétien des Écritures islamiques à la manière médiévale »[3].

Mais c'est en sa « problématique nouvelle » que Y. Moubarac propose en partage les fruits de sa réflexion théologique, à la suite des « intuitions » glanées au cours de sa longue enquête auprès des penseurs chrétiens des temps modernes, parmi lesquels il privilégie Forster, Leibniz, Asin y Palacios et Lammens[4], avant de faire sienne l'approche spirituelle du Père de Menasce et du cardinal Journet. Pour le Père de Menasce, alors qu'il analyse, en bon thomiste, la théologie de Kraemer, « le plus grand théologien protestant contemporain qui se soit intéressé à l'Islam », il est clair que « l'Islam, à n'en pas douter, est à ranger parmi les hérésies : la Révélation biblique, pour être mal connue, n'y est pas ignorée, elle y est formellement rejetée quant aux vérités essentielles : l'Incarnation et la Trinité ; mais c'est bien à la Révélation que le Coran entend se rattacher »[5] si bien que Y. Moubarac peut dire, à ce sujet, qu'« on en revient là à la première page de la pensée islamologique chrétienne, c'est-à-dire à saint Jean Damascène ». Car il fait sien « l'essai d'interprétation de l'Islam par Charles Journet » qui « s'inspire de J. de Menasce et d'autres encore». Pour ce faire, il s'attache « à un texte inédit de 1967 » où le

1. C'est toute la p. 535 qu'il conviendrait de lire ici à propos du fondateur de l'Islam, dont la sincérité est plus particulièrement reconnue (*cf.* R. Arnaldez).

2. Et l'auteur de s'expliquer à ce sujet : « Disons alors que si la pensée chrétienne s'est tellement interrogée jusqu'ici sur l'Islam et ne se soit pas encore fixée, cela peut être attribué à une multitude de causes, mais que la raison fondamentale est le destin même de l'Islam toujours en tension et n'ayant pas encore reconnu sa vraie nature ».

3. Et de signaler, à la suite, que « la reconnaissance par Charles Forster d'une vocation à l'universalité de la langue arabe coïncide en fait avec l'universalité de l'Islam ».

4. Le premier « reconnaît à l'Islam non seulement un rôle auprès des nations païennes, mais sur le Christianisme lui-même » ; le second considère que l'Islam aura été « comme le propagateur d'une doctrine religieuse et morale non seulement révélée à Moïse, mais encore proposée par Jésus (Économie de la Nature) » ; le troisième « reconnaît à l'Islam tant philosophique que mystique, et tous deux profondément religieux et orthodoxes, une exemplarité singulière dans l'édification de la chrétienté » ; le quatrième voit dans l'Islam un « retour à un Judaïsme exclusivement sémitique ».

5. Extrait par Y. Moubarac du livre du Père de Menasce, *Permanence et transformation de la mission*, Paris, Cerf, 1967, 192 p., aux p. 120-122.

cardinal Journet délivre sa pensée théologique[1] : « Le message de Mahomet, trésor suprême de l'Islam, c'est la *révélation surnaturelle* (c'est lui qui souligne) du Dieu unique et transcendant faite à Abraham, ouverte chez lui au mystère de la Trinité et de l'Incarnation rédemptrice, mais bloquée, stoppée, figée, lors du faux-pas d'Israël, et reçue par Mahomet, en vertu d'une méprise non coupable, comme anti-trinitaire et anti-chrétienne; d'où la terrible et durable ambiguïté de ce message »[2]. Il est évident, pour le cardinal, que Dieu ne saurait jamais être rendu responsable de cette « tragique méprise », d'autant plus qu'il formule aussitôt une « précieuse remarque » qui retient toute l'attention de Y. Moubarac : « La notion du Dieu unique et transcendant, mutilée dans l'Islam (et dans Israël), il suffira à Dieu d'envoyer sur elle un rayon de sa lumière pour l'ouvrir, la vivifier, la faire éclore en la notion d'un Dieu d'amour que les soufis (et les hassidim) ont pressentie, redécouverte et même proclamée ». Et c'est bien dans cette ligne que notre auteur poursuit alors sa « problématique nouvelle », en s'appuyant tant sur le Père Lagrange[3] que sur Raïssa Maritain, laquelle se réfère, en son *Journal*, au constat final du cardinal : « Une seule certitude dans notre ignorance nous reste : *Dieu sait ce qu'il permet* »[4]. C'est pourquoi Y. Moubarac, récusant toute fausse interprétation des propos du cardinal Journet[5], entend bien situer ainsi l'Islam dans le cours de l'histoire religieuse de l'humanité par « une prise de position globale et sans ambiguïté sur le message par lui transmis, ses "sources" et son unité ».

C'est pourquoi il voulut expliciter tout cela, en 1976, dans son article « La pensée chrétienne et l'Islam. Principales acquisitions et problématique

1. « Mais, dit-il, ce texte est précédé d'un autre sous l'interrogation : *Qui est membre de l'Église?* et ces deux réflexions spécialisées se réfèrent à deux visions plus vastes, l'une spirituelle, dans des *Entretiens sur la grâce*, et l'autre proprement théologique, puisqu'il s'agit de cette véritable somme que constitue la *Théologie du Verbe Incarné* ».

2. Et le cardinal de préciser : « Le contenu du message, nous venons de le dire, c'est la notion du Dieu unique et transcendant, manifesté originairement à Abraham dans la lumière prophétique de la révélation biblique, mais devenu, dans le miroir déformant d'une méprise commune à Israël et à l'Islam, anti-trinitaire et anti-chrétienne. Ce n'est pas une simple notion philosophique de Dieu, c'est une notion religieuse primitivement révélée – et qui garde un puissant prestige – qui est ainsi saccagée ».

3. Et son étude *Le messsianisme chez les Juifs, 150 a.C. à 200 ans après*, Paris, Gabalda, 1909, ici cité par Y. Moubarac en sa p. 308.

4. D'où ce qui est encore rapporté de lui par Raïssa : « Aujourd'hui l'Islam couvre le cinquième de l'humanité. *C'est une bénédiction*, si l'on pense aux peuples qui sans cela pourraient être animistes, polythéistes, panthéistes, surtout athées. *C'est une tristesse*, si l'on pense aux peuples qui sans cela pourraient être chrétiens. Redisons ici la parole d'il y a un instant : *Dieu sait ce qu'il permet* ».

5. « L'Islam n'est pas né d'un influx juif » est-il alors affirmé, contre les thèses de Zacharias, et « on ne considère plus alors l'Islam comme un ismaélitisme », car il relève d'un « abrahamisme » fondamental (« connaturalité du Prophète arabe avec Abraham »).

nouvelle » de la revue *Concilium*[1] à laquelle il confiait ses « interrogations », tout en y intégrant la pensée du cardinal Journet, avant d'évoquer les « exigences et difficultés du dialogue ». Distinguant opportunément entre « approche théologique et sensibilité religieuse », il observe, chez ses contemporains chrétiens vivant « en pays d'Islam », « une primauté du contemplatif qui intègre l'existentiel et rachète aussi bien le politique que le théologique ». Refusant tout « historicisme abusif », il lui « paraît que l'ensemble des chapitres XII et suivants du premier livre de la Bible devrait recevoir un traitement analogue à celui dont les chapitres I à XI ont fait l'objet » : « Tous sont exclus par le péché et tous rachetés par la grâce ». Y. Moubarac rejoindrait volontiers Mgr Georges Khodr, métropolite orthodoxe du Mont Liban, qui souhaite « corriger l'étroitesse apparente d'une christologie sotériologique limitée à l'histoire d'Israël et de l'Église par une mystériologie du Logos et de l'Esprit étendue à l'histoire universelle », laquelle pourrait voir dans l'Islam, au nom de toutes les autres religions, « une protestation commune à l'encontre d'un prérogativisme chrétien hérité du prérogativisme juif ». Comment envisageait-il encore, en 1988, « l'histoire du salut » au terme de ses luttes et de ses méditations ? Dans un colloque parisien sur les Chrétiens d'Orient, il y disait : « Ceux qui sont ici savent que je conteste fondamentalement la théologie de l'histoire du salut. J'ai passé trente ans de ma vie pour, je dirais, la rendre acceptable, en disant que cette histoire de salut dite judéo-chrétienne n'était pas exclusive, ni excluante, et qu'au moins elle devait s'élargir à l'Islam. Pendant trente ans donc on a fait de l'abrahamisme ; je dois déclarer, sans brûler ce que j'ai adoré, que je trouve ce schéma tout à fait ambigu ». Toutes considérations, positives ou désabusées, qui lui ont fait dire, à la suite de Roger Arnaldez, combien le dialogue islamo-chrétien s'avérait difficile, tout en étant inéluctable.

UN PARTISAN DÉTERMINÉ DU DIALOGUE ISLAMO-CHRÉTIEN

« C'est pourquoi, comme l'écrit G. Corm, derrière le grand savant islamologue, héritier de L. Massignon, se découvre, en fait, l'itinéraire personnel de Y. Moubarac à travers l'analyse de son œuvre sur les rapports islamo-chrétiens. Pour lui, en effet, le dialogue islamo-chrétien est le prélude indispensable pour la double réconciliation entre l'Europe chrétienne et l'Orient musulman, mais aussi la réconciliation et la concorde des Libanais entre eux ». Ses trois thèses et sa *Pentalogie islamo-chrétienne* témoignent, à leur manière, de l'importance

1. Aux p. 39-56 d'un numéro spécial (n° 116) de cette revue internationale de théologie, intitulé *Chrétiens et musulmans*, après y avoir présenté, avec Guy Harpigny, « L'Islam dans la réflexion théologique du christianisme contemporain » (p. 28-38).

qu'il y a toujours attachée. Pour lui, « l'Islam est un défi positif pour le Christianisme qu'il ne faut pas hésiter à accepter en toute fraternité ». Aussi s'est-il employé à explorer toutes les voies possibles en ce dialogue, y multipliant inlassablement les recherches et les audaces ainsi que les rétractations et les contre-propositions. Il voulut y tenir compte des observations de R. Arnaldez[1] pour en déduire un premier constat ainsi exprimé : « a) Le dialogue doit s'engager avec les hommes religieux de l'Islam ; mais doit-on à ce point privilégier le sunnisme que l'on écarterait le chi'isme, la mystique ou le néo-mu'tazilisme ? b) Ce dialogue proprement religieux cessera-t-il par ailleurs d'être existentiel et la politique ne fait-elle pas partie intégrante de la vision islamique du monde ? c) Il est certain que la foi musulmane soustrait le Coran à la critique historique ou textuelle, du moins au sens occidental du mot. Le soustrait-elle pour autant à tout essai nouveau d'interprétation, dans le génie même de l'Islam, lequel peut non seulement refuser de bon droit le sort fait aux Écritures chrétiennes par tant d'écoles qui en ont évacué le message, mais encore proposer à la conscience moderne une nouvelle approche des textes sacrés ? d) Ce dialogue n'est-il d'ailleurs qu'un dialogue et ne devrait-on pas concevoir, pour sa rectitude totale, le colloque inter-religieux ? e) D'ailleurs, la meilleure preuve que le dialogue est possible, nonobstant ces difficultés, c'est l'usage qui en a été fait au cours des dernières années et qui témoigne, sous des formes différentes, d'une pratique multiséculaire ».

C'est bien à la suite de sa vaste enquête historique de ses thèses en Sorbonne et dans l'esprit de cet abrahamisme si cher à son maître, L. Massignon, que Y. Moubarac s'est employé à explorer des voies nouvelles tout en participant volontiers aux diverses rencontres de dialogue autour de la Méditerranée, et tout d'abord au Liban[2]. D'où, en 1971, son livre de « Verse et Controverse » intitulé *Les musulmans*[3] où il interroge Muhammad Arkoun,

1. Cf. *Recherches sur la pensée chrétienne et l'Islam dans les temps modernes et à l'époque contemporaine*, p. 550-555, et *Concilium*, 116, p. 54.

2. *Cf.* son article « Le dialogue islamo-chrétien au Liban », *PIC*, t. 4, p. 100-231, puis dans *YM*, p. 239-267

3. Paris, Beauchesne, 1971, 140 p. dont voici le sommaire : *Avertissement* (5-13). *1. Questionnaire* (15-38). *2. Réponses de MM. Hamidullah, Hussein, Madkour et Nasr* (39-94) : I. Controverses anciennes : A. L'Islam vu par les chrétiens : 1. Le Prophète et sa mission, 2. Le Coran et sa signification religieuse, 3. Le Dieu de l'Islam et la foi islamique, 4. La morale islamique, 5. Le salut de l'Islam, B. Le Christianisme envisagé par les musulmans : 6. Les Écritures chrétiennes et le problème de leur authenticité, 7. La foi chrétienne : monothéisme et Trinité, 8. La nature de Jésus et le problème de sa crucifixion, 9. Le salut des chrétiens, 10. Le statut des chrétiens. II. Problèmes actuels : A. Problèmes actuels du monde musulman entrevus par les chrétiens : 11. Critique textuelle du Coran, 12. Religion et État, 13-14. Imamat islamique et relations entre Sunnisme et Chi'isme, 15. Philosophie et mystique, B. Aspects actuels du Christianisme entrevus par les musulmans : 16. Mission et prosélytisme, 17. Christianisme et colonialisme, 18. Christianisme et orientalisme, 19. Littérature arabe chrétienne, 20. Moines et mystiques chrétiens en Islam. III. Convergences et perspectives d'avenir : 21. Langue arabe et culture moderne, 22. Culture,

Hassan Askari, Muhammad Hamidullah, Hassan Hanafi, Muhammad Kamel Hussein, Ibrahim Madkour et Seyyed Hosein Nasr, en leur proposant un ensemble de trente questions sur les « I. Controverses anciennes, II. Questions actuelles, III. Convergences et orientations pour l'avenir. Sous chacune de ces rubriques, une première série de cinq questions intéresse l'Islam vu par les chrétiens et une autre, également de cinq, concerne le Christianisme vu par les musulmans ». Il convient de prendre acte de ce qu'il en dit dans son *Avertissement*[1], car, dit-il, « sur une dizaine de correspondants, sept ont pu satisfaire à notre demande » en toute liberté d'expression, deux d'entre eux récusant même le questionnaire pour y mieux répondre par une étude (H. Hanafi) ou une supplique (Md Arkoun). « D'une manière générale et en divers endroits, constate-t-il, la position abstraite ou intellectuelle des problèmes, "à la manière ancienne", a pu paraître dépassée [...]. Concernant le sujet si débattu depuis toujours entre le monothéisme et la Trinité, on remarquera sans peine les prises de positions traditionnelles ici exprimées [...]. Concernant la question de la crucifixion de Jésus, je me permets de reconnaître que j'ai été d'abord quelque peu déçu de ne trouver dans aucune des réponses sollicitées à ce sujet un essai de réinterprétation textuelle du Coran [...]. Je me rends parfaitement aux sollicitations discrètes de mes correspondants comme à leur fin de non-recevoir, courtoise mais ferme, à l'endroit d'une critique textuelle du Coran "à l'occidentale" [...]. Les réponses à la question concernant la distinction entre la religion et l'État ne m'ont pas paru dégager, au-delà d'une diversité légitime, une convergence supérieure [...]. Le manque d'intérêt pour la littérature arabe chrétienne est lui-même significatif [...]. Reconnaissant plutôt sous le signe d'une même arabité de naissance ou d'adoption un même climat, voire une patrie commune, à l'Islam et au Christianisme, ce n'est, ni plus ni moins, ce que j'attendrais du dialogue islamo-chrétien, une véritable reconnaissance mutuelle ». On sait que Y. Moubarac avait songé à une « Déclaration islamo-chrétienne » qui reprendrait, après échanges et discussions, des formules d'accord ou de dépassement du contentieux de jadis et de toujours en même temps que des propositions de collaborations culturelles et politiques face aux défis du monde moderne[2].

science et technologie, 23. Société et idéologies modernes, 24. Problèmes concernant la famille, la femme et l'enfant, 25. Monde islamique et Tiers Monde, 26. Problème palestinien, 27. Œcuménisme abrahamique et dialogue des religions, 28. Minorités, 29. Conscience religieuse et monde sécularisé, 30. Autres questions. 3. *Le monde islamique entre révolutionnaires et réactionnaires*, par M. H. Hanafi (95-120). 4. *Supplique aux Chrétiens*, par M. Arkoun (121-126). 5. *Le complexe islamo-chrétien de foi et d'engagement*, par M. H. Askari (127-134). Postface par Muhammad Kamel Hussein et par Mgr Daniel Pézeril (135-140).

1. Reproduit intégralement, ainsi que le questionnaire et postface de Mgr D. Pézeril, dans *YM*, p. 242-257.

2. Son apport en ce domaine a été analysé par Mouchir Basile Aoun, « Le dialogue islamo-chrétien comme "lieu" théologique », dans *YM*, p. 186-213.

Comment ne pas souligner alors l'apport inestimable de sa *Pentalogie islamo-chrétienne*[1] publiée à Beyrouth, en 1972, où il rassemblait nombre de ses publications antécédentes ? Le tome I se devait d'y être consacré à *L'œuvre de Louis Massignon* où tout est donné de sa bibliographie. Le tome II, intitulé *Le Coran et la critique occidentale*, reprenait les études de Y. Moubarac sur *Abraham dans le Coran*, *Le monothéisme coranique et ses témoins* et *L'environnement arabe de l'Islam*. Le tome III se voulait expressément dédié à *L'Islam et le dialogue islamo-chrétien*, classant les documents réédités sous ces trois titres : « L'Islam dans une nouvelle perspective chrétienne[2], Contribution au dialogue islamo-chrétien[3], Recherches sur la pensée chrétienne et l'Islam »[4]. Dans la *Lettre* par lui adressée au Père Abd el-Jalil, en 1970, et reproduite intégralement en ce tome, il manifestait son désaccord profond quant au contenu du livre alors publié par le Secrétariat romain pour les non chrétiens, *Orientations pour un dialogue entre Chrétiens et Musulmans*, qui fait silence sur Mahomet, le Coran et la mystique musulmane[5]. Quant au tome IV, *Les chrétiens et le monde arabe*, et au tome 5, *Palestine et arabité*, il en sera parlé plus loin. Y. Moubarac devait encore s'exprimer sur les rapports islamo-chrétiens dans *Islam et christianisme en dialogue*[6] avec Jean-Paul Gabus et Ali Merad, en 1982, y développant ses *Approches chrétiennes de l'Islam vu d'Orient*. Dans une première partie, il s'explique sur « Trois approches chrétiennes de l'Islam » : 1. Dans

1. Cénacle libanais, vol. I : L'œuvre de L. Massignon, 210 p. ; vol. II : Le Coran et la critique occidentale, 238 p. ; vol. III : L'Islam et le dialogue islamo-chrétien, 372 p. ; vol. IV : Les Chrétiens et le monde arabe, 31 p. ; vol. V : Palestine et arabité, 288 p.

2. Les documents repris étant l'article *Islam* (2-39), *Comptes rendus de* Islam (41-57), *Islam et paix* (59-78).

3. Les documents repris étant *Y a-t-il une nouvelle vision chrétienne de l'Islam?* (81-93), *Les questions que le catholicisme se pose au sujet de l'Islam* (93-145), *Travaux et textes de Vatican II* (147-174), *Lettre au Père Abd el-Jalil* (175-210), *Chrétiens et musulmans au Conseil Œcuménique des Églises* (211-227).

4. Les documents repris étant *Remarques sur le christianisme et l'Islam, à propos de publications récentes* (231-242), *Position et conclusion de thèse sur la pensée chrétienne et l'Islam* (243-286), avec *La prière de l'Islam* (289-308) en *Épilogue*.

5. Il semble qu'il n'ait pas été consulté pour son élaboration, d'où cette *Lettre* adressée à l'un de ses rédacteurs, publiée intégralement dans *PIC*, t. 3, p. 184-210 et *YM*, p. 207-238. Le livre fut édité en 1969, Rome, Ancora, 162 p., en diverses langues, avant de connaître une nouvelle édition qui s'efforça de tenir compte de toutes les critiques exprimées en cette *Lettre*, *cf.* Maurice Borrmans, *Orientations pour un dialogue entre chrétiens et musulmans*, Paris, Cerf, 1981, 191 p., ouvrage également traduit en plusieurs langues.

6. Paris, Cerf, 1982, 187 p. Jean-Paul Gabus y offrait ses *Approches protestantes de l'Islam* (11-75) : 1. Les pionniers du dialogue (Hendrik Kraemer, Kenneth Cragg, Wilfred Cantwell Smith, Henri Corbin), 2. Dix ans de dialogue au Conseil Oecuménique des Églises, 3. L'attitude des protestants "évangéliques" » : ne pas renoncer à témoigner de Jésus-Christ, 4. La Commission Église-Islam de la Fédération protestante de France : un bilan. Ali Merad y proposait son *Esquisse d'une problématique* (77-86) : De l'incompréhension à la coopération, Le contexte politique, Les exigences du dialogue, Les enjeux d'un rapprochement.

l'effort de rectitude intellectuelle, 2. Sous les formes du partage existentiel, 3. Au niveau de l'émulation spirituelle. Sa première approche comprend un « Inventaire objectif de l'héritage musulman : le Coran et le Hadith, des convergences chrétiennes avec la pensée musulmane contemporaine, de la polarisation des uns et des autres sur la mystique et des essais contemporains de "légitimation" théologique de l'islam ». Sa deuxième approche considère « les luttes islamo-chrétiennes de la décolonisation (Machreq, Maghreb, Palestine), les trois théories de l'existence nationale (Antoun Saadé, le parti Baas, l'OLP), les trois perspectives islamo-chrétiennes de libération (l'arabité, la laïcité, la justice sociale) ». Sa troisième approche encourage « l'approche chrétienne du mystère de Dieu en fonction de l'islam (l'apophatisme chrétien), la "kénose" (les voies musulmanes de Jésus), l'invocation des noms divins et la prière du cœur ». Dans la deuxième partie, Y. Moubarac confie « Trois essais sur la condition chrétienne en Islam » qui relèvent de sa spiritualité personnelle qui sera évoquée en son temps. Aucun dialogue, en effet, n'est possible sans en découvrir les implications ascétiques et les exigences mystiques.

UN LIBANAIS, CHANTRE DE L'ARABITÉ ET DE LA MARONITÉ

Parce qu'il se voulait homme de dialogue universel, Y. Moubarac était habité, en effet, par une triple solidarité : une première solidarité avec tous les croyants dont la foi a pour modèle celle d'Abraham, une deuxième solidarité avec le Liban islamo-chrétien et son Église maronite et une troisième solidarité avec tous les Palestiniens, musulmans et chrétiens, victimes modernes d'une injustice historique. Il est certain que les événements dramatiques qui ensanglantèrent trop longtemps sa patrie d'origine, de 1975 à 1989, avec sur son territoire la « guerre des autres », le restituèrent pleinement, en quelque sorte, aux grandeurs historiques de la civilisation arabe de sa patrie d'origine, le Liban, et à la grande tradition antiochienne de son Église maronite. Que n'a-t-il pas fait, dit ou écrit, en collaboration constante avec le Cénacle libanais de Michel Asmar, en faveur du Liban dont il était bien conscient qu'il a une mission spécifique au Moyen Orient? Que de fois n'essaya-t-il pas de se proposer comme médiateur pour faciliter certaines réconciliations? Car, pour lui, comme le reconnaît G. Corm, « Liban, Palestine, Arabité et dialogue islamo-chrétien sont un même combat »[1]. Au cours des années de malheur, il s'emploie à rétablir le dialogue entre Libanais (1975-1977), surtout entre son ami, Kamal Joumblatt, et le jeune et fougueux Béchir Gemayel, qui mourront tous deux assassinés. Il intervient auprès des autorités françaises comme auprès

1. C'est ce que confirme Michel Lelong, « De la théologie à l'engagement politique», *YM*, p. 38-40.

des leaders palestiniens de 1977 à 1982, tout comme il agit de nouveau au front interne, dans « sa fidélité à Raymond Eddé, symbole d'intégrité et de dignité dans le chaos libanais ». D'où, en 1983, ce *Document* qu'il soumet à sa Béatitude le Patriarche Maronite et à leurs Excellences le président de l'Assemblée nationale et le président du Conseil p.i. comportant un projet de *protocole national* à établir entre eux[1]. Les 43 livraisons ronéotypées de son bulletin *Libanica* témoignent de ce qu'il fit alors pour le Liban de 1983 à 1995. On sait qu'il s'opposa en leur temps aux Accords de Taëf (octobre 1989) après avoir essayé, en vain, de mettre sur pied, à Paris, en 1985, une *Conférence Libanaise* « pour dégager un consensus national ».

Son attachement au Liban pluri-confessionnel de ses pères et à la langue arabe de la *Nahḍa* syro-libanaise a fait de Y. Moubarac un chantre de l'arabité (*'urba*) culturelle qu'il distingua toujours de l'arabisme (*'urûba*) politique. Le tome IV, *Les chrétiens et le monde arabe*, de sa *Pentalogie islamo-chrétienne*, rassemble les textes essentiels sur la question[2]. On y trouve maintes informations sur les présences chrétiennes dans le monde arabe et sur l'apport historique des Arabes chrétiens à la civilisation arabo-islamique. On y découvre aussi que Y. Moubarac avait envisagé la publication progressive d'une *Encyclopédie arabe des connaissances chrétiennes* en cent volumes. En Epilogue, *Pour une certaine idée du Liban*[3], il révèle quelle est sa vision de la mission historique de son pays dans le monde arabe. Mais c'est à la fin du tome 5 qu'un texte en explicite le contenu. Comme le constate Nassif Nassar[4], « Ce texte porte un titre particulièrement significatif : "Pour une stratégie d'arabité" [...]. Il s'agit d'une sorte de manifeste. Car ce n'est pas par hasard qu'il est conçu et présenté sous le signe de la stratégie, et ce n'est pas sans raison non plus qu'il est placé entre deux textes, joints à lui, l'un écrit par Mgr Georges Khodr, métropolite de Byblos et du Mont-Liban pour les Grecs-orthodoxes, et intitulé "L'arabité", l'autre écrit par Mgr Grégoire Haddad, métropolite de Beyrouth

1. *YM*, p. 405-414, à la suite de « Dix propositions pour restaurer le Liban », p. 399-403. *Cf.* aussi Philippe de Saint Robert, « Un témoin engagé : Youakim Moubarac, le Liban et la France », *YM*, p. 381-389, et un article non signé, « Confession du seul homme qui fait la navette entre Beyrouh-Est et Beyrouth-Ouest », *YM*, p. 393-395.

2. Suivant la progression suivante : *Le monde arabe* (1-76) : État social, culturel et religieux, Présence de l'Église dans le monde arabe ; *Les chrétiens et la langue arabe* (77-156) : Note sur les chrétiens et les lettres arabes, L'œuvre scientifique et littéraire de Bishr Farès, Note sur la pensée réaliste d'Ibn Khaldûn, Anthologie de la littérature arabe dans une nouvelle translittération par le Cardinal Tisserant, Encyclopédie arabe des connaissances chrétiennes, L'arabe et l'islamologie dans l'enseignement supérieur catholique ; *Antiochiena* (157-232) : Vatican II, Concile de paix, Notes et documents, Le dialogue islamo-chrétien au Liban ; *Epilogue* (233-246) : Pour une certaine idée du Liban.

3. Article publié dans *PIC*, t. 4, p. 235-246, et repris dans *YM*, p. 169-179.

4. *Cf.* « Une certaine idée de l'arabité », *YM*, p. 267-273, étude suivie par l'article de Mohammed Arkoun sur le même sujet, « Ma relation avec Youakim Moubarac », p. 274-282.

pour les Grecs-catholiques, et intitulé "Résurrection" ». Selon Y. Moubarac, Mahomet serait le « premier homme de l'arabité », délivrant l'arabisme clanique de ses solidarités ethniques, voire religieuses, parce que l'arabité est dépassement, « destin et progrès », se pensant « comme projet, et non comme souvenir, et donc en « Islam rénové ». Il s'agit alors d'une « arabité hospitalière » où Juifs, Chrétiens et Musulmans arabes ont à faire bon accueil au pluralisme, au personnalisme et à la laïcité en pratiquant les vertus d'hospitalité, de coexistence, de patience, de renouveau et de libération.

Il convient de dire ici, avec Jean Stassinet, que « la vision politique de Moubarac se voulait large, débordant le cadre de son propre pays. Il ne lui échappait pas que les malheurs du Liban n'étaient qu'un épiphénomène de la situation créée au Moyen-Orient, trente ans plus tôt, de l'auto-proclamation, en 1948, de l'État d'Israël. Tout du moins en était-il convaincu sans sous-estimer la responsabilité des Libanais eux-mêmes. Il ne lui échappait pas non plus que l'existence de ce pays arabe prospère, démocratique, multiconfessionnel qu'était sa patrie, ne pouvait qu'attirer l'hostilité ou la convoitise de quelques uns de ses nombreux voisins »[1]. D'où son engagement passionné en faveur de la cause palestinienne, qui fait la substance du tome V de sa *Pentalogie islamo-chrétienne*[2]. Il y faut d'abord lire ce qu'il écrivit à de nombreux responsables de l'opinion publique occidentale après la guerre des six jours de juin 1967 et l'occupation de Jérusalem, avant de prendre connaissance de son *Dossier palestinien* des plus documentés, qui ne fait que résumer tout ce qu'il a pu dire en de nombreux colloques et reprendre surtout sa communication à la Conférence mondiale des Chrétiens pour la Palestine, en mai 1970, « La signification de Jérusalem ». Comme l'affirme Salah Stétié, « La terrible exigence de Vérité et de Justice qui animait L. Massignon, notamment devant la Palestine, violée, déchirée, martyrisée, sera face à tous et face aux siens [...] l'intime et déchirant combat de l'abbé Moubarac et le sens même de ce combat »[3]. G. Corm peut dire à juste titre que « pas une ligne de ce qu'il a écrit en mai-juin 1967 n'a vieilli [...]. Il y dénonce donc sans ménagement "la conscience rabbinisée de l'Occident, autant que cléricalisée" [...]. Le recueil de ces textes permet très bien de voir la liaison intellectuelle et spirituelle que Moubarac fait entre la défense de l'Islam, "protestation de tous les exclus de la promesse", la cause

1. *Cf.* sa *Présentation* au *YM*, qui en résume tout le contenu, p. 19-30.

2. Ses dossiers y sont les suivants : *Écrit en mai-juin 1967* (*1-72*), dont « Motions pour la Palestine » (extraits repris in *GC*, p. 271-300) ; *Dossier palestinien* (73-182) : Vocation islamique de Jérusalem, Éléments pour un dossier palestinien (aux p. 89-144, reprises dans *YM*, p. 423-443), Musulmans, chrétiens et juifs à l'épreuve de la Palestine (145-173, repris dans *GC*, p. 301-325), Signification de Jérusalem ; *Épilogue* (183-224) : L'arabité (Mgr Khodr), Pour une stratégie d'arabité, Résurrection (Mgr Haddad) ; *Argument général* : présentation d'ensemble de la *Pentalogie*, autocritique et rétractations (225-269).

3. *Cf.* son article « Le passage du témoin », *YM*, p. 38-39.

palestinienne, la défense du Liban, cœur des libertés de la Syrie et du monde arabe, plate-forme principale du dialogue islamo-chrétien, l'arabité comme œcuménisme culturel »[1].

Libanais de citoyenneté, arabe de culture et palestinien de cœur, Y. Moubarac s'est aussi et toujours voulu fidèle à l'Église maronite dont il voulut renouveler le témoignage et célébrer la spiritualité au nom d'un œcuménisme chrétien soucieux de poursuivre la mission de l'antique Église d'Antioche[2]. Il avait suivi de près les travaux du Concile Vatican II et ses 12 fascicules d'*Antiochiena* en avaient souligné l'importance. Aussi ne pouvait-il que désirer un Concile de son Église maronite afin de la restituer d'autant mieux à sa mission apostolique. C'est pourquoi il publia sa *Pentalogie antiochienne : Domaine maronite*, en 1984, peu avant de regagner le Liban et d'y restaurer le couvent de Qannoubîne. Un premier tome se voulait un *Livre d'histoire, écrits fondamentaux et textes à l'appui*[3] dont le premier volume décrivait *Les Maronites entre l'Orient syrien et l'Occident latin* et le deuxième volume situait *Le Liban entre l'Islam, la France et l'arabité*. Un deuxième tome, intitulé *Livre des traditions et légendes*, parlait, en un premier volume, des *Hommes et institutions, us et coutumes, proverbes et dictons, recettes et chansons*, et fournissait, en un deuxième volume, un *Répertoire du Liban*. Un troisième tome était un *Livre d'heures et de mélodies*, un quatrième tome un *Livre du pain et du vin, de l'eau, de l'huile et du baume*, et un cinquième tome un *Livre d'images, sites, monuments, icônes, figures et symboles de l'identité maronite*. C'était là une véritable encyclopédie dont l'auteur seul peut dire combien elle lui a coûté d'efforts et de rencontres. Mais c'est la préparation du Concile de son Église qui devait alors occuper tout le temps de Y. Moubarac, promu secrétaire général de la Commission conciliaire maronite[4]. Ce seront successivement les documents suivants, *Pour un Concile libanais* (1987) et *Introduction au second Concile libanais de l'Église antiochienne syriaque maronite* (1992). Mais la décision prise par Jean Paul II, en 1991, de tenir à Rome un Synode extraordinaire des évêques pour le Liban fit reporter à plus tard la tenue du Concile maronite envisagé avec tant d'ardeur. Incompris et déçu, le

1. *Cf.* son article « Une vie pour le Liban », *GC*, p. 5-56.

2. Pour cette mission, *cf.* Agnès-Mariam de la Croix, « La Passion pour l'Église d'Antioche », *YM*, p. 289-296.

3. En voici les pages essentielles avec référence entre parenthèses : La communauté maronite et son rôle historique complexe (XXI-XXXI), GC, p. 79-94; Avertissement (LV), *GC*,p. 95-96; Le monothélisme des Maronites (281-282), *GC*, p. 107-109; La modernité des Maronites (747-749), *GC*, p. 121-124; Le Général de Gaulle et le Liban (940-946), *GC*, p. 157-167; Problématique de l'histoire du Liban de la naissance de l'Islam à la proclamation du Grand Liban (1023-1042), *GC*, p. 127-155; Introduction au texte du mémoire de Youssef Bey Karam aux gouvernements et nations d'Europe (1177-1178), *GC*, p. 125-126.

4. *Cf.* Boutros Labaki, « Youakim Moubarac et le renouveau de l'Église maronite : témoignage sur les préparatifs pour un concile (1985-1992) », *YM*, p. 457-465.

Père démissionna aussitôt de toutes ses fonctions auprès des instances ecclésiales du Liban, tout en publiant, sous un pseudonyme, un quasi testament intitulé *Maronites au présent* [1].

Comment Y. Moubarac a-t-il lui-même considéré l'ensemble de son œuvre dont on a vu qu'elle n'avait pas été sans audaces ni déceptions ? C'est comme *Argument général* qu'il a voulu s'en expliquer au terme du tome V de sa *Pentalogie islamo-chrétienne* [2] : il entendait y faire « œuvre de pénitence » en y relisant le « plan de ce recueil ». D'où ses cinq « Rétractations » : pour la langue arabe, « une prise de position absolue et catégorique pour le littéraire contre les dialectes », pour la philosophie arabe, « loin d'avoir succombé en Orient au XIIe siècle, elle a connu, notamment, en Perse et en Inde, un développement continu », pour l'approche scientifique du Coran, « je reviens sur ce que j'ai pu proposer en matière de critique textuelle », pour la laïcité considérée comme nécessaire à toute coopération, « je dénonce ce qui aurait pu être de ma part une mise en demeure du monde musulman », pour une coupure totale du côté byzantin, j'affirme « par ce qui est continu entre Antioche et Byzance que Byzance est irremplaçable ». Vient alors le constat de « Cinq combats et autant d'échecs » : s'agissant de son maître, « l'œuvre de Massignon, dit-il, comme j'entends la servir, est actuellement mise en échec par un triple académisme, romain, œcuménique et orientalisant », s'agissant de « l'abrahamisme musulman, (celui-ci) ne semble plus (selon lui) être monnayé par les chrétiens que sous les espèces de ce que j'ai appelé l'ismaélitisme », ce qui s'avère très dangereux [3], s'agissant du dialogue islamo-chrétien, il pense qu' « il est actuellement barré par les tenants prudentiels de l'immobilisme, d'un côté, et les agents de la surenchère, de l'autre », s'agissant de « l'existence chrétienne en Orient arabe », il en regrette son « repli sur soi » (maronitisation politique, arabisation modernisée, œcuménisme de façade), s'agissant enfin de la « cause palestinienne », il déplore « qu'à la violence qui nous est imposée, il semble que nous ne sachions plus répondre que par la violence ». Tout cela permet de

1. Sous le pseudonyme de Youssef Samya, Paris, Cariscript, 1991, coll. Libanica. *Cf.* ses chap. I, « Les constantes de la maronité », p. 9-30 ; chap. II, « Signes de détresse du présent », p. 32-44 ; chap. III, « Propositions de réforme et perspectives de renouveau », p. 55-60 ; repris dans *YM*, respectivement p. 449-456, 469-474 et 475-477.

2. Aux p. 227-269 qu'il achève par de nombreuses « références » de son œuvre et de nombreux « remerciements » à ses amis du Cénacle libanais et à son président, Michel Asmar.

3. « Placer l'Islam sous le signe d'Ismaël de préférence à Abraham, écrit-il, c'est vouloir fonder un "mystère de l'Islam" sur un texte de l'Ancien Testament qui n'a pratiquement aucun répondant dans le reste de la Bible [...].Si c'est au nom d'Ismaël que l'Islam est à Jérusalem, il n'est qu'un intrus et les intrus actuels y sont chez eux. Mais si l'Islam est à Jérusalem au nom du Dieu d'Abraham, c'est à lui de juger et de confondre tous les prétendants à la Terre Sainte en privilège d'exclusivité » (p. 230-253).

comprendre pourquoi il ait alors voulu retrouver sa tradition syriaque antiochienne et en vivre la spiritualité de compassion et de contemplation [1].

UN TÉMOIGNAGE SOLITAIRE ET EXEMPLAIRE

Comment peut-on alors interpréter ce que fut toujours la position « intérioriste » de Y. Moubarac ? Pour Tarek Mitri, « c'est elle qui fait, et refait inlassablement l'unité et l'unicité de son témoignage. Mais il était conscient, et parfois douloureusement, que la pluralité de ses engagements était source de tensions pour lui-même. Non moins conscient était-il des risques d'incompréhension que cette pluralité pouvait susciter. Au travers des rôles multiples qui se sont d'une certaine manière imposés à lui, il nous a laissé un vaste champ d'exploration et de travail » [2]. On peut légitimement penser qu'en ses dernières années, le Père Youakim Moubarac a dû connaître et vivre une profonde – et peut-être amère – solitude qui n'est pas sans grandeur [3]. Ami personnel de Raymond Eddé et admirateur fidèle du général De Gaulle, il était volontiers « l'homme du refus » qui va à contre-courant des idées reçues et des politiques faciles [4]. Mais savait-il écouter les autres jusqu'au bout ? En tout cas, ses lettres à ses amis, intitulées *Libanica*, et son dernier livre, *La chambre nuptiale du cœur* [5], publié en 1993, ont valeur de testament et méritent d'être médités : n'est-ce pas à Jouarre qu'il les a rédigés, dans la prière et l'espérance ?

Fidèle à la tradition de ses pères et au témoignage de Louis Massignon dont il se considérait volontiers l'héritier spirituel [6], le Père Y. Moubarac s'était fait

1. Sous le titre *La vie spirituelle*, dans *YM*, p. 496-553, on peut trouver un florilège de textes dont les meilleurs ont pour titres « L'humanité de Dieu » (p. 497-503), « Sur l'Ascension » (p. 507-511), « Solitude et Communion » (p. 512-517), « Préface à "Massignon et Gandhi. La contagion de la vérité" de Camille Drevet » (p. 542-548).

2. « Réflexion sur le témoignage de Youakim Moubarac : unité ou pluralité ? », *YM*, p. 490-493, qui ajoute : « À nous de discerner la fécondité de ces tensions et de lever les ambiguïtés des lectures, plus ou moins bienveillantes, de sa pensée ».

3. *Cf.* l'article de Youssef Mouawad, « Youakim Moubarac, le mal-aimé », *YM*, p. 486-489.

4. C'est peut-être pour cela qu'il lui était difficile, voire impossible, de travailler en solidarité avec d'autres personnes également engagées comme lui au service des mêmes « causes », s'agissant du Secrétariat (romain) pour les Non Chrétiens, des Journées Romaines, du Groupe de Recherches Islamo-Chrétien et de nombreux Instituts, pontificaux ou non.

5. Sous-titré *Approches spirituelles et questionnements de l'Orient Syriani*, Paris, 1993, Cariscript, 125 p., dont des extraits ont été publiés dans *YM*, p. 352-361. Son contenu a été analysé et commenté par Ysabel de Andia, « La chambre nuptiale du cœur », *YM*, p. 312-332, par Robert Beulay, « De l'émerveillement à l'extase : Jean de Dalyatha et Abou Sa'id al-Kharraz », *YM*, p. 333-343, et par Marie-Joseph Pierre, « À L'Orient, la parole… », *YM*, p. 344-351.

6. Les rapports entre le maître et le disciple ne furent pas toujours des plus faciles. En témoignent certaines lettres entre eux échangées, d'autant plus que le réseau de leurs amis communs amena parfois ces derniers à oser des médiations difficilement acceptables par l'un ou

une « certaine idée » du dialogue interreligieux avec les Musulmans, dans le cadre de sa « libanité » et de son « arabité » qu'il voulait solidaires du peuple palestinien. Ce qu'il en disait au cours d'une interview donnée à l'hebdomadaire *La France catholique* du 26 novembre 1971, à l'occasion de la publication de son livre *Les Musulmans*, demeure toujours valable et incite encore à la réflexion. Il se refusait à tout syncrétisme facile et disait à ce propos : « Je ne crois pas que, dans l'optique de quelque religion que ce soit, on puisse parler de "deux" Révélations. La Révélation, si Révélation il y a, ne peut être qu'une, tout comme le dessein de Dieu sur le monde. D'où la prétention de toutes les grandes religions à l'universalité et la mission catholique de l'Église, dans le but de rassembler l'humanité dans l'obéissance de l'Évangile. D'où le grand problème actuel et tout au moins l'opposition apparente entre la mission, au sens classique du terme, et l'œcuménisme qui prétend s'en tenir au dialogue ». Comment voyait-il donc la recherche commune de « la vérité révélée » ? « La rencontre des religions, confessait-il, est une convergence, chacune d'elles doit en être rendue plus transparente à elle-même et le plus fort ne sera pas celui qui aura rendu les autres à quia. L'avenir du christianisme, à mon avis, c'est d'agir précisément comme un "révélateur" sur les autres religions, d'en être lui-même profondément influencé au sens où le disait Monchanin [1], à propos de la théologie de l'Esprit, et de proposer alors au monde croyant une image où tout homme, quelle que soit sa foi ou son incrédulité, finisse par se reconnaître en confessant Dieu ».

Il ajoutait aussitôt, en chrétien qu'il était, convaincu que « cette image, c'est le Christ, image du Dieu invisible » : « Si la Révélation est achevée, on peut croire que son intériorisation chrétienne est à peine commencée et elle ne la sera pleinement, à mon avis, que dans une confrontation nécessaire avec les autres religions, qui la "révèlera" à elle-même, comme elle permettra aux autres religions de s'y reconnaître. Alors, selon la belle formule de Mgr Georges Khodr, métropolite du Mont Liban, à la conférence oecuménique d'Addis-Abeba, la mission consiste à "réveiller le Christ qui sommeille dans la nuit des peuples". Cette nuit est le mystère des épousailles du Christ avec l'Humanité. Christ au berceau, Christ au tombeau, comme Orphée aux Enfers, nous sommes engagés avec lui dans cette passionnante aventure. En termes plus

l'autre. L'essentiel a été dit par Y. Moubarac en son « Hommage à L. Massignon », conférence donnée à Rabat en décembre 1970 et publiée dans *PIC*, t. 1, p. 169-178 et reprise dans *YM*, p. 177-181. *Cf.* aussi Guy Harpigny, « Youakim Moubarac et Louis Massignon », *YM*, p. 141-146 ; Pierre Rocalve, « L'Héritier spirituel : d'*Abraham dans le Coran* à la publication des *Opera Minora* », *YM*, p. 147-150 ; Maurice Borrmans, « Louis Massignon et Youakim Moubarac, maître et disciple », dans Michel Younès (dir.), *Maître et disciple. La transmission dans les religions*, Lyon, ProFac, 2012, p. 229-247.

1. Sur les rapports Monchanin-Moubarac, *cf.* Françoise Jacquin, « Jules Monchanin, un aîné vénéré en Inde Chrétienne », *YM*, p. 530-534.

classiques, la personne du Christ, Verbe de Dieu éclairant tout homme venant en ce monde, n'étouffe, ne dépersonnalise, ne défigure aucun messager de Dieu reconnu comme tel par les siens. Elle le porte au contraire au terme de sa propre destinée ». Précisant plus loin son refus de toute confusion à propos de sa pensée, il disait encore : « Il n'y a de syncrétisme que dans un système de vases que l'on soumettrait à un mélange. La confrontation des religions "révélées" à elles-mêmes l'une par l'autre est le contraire du syncrétisme. Cette confrontation accentuerait les différences plutôt qu'elle n'arrondirait les angles. Hossein Nasr ouvre à ce sujet des perspectives intéressantes. C'est par une fidélité plus grande à sa foi qu'on arrive à une convergence en profondeur avec la foi d'autrui. Pour ma part, en tout cas, le christianisme est, sur le plan de la pensée comme de la vie, altruité totale. Non seulement il n'a rien à craindre pour son intégrité dans le dialogue interreligieux, mais en reconnaissant mieux les autres religions et en contribuant à les porter au-delà d'elles-mêmes, il s'achemine ainsi vers la pleine stature du Christ ».

C'est ainsi que sa profonde foi chrétienne s'exprimait devant le mystère de la recherche spécifique des autres religions. Comment voyait-il alors l'expérience collective des Musulmans dans l'histoire ? « L'islam, disait-il à son interlocuteur, est essentiellement communauté, et la communauté musulmane est essentiellement une communauté de prière. C'est en tout cas son aspect le plus visible, quand on assiste au grand rassemblement de la prière du vendredi midi dans tous les pays islamiques, à défaut du grand rassemblement du pèlerinage annuel à la Mekke. Mais il est bien certain que la communauté qui a exercé jusqu'ici une grande emprise sur ses membres est orientée vers une certaine manière d'être ensemble et d'agir dans le monde. De là à l'opposer au christianisme comme religion valorisant la personne, c'est un rapprochement dont je me méfierais, non seulement comme de toutes les visions globales qui ont besoin d'être soumises à l'épreuve des vérifications multiples suivant les pays et les époques, mais encore à cause de la notion même de personne qui rend, en Occident, multipliée par celle de liberté, des résonances ambiguës (anti-communautaires et tout à fait fausses). Personne et communauté sont des réalités essentiellement corrélatives. La communauté personnalise ses membres et la personne s'affirme et s'épanouit dans la mesure où elle tisse des liens communautaires ».

On sait que le Père Y. Moubarac ne tolérait aucun compromis quant à sa triple solidarité avec le Liban islamo-chrétien, les Musulmans du Mashreq et du Maghreb et les Palestiniens dispersés de par le vaste monde. Il était intraitable quant au droit de ces derniers à avoir une terre, une patrie et un État. C'est pourquoi, toujours dans cette même interview, il émettait bien des réserves quant aux souhaits répétés de « fraternité d'Abraham » entre tous les Monothéistes, « Laissez-moi, y disait-il, vous avouer qu'en matière de "fraternité d'Abraham", je suis aussi réticent qu'en matière de "Maison d'Abraham" [...]. Quant au judaïsme, nous attendons de lui qu'à l'école des plus hautes consciences juives avant et après le partage de la Palestine, il prenne quelque recul à l'endroit de l'entreprise sioniste et préconise autrement que sous le signe de la tolérance ou de la magnanimité du vainqueur, la coexistence, sur pied d'égalité, des individus et des communautés ». C'est peut-être à cause de cette triple solidarité qu'il s'était retrouvé solitaire dans son refus des «consensus » qu'il dénonçait encore dans sa lettre *Libanica* en la fête de l'Épiphanie 1995. Il y expliquait les raisons de son « non » répété « au processus de paix israélo-arabe inauguré à Madrid, les accords israélo-palestiniens d'Oslo-Washington et les accords de Taëf sur le Liban », où il voyait autant de « compromis mortifiants » et de « démissions » déshonorantes. Tel était l'homme, le chrétien et le prêtre, intransigeant en ses choix, cohérent et rigoureux dans sa foi, amoureux de sa « tradition spirituelle antiochienne ».

C'est sans doute tout cela qui le rendait d'autant plus attentif aux humbles et aux délaissés. Une Petite Sœur de Jésus, Sr Chantal, qui eut le privilège de l'accompagner en ses derniers jours d'hôpital, en a livré le secret dans le témoignage suivant : « Le Père Youakim ? Son amitié avec la Fraternité des Petites Sœurs de Jésus est très ancienne. Père de Foucauld, Massignon, Mary Kahil, Petite Sœur Magdeleine. Oui, le nom et le visage du Père Moubarac font partie de notre histoire et l'enrichissent [...]. Là est son secret : ce grand savant est aussi un grand mystique, un homme de prière, un homme de Dieu. Sa si belle et puissante intelligence se traduisait dans une humilité puissante, un cœur simple et proche, rempli de compassion pour chaque être fragile, pauvre, souffrant [...]. Il portait la détresse et l'angoisse de ceux et celles qu'il aimait..., et ils sont si nombreux ! C'est ainsi qu'il s'est lié à notre petite Fraternité de Lambesc. Il portait tout cela au point d'en avoir le cœur déchiré, blessé. Sa mort physique est la signature de sa vie : médicalement aussi, son cœur a été blessé. Blessure d'amour qu'il demandait dans sa prière quotidienne »[1]. À ce témoignage fait écho celui de deux Bénédictines de cette Abbaye de Jouarre que le Père Youakim avait adoptée, en quelque sorte, comme « haut lieu spirituel » où il restaurait ses forces physiques et mystiques. Sr Aguilberte de Suremain d'écrire : « Depuis son retour du Liban en France, le Père avait vraiment le cœur déchiré de souffrances, il vivait avec tant d'acuité et partageait toutes les souffrances des autres, des gens et des peuples. Très fatigué, il répondait cependant à des demandes d'aide, tout en travaillant comme il s'en faisait un devoir au sauvetage des valeurs du patrimoine spirituel syriaque [...]. C'était pour nous un grand ami, qui nous a beaucoup donné par sa pensée si riche, sa vaste érudition, son sens de la prière, la profondeur de son amitié et de sa compassion. Ce qu'il savait partager avec tant d'humilité était

1. *Cf.* son *Témoignage* donné en commentaire des Obsèques du Père à l'abbaye de Jouarre, 13 juin 1995. Elle a raconté les derniers jours de Y. Moubarac dans « Un beau jour pour mourir, du mardi 9 mai au mercredi 24 mai, Vigile de l'Ascension », *YM*, p. 559-563.

réellement confondant pour qui en était l'objet » [1]. Et Sr Aubierge de confier« Depuis trente ans, il tombait du ciel, souvent sans prévenir, chaque fois qu'un événement important avait lieu à l'Abbaye. Nous le savions en Amérique, en Australie ou au Liban, et il arrivait juste à l'heure de l'office liturgique pour s'envoler aussi rapidement. Sa présence chez nous est certainement source de grâces » [2].

Tels sont les cheminements, les engagements et les témoignages qui nous permettent d'entrevoir un peu ce que fut la « courbe de vie » du Père Youakim et quelle était la passion qui l'animait. Le dialogue islamo-chrétien lui doit beaucoup, même s'il voulut toujours y déployer ses énergies d'une manière très personnelle qui lui faisait oublier les nécessaires concertations ecclésiales. Il fut néanmoins assez loyal pour en reconnaître la nécessité, même s'il lui était difficile de s'y sentir à l'aise. C'est pourquoi il demeure un exemple attachant et un témoin exigeant pour les artisans de ce dialogue au Liban, en France et en ces pays arabes qu'il sut aimer et servir de son mieux. Comme a dit de lui Mgr Georges Khodr, « Youakim Moubarac fut l'homme de l'amour et de l'espérance. Amour parce qu'il embrassait toutes les causes qui lui paraissaient justes avec passion. Espérance, parce que, en lui, la vertu théologale allait jusqu'au désir de voir se projeter dans la réalité même de l'histoire ce dont il rêvait pour l'homme. C'est ainsi qu'il vécut l' "arabité", la famille abrahamique, la "maronité" et, partant, l'Orient syrien, Rome et Constantinople réconciliées et surtout l'unité à restaurer de l'Église d'Antioche. Tout cela touchait de près son sacerdoce : il le vivait, certes, comme la présence du Christ en lui et du Christ à la communauté mais aussi comme un legs de l'Histoire autant qu'un lieu d'élection de l'Esprit » [3].

1. Lettre au Père M. Borrmans en date du 24 août 1995.
2. Lettre au Père M. Borrmans, en date du 1er août 1995.
3. *Cf.* Georges Khodr, « Un cœur en quête d'unité », *YM*, p. 33-35.

Chronologie

10 juillet 1924 Youakim Moubarac naît à Kfar-Sghab, nord Liban

1942 Achève ses études secondaires au Grand Séminaire de Beyrouth

— Commence ses études de théologie à l'Université Saint-Joseph

1945 Étudie la théologie à Paris, Séminaire Saint-Sulpice

29 juin 1947 Est ordonné prêtre du Patriarcat maronite d'Antioche

1948-1950 Prépare une licence en théologie à l'Institut catholique de Paris

— Devient le secrétaire de Louis Massignon (études d'orientalisme)

— Intègre l'équipe des prêtres de la paroisse Saint-Séverin

1951 Soutient sa thèse de théologie et entre au CNRS grâce à L. Massignon

1952-1962 Secrétaire de la *Revue des Études Islamiques*

— et rédacteur de ses *Abstracta*

1954-1959 Rédacteur des *Mardis de Dar-es-Salam*

1958 Publie sa thèse *Abraham dans le Coran*

1959 Enseigne l'arabe classique à l'Institut catholique de Paris (invité à Louvain)

1960-1963 Rédacteur des *Ephémérides islamo-chrétiennes*

1962 Publie *L'Islam*

1962-1965 Publie *Antiochena* (13 fascicules)

1962-1967 Collaborateur d'Henri Laoust (EPHE, VIe section)

1963 Publie les *Opera Minora* de Louis Massignon

1965 Édite le *Calendrier synoptique : juif, chrétien, musulman*

1969 Présente un doctorat de 3e cycle à Paris IV-Sorbonne avec *La pensée chrétienne et l'islam : des origines à la prise de Constantinople*

1971 Diplômé de l'École des Hautes Études (VIe section) avec *Histoire des États islamiques d'al-Dhahabî*

— Publie *Les musulmans* (consultation islamo-chrétienne)

1973 Maître de recherches au CNRS

— Publie la *Pentalogie islamo-chrétienne*

1975-1989 Guerre civile au Liban

1976 Publie sa thèse de doctorat d'État (Paris IV-Sorbonne) *La pensée chrétienne et l'islam : de la prise de Constantinople à Vatican II*

1983 Début des Lettres ronéotypées *Libanica*

1984 Publie la *Pentalogie antiochienne : domaine maronite*

1985-1992 Se réinstalle au Liban (préparation du synode maronite)

1992 Retour définitif en France

1993 Publie *La chambre nuptiale du coeur*

24 mai 1995 Meurt à Montpellier

ESSAI DE BIBLIOGRAPHIE DE YOUAKIM MOBARAC [1]

« Abraham en Islam », dans *Abraham, Père des Croyants*, Paris, *Cahiers Sioniens*, V^{e} année, n° 2, juin 1951, p. 104-120; rééd. Paris, Cerf, 1952; repris dans *PIC*, t. 2, p. 5-26.

« L'affirmation monothéiste dans le Coran », *Dieu vivant*, 20, 1951, p. 73-92; repris dans *PIC*, t. 2, p. 101-125.

« Index des articles publiés, des noms d'auteurs et des principales matières de la *Revue des Études Islamiques* », 1927-1952, non publié, 68 p.

« La prière dans le Coran », *Bulletin du Cercle Saint-Jean Baptiste*, oct.-nov. 1952; repris dans *L'Islam*, Paris, Casterman, 1962, p. 67-91.

« Islam et paix », *Dieu vivant*, 23, 1953, p. 79-93; repris dans *PIC*, t. 3, p. 59-78.

« Moïse dans la Coran », dans *Moïse, l'homme de l'alliance*, Paris, Desclée et Cie, 1955, n° spécial des *Cahiers Sioniens*, n° 2-3-4, 1954, p. 373-393; repris dans *PIC*, t. 2, p. 127-156.

« Ismaël chassé au désert », *Bible et Vie Chrétienne* (Maredsous), IX, mars-mai 1955, p. 22-30; repris dans *PIC*, t. 2, p. 41-52.

« Eléments de bibliographie sud-sémitique », *Revue des Études Islamiques*, 1955, p. 123-176.

« La naissance de l'Islam », *Lumière et Vie*, 25, 1956, p. 9-31.

« Note sur l'établissement du texte du Coran », *Lumière et Vie*, 25, 1956, p. 121-131.

« Le prophète Elie dans le Coran », *Études Carmélitaines*, t. 2, 7.2.1956; repris dans *PIC*, t. 2, p. 157-176.

« Les noms, titres et attributs de Dieu dans le Coran et leurs correspondants en épigraphie sud-sémitique », *Le Muséon* (Louvain), LXVIII, 1955, p. 93-136; repris partiellement dans *PIC*, t. 2, p. 179-193 (avec changement de titre).

« La prière coranique en Islam », *Église vivante* (Louvain et Paris), VIII, 1956, p. 411-423.

« Bible et Coran », *La Table Ronde* (Paris), nov. 1956; repris dans *PIC*, t. 2, p. 53-62.

1. Le Père Y. Moubarac a repris un certain nombre de ses articles dans sa *Pentalogie Islamo-Chrétienne*, publiée en 1972, à Beyrouth, Cénacle libanais : il y est ici renvoyé sous le sigle *PIC*. Il avait lui-même rédigé une *Autobiobibliographie de 1943 à 1986* avec titres d'articles, de conférences et de manuscrits inédits : elle a été publiée par Jean-François Legrain in *Youakim Moubarac*, Les Dossiers H, L'Âge d'Homme, Lausanne, 2005, p. 569-603. Il est ici renvoyé à ce livre sous le sigle *YM*. On en a tenu compte pour cette bibliographie d'ensemble. De nombreux articles de Y. Moubarac ont également été publiés en arabe : pour leurs détails et les textes à l'état de projets, on saura se référer à cette *Autobiobibliographie*. D'autre part, Georges Corm a publié un certain nombre d'articles et de textes dans son livre *Youakim Moubarac, un homme d'exception*, Beyrouth, Librairie Orientale, 2004. Il y est ici renvoyé sous le sigle *GC*.

« Bibliographie de Louis Massignon (réunie et classée) », dans *Mélanges Louis Massignon*, Damas, Institut Français de Damas, 1956, t. 1, p. 3-56 ; repris dans *PIC*, t. 1, p. 5-89.

« Les études d'épigraphie sud-sémitique et la naissance de l'Islam », *Revue des Études Islamiques*, 1957, p. 13-68 ; repris dans *PIC*, t. 2, p. 195-277.

Les chrétiens autour de l'autel, Paris, Desclée de Brouwer, 1958.

Abraham dans le Coran, Paris, Vrin, 1958, 206 p. ; comptes rendus *PIC*, t. 2, p. 63-97.

Vingt regards sur la croix, Philippe Néri (éd.), Paris, Casterman, 1958, 36 p.

« Le monde arabe ; état social, culturel et religieux ; présence de l'Église dans le monde arabe », dans *Bilan du Christianisme*, Paris, Casterman, 1958, p. 294-318 ; repris dans *PIC*, t. 4, p. 1-27.

Le renouveau liturgique, Paris, Fayard, 1959.

« Y a-t-il une nouvelle vision chrétienne de l'Islam ? », *Informations catholiques internationales*, 1er nov. 1959, repris dans *PIC*, t. 3, p. 81-93 et dans *YM*, p. 215-220.

« Présentation des 1ère et 2e livraisons des *Ephémérides islamo-chrétiennes* (1960-1963) », repris dans *PIC*, t. 3, p. 147-159 et 159-174.

L'Ami et l'Aimé de Raymond Lull, trad. en collaboration avec Florence de Longevialle, Paris, Éd. Philippe Néri, 1960, 64 p.

« La naissance de l'Islam », *Lumière et Vie*, 25, 1960, p. 9-30 ; repris dans *L'Islam*, Paris, Casterman, 1962,

« Note sur l'établissement du texte du Coran », *Lumière et Vie*, 25, 1960, p. 121-130 ; repris dans *L'Islam*, Paris, Casterman, 1962, p. 40-51.

« Le culte liturgique et populaire des VII Dormants, martyrs d'Ephèse (Ahl al-Kahf) : Trait d'Union Orient-Occident entre l'Islam et la Chrétienté », *Islam*, coll. *Studia Missionalia*, Roma, Università Gregoriana, 1961, p. 138-192 (extraits, 62 p. et XII pl.) ; repris dans *YM*, p. 164-176.

Projet d'*Encyclopédie Arabe des Connaissances Chrétiennes*, repris dans *PIC*, t. 4, p. 135-152.

Anthologie de la littérature arabe selon une translittération nouvelle (en collaboration avec le Cardinal Eugène Tisserant), Paris, Gedalge, 1962, 66 p.

L'Islam, Paris, Casterman, 1962, 215 p. ; comptes rendus dans *PIC*, t. 3, p. 41-57.

La Semaine Sainte à Saint Séverin, Tournai, Casterman, 1963, 174 p.

Le Credo (*catéchisme pour adultes, Saint Séverin*), Paris-Tournai, Casterman, 1963, 182 p.

Opera Minora, études et articles de Louis Massignon, 3 volumes, Beyrouth, Dar al-Maaref, 1963, I. *Islam en général et culture islamique* (Situation de l'Islam, Aspects intérieurs, L'avenir des contacts culturels), *Sociologie et sociographie musulmanes* (Percées historiques, Poussée actuelle de l'Islam, Pour une sociologie du travail en Islam), *L'Islam shiite et persan*, *Esquisses bibliographiques*, 672 p. et 19 pl. ; II. *Hallaj, Autres auteurs et thèmes mystiques*, *Langue et pensée*, *Grammaire et théologie*, 659 p. et 10 pl. ; III. *Arts et archéologie*, *Témoignages à des maîtres et à des amis*, *Combats*, *Notre prédestination illégale à l'amour*, 855 p. et 40 pl.

Antiochiena (*Notes et Documents pour servir la cause de l'unité et la mission du Christianisme en Moyen-Orient*), 12 fascicules, Paris, Saint-Séverin, d'octobre 1964 à mars 1967 : 1 (4.10.64), Positions et propositions. Memento d'un théologien au IIe Concile du Vatican autour de quelques questions de l'Orient chrétien, repris dans *PIC*, t. 4, p. 165-192 ; 2 (18.10.64), Perspectives sur l'histoire et l'actualité de l'Église d'Antioche ; 3 (28.10.64), Communications sur le schéma conciliaire des Églises Orientales ; 4 (Noël 64), Cardinal Lercaro, l'œcuménisme à Vatican II ; 5 (mars-avril 65), Œcuménisme et cardinalat ; 6 (été 65), Réflexions pendant l'intersession, avec une étude sur « Gallicanisme et Ultramontanisme en Orient à la fin du XVIIIe siècle » ; 7 (automne 65), Réflexions sur le « synode des évêques », liberté religieuse et schéma XIII ; 8 (17.1.66), La béatification du Père Charbel et sa signification au terme de Vatican II ; 9 (1er tr. 66), Apostolat, œcuménisme et obéissance, incident œcuménique au Liban ? mise au point ; 10 (2e tr. 66), L'éveil de la conscience protestante libanaise, notices d'actualité sur les Églises Orientales orthodoxes et l'ensemble du mouvement œcuménique ; 11 (3e tr. 66), Propositions pour une réforme liturgique ; 12 (4e tr. 66), L'année œcuménique 66, destin de l'uniatisme.

Ephémérides islamo-chrétiennes (trois livraisons entre 1964 et 1966), Paris, environ 500 p. ronéotypées, et suite aux *Éphémérides* « Travaux et Textes de Vatican II intéressant l'Islam en rapport avec le Judaïsme », repris dans *PIC*, t. 3, p. 147-174.

« La prière de l'Islam » (pour le *Bulletin*, ronéotypé, du cercle St Jean Baptiste), résumé dans *L'Islam*, et repris dans *PIC*, t. 3, p. 289-308.

Calendrier synoptique : juif, chrétien, musulman (1966), Paris, Éd. Philippe Néri (Saint Séverin), 1966, 112 p.

Préface à Camille Drevet, *Massignon et Gandhi*, Paris, Cerf, 1967, p. 9-19 ; repris dans *PIC*, t. 1, p. 185-199.

Recension de la traduction française du *Coran* par Denise Masson (prévue pour les *ICI*), Paris, juin 1967 ; publiée dans *PIC*, t. 2, p. 281-286.

« Les questions que le Catholicisme se pose à propos de l'Islam », dans *Bilan de la Théologie du XXe siècle*, Paris, Casterman, sept. 1967 ; repris dans *PIC*, t. 3, p. 93-145 et dans *YM*, p. 221-241.

« L'œuvre scientifique et littéraire de Bishr Fares (1906-1963) », *Revue des Études Islamiques*, 1968, p. 319-330 ; repris dans *PIC*, t. 4, p. 93-113.

Chrétiens et Musulmans au Conseil Œcuménique des Églises (compte rendu du Colloque de Genève-Cartigny et discours inaugural (1969) ; repris dans *PIC*, t. 3, p. 211-227.

La pensée chrétienne et l'Islam (bilan des recherches), t. I : *Des origines à la prise de Constantinople* (thèse de doctorat en études islamiques, 3e cycle), Paris, Sorbonne, 1969, polycopié ; chapitre de conclusion repris dans *PIC*, t. 3, p. 243-286.

« Pour une certaine idée du Liban (Lettre des concitoyens chrétiens) », 1969, dans *PIC*, t. 4, p. 235-246.

« Le problème palestinien entre le politique et le religieux » (au Foyer franco-libanais de Paris), 18.2.1970, dans *PIC*, t. 5, p. 89-144.

L'éveil de la pensée islamique de Richard Walzer, trad. de quatre conférences au Collège de France, Paris, Geuthner, 1970.

« Lettre de Y. Moubarac au R. P. Jean-Mohamed Abd el-Jalil sur les "Orientations pour un dialogue entre Chrétiens et Musulmans" (Rome, Ancora, 1969, 162 p.) », *Église vivante*, Louvain, XXII, 6, 1970, p. 453-475 ; repris dans *PIC*, t. 3, p. 174-210 et dans *GC*, p. 207-238.

Les Musulmans, « Verse et controverse », n° 14, Paris, Beauchesne, 1971, 140 p.

« Remarques sur le Christianisme et l'Islam, à propos de publications récentes » (Communication au XXVIII e Congrès des Orientalistes à Canberra, 11 janvier 1971, section 1 : Islam), *PIC*, t. 3, p. 231-242.

Histoire des États islamiques de Dhahabi, t. 1 (*632/11-1054/447 h*), trad., notes et onomasticon des premiers siècles de l'Islam (diplôme à l'École des Hautes Études, VIe section), Paris, 1971 (non publié).

« La vocation islamique de Jérusalem » (Communication au Séminaire international sur « La justice et la paix dans le Proche Orient », à Beyrouth et à Amman), revue du *Cénacle libanais*; repris dans *PIC*, t. 5, p. 75-88.

« Abraham, ami de Dieu, dans la Bible et le Coran », composé et corrigé dès avant 1960, pour les *Mélanges Renée Bloch* (Cahiers Sioniens), puis donné à *Epektasis, Mélanges patristiques offerts au Cardinal Jean Daniélou*, Paris, Beauchesne, 1972, p. 169-174; repris dans *PIC*, t. 2, p. 27-40.

Pentalogie islamo-chrétienne, Beyrouth, Cénacle libanais, 1972, vol. I : *L'œuvre de L. Massignon*, 210 p. ; vol. II. : *Le Coran et la critique occidentale*, 238 p. ; vol. III : *L'Islam et le dialogue islamo-chrétien*, 372 p. ; vol. IV : *Les Chrétiens et le monde arabe*, 312 p. ; vol. V : *Palestine et arabité*, 288 p.

Le Val Saint (*al-Wâdî l-muqaddas*) de Muhammad Kâmil Husayn, trad. en français en 1972, suivi d'extraits de son *al-Dhikr al-hakîm* (*Coran intériorisé*, essai moderne d'exégèse musulmane), 22 p. (à paraître).

Église et monde de Georges Khodr (1974), trad., 40 p. (Beyrouth, Éd. al-Nour, à paraître).

« Islam », article en collaboration avec Jean-Mohammed Abd-el-Jalil, dans *Encyclopédie du Catholicisme*, Paris, Letouzey, 1975, t. 2, col. 171-176; repris dans *PIC*, t. 3, p. 2-39.

« L'Islam dans la réflexion théologie du Christianisme contemporain », *Concilium*, 116, 1976, p. 28-38.

« La pensée chrétienne et l'Islam. Principales acquisitions et problématique nouvelle », *Concilium*, 116, 1976, p. 39-56.

Recherches sur la pensée chrétienne et l'Islam dans les temps modernes et à l'époque contemporaine, Beyrouth, Publ. de l'Université libanaise, 1977, XXII et 612 p. ; présentation reprise dans *PIC*, t. 5, p. 271-280.

« Voici l'Homme : retraite avec Jean-Paul II (Alger, sept. 1980) », Jouarre, 1980, *pro manuscripto*, 111 p.

Et si je disais les chemins de l'enfance (*Law ḥakaytu marra l-ṭufūla*), trad. fr. de l'autobiographie de Georges Khodr, présentée à Beyrouth, novembre 1980, publiée à Paris, Cerf, 1997, 208 p.

Islam et Christianisme en dialogue, en collaboration avec Jean-Paul Gabus et Ali Merad, Paris, Cerf, 1982, 187 p.

Une Église à taille humaine, Paris, Saint-Roch, Jouarre, 1982.

« Une lettre à Béchir Gemayel », *Le Monde*, 1.9.82, repris dans *GC*, p. 329-332.

Document soumis à sa Béatitude le Patriarche Maronite et à leurs Excellences le président de l'Assemblée nationale et le président du Conseil p.i. comportant un projet de protocole national à établir entre eux, 1983; repris dans *GC*, p. 405-414.

« La question de Jérusalem », *Revue d'études palestiniennes*, Paris, Éd. de Minuit, 1982-1983 ; n° 4, été 1982, p. 3-63 et n° 6, hiver 1983, p. 35-87.

Libanica (43 livraisons ronéotypées de 1983 à 1995) : 0 (Noël 82-Nouvel An 83), Israéliens, Palestiniens et Américains au Liban, repris dans *GC*, p. 33-338 ; 1 (mai 83), L'heure de vérité, repris dans GC, p. 349-358 ; 2 (Semaine sainte 83, Pour mémoire ; 3 (Pentecôte 83), Sur un accord israélo-libanais ; 4 (Fête-Dieu 83), L'Église des Arabes ; 5 (Exaltation de la Ste Croix 83), Arrière vérité ; 6 (Toussaint 83), Propositions pour restaurer le Liban, repris dans *YM*, p. 390-392 ; 6bis Démographie confessionnelle et légitimité historique ; 7 (août 83), Les nouveaux Palestiniens ; 8 (Pré-carême 84), Memento franco-libanais, repris dans *GC*, p. 339-347 ; 9 (Pentecôte 84), Jean-Paul II, un homme seul à défendre le Liban ; 10 (Carême 85), Un refus et ses raisons, repris dans *GC*, p. 359-366 ; 11 (Ascension 85), Remerciements aux Hollandais ; hors série (Pentecôte 85), Pour une conférence libanaise de Paris ; 12 (Libération de Paris 85), Lettre à J. de Lipkowski, repris dans *GC*, p. 367-373 ; 13 (octobre 85), La perversion de l'abrahamisme, repris dans *GC*, p. 375-382 ; 14 (Avent 85-Epiphanie 86), La France libanisée ; 15 (mars 86), Le temps des otages, hommage à Michel Seurat ; 16 (Pentecôte 86), La politique du Vatican au Liban ; 17 (été 86), Prendre un enfant par la main ; 18 (Ste Croix 86), Le terrorisme, ses acquis et ses défis ; 19 (Armistice 86), À l'attention de Jacques Chirac ; 20 (Avent 86), Nouvelles perspectives au Liban ; 24 (Temps de la Croix 87), Trois entreprises en Orient arabe, repris dans *GC*, p. 111-120 ; 26 (Passion 88), David contre David, repris dans *GC*, p. 383-389 ; 34 (Carême 92), Maronité, antiochénité, libanité, repris dans *GC*, p. 97-106 ; 37 (Avent 92), Opposition ou résistance, à propos du projet de synode romain pour le Liban, repris dans *GC*, p. 439-451 ; 38 (Carême 93), Lettre ouverte à un jeune octogénaire (le regretté Raymond Eddé) ; 42 (Avent 1993), Pour les 90 ans du Cardinal Duval ; 43 (Ascension 94), Quand des collaborateurs sont traduits en justice par d'autres collaborateurs, repris dans *GC*, p. 391-394.

Pentalogie antiochienne : Domaine maronite, Beyrouth, 1984, Cénacle libanais, vol. I : *Livre d'histoire. Ecrits fondamentaux et textes à l'appui*, en 2 tomes, t .I : *Les Maronites entre l'Orient syrien et l'Occident latin*, LVI-744 p., et t. II : *Le Liban entre l'Islam, la France et l'arabité*, 745-1.313 p. ; vol. II : *Livre des traditions et légendes*, en 2 tomes, t. I : *Hommes et institutions, us et coutumes, proverbes et dictons, recettes et chansons*, 1-554 p., et t. II : *Répertoire du Liban*, 555-915 p. ; vol. III : *Livre d'heures et de mélodies*, 776 p. ; vol. IV : *Livre du pain et du vin, de l'eau, de l'huile et du baume*, 444 p. ; vol. V : *Livre d'images. Sites, monuments, icônes, figures et symboles de l'identité maronite*, 764 p. dont CCCXXXIII pl.

« Pour un Concile libanais. Présentation à l'essai et propositions exploratives », Grand Séminaire de Ghazir, août 1986, *pro manuscripto*, 104 p.

« The Libanese Experience and Muslim-Christian Relations », dans Kail C. Ellis (ed.), *The Vatican, Islam and the Middle East*, Syracuse, Syracuse Univ. Press, 1987, p. 219-243.

Les Chrétiens du monde arabe, Paris, Maisonneuve et Larose, 1989,

La question libanaise dans les textes du Patriarche Sfeir, coll. *Libanica*, n° 1, Paris, 1990, Cariscript, 110 p.

Maronites au présent, sous le pseudonyme de Youssef Samya, « Libanica », Paris, Cariscript, 1991, repris pour ses trois premiers chapitres dans *YM*, p. 449-456, 469-474 et 475-477.

Madḫal ilā l-maǧma' al-lubnānī l-ṯānī li-l-kanīsa l-anṭākiyya l-siryāniyya l-mārūniyya, Taṣawwur taǧrībī li-mašārī' al-nuṣūṣ al-asasiyya wa-muḫtarāt istiṭlā'iyya (introduction au second Concile libanais de l'Église antiochienne syriaque maronite, projet d'élaboration des textes de base et des premières propositions), Kannoubine, 1992, *manuscripto*, 214 p., sa *tawṭi'a* repris dans *GC*, p. 417-437.

La chambre nuptiale du cœur (*Approches spirituelles et questionnements de l'Orient Syriani*), « Libanica », n° 4, Paris, 1993, Cariscript, 125 p.

« Memorandum relatif à la politique du Saint-Siège au Levant », Jouarre, 1994, *pro manuscripto*, 190 p.

INDEX DES NOMS PROPRES

Les références à Arnaldez, Caspar, Jomier et Moubarac ne sont fournies que pour les sections qui ne leur sont pas spécifiquement consacrées.

TABLE DES MATIÈRES

Achevé d'imprimer par Corlet Numérique - 14110 Condé-sur-Noireau
N° d'Imprimeur : 131078 - Dépôt légal : août 2016 - *Imprimé en France*